보육과정

현정희 · 조건덕 · 양선영 공저

정민사

머리말

대학에서 학생들과 생활을 하고 가르치면서 항상 느끼는 점은 보육에 관련된 주제 아래 날마다 수많은 책들이 출판되고 있다는 것이다. 이에 매 학기마다 항상 기초가 되는 보육과정 교재 선정에 많은 고민을 해왔다. 이러한 생각들이 밑바탕이 되어 보육과정을 수업하면서 부족했던 부분들을 보충하고 새로운 방향과 폭넓은 내용으로 재구성하는 책을 만들어 보기로 하였다.

이 책은 대학에 들어와서 처음으로 보육이란 교과목을 접하고 이를 많이 어려워하는 학생들에게 자연스럽게 보육과정이란 무엇인가를 이해하고, 더 나아가서는 어떻게 보육을 준비해야 하는가에 대한 방향성이 되어 미래의 보육을 책임질 수 있는 지침서와 같은 역할이 되기를 바란다. 따라서 영유아를 대상으로 하는 우리들이 보다 더 전문적인 지식과 이해를 필요로 하기에 보육에 대한 전반적인 이해를 돕도록 하는 데 역점을 두었다.

제1장 보육과정의 기초에서는 보육과정의 개념과 보육과정 및 보육의 질과의 관계를 이해하는 데 중점을 두고 살펴보았으며, 제2장 보육과정의 배경에서는 보육의 철학과 역사 그리고 이론적 중심을 살펴보았다. 제3장 보육과정의 유형에서는 어린이집의 유형을 알기 쉽게 살펴보고, 제 4, 5, 6장은 표준보육과정을 살펴봄으로써 현장에서 우리가 나아갈 지표를 이해하는 데 중점을 두도록 하였다. 제7장 보육과정의 계획 및 운영에서는 아이들의 생활을 어떻게 꾸려 나가야 하는지를 살펴봄으로써 현장에서의 일상을 살피고 이를 습득함으로써 전문가적인 자질을 갖추도록 역점을 두었다. 제8장에서는 보육과정을 위한 환경구성의 중요성을 부각시켜 환경이 교육에 미치는 영향에 대한 이해를 돕도록 하였다. 이어서 제9장에서는 보육과정의 여러 프로그램 중에서 몇 가지 중요한 이론을 살펴보고, 제10장에서는 어린이집 교사의 전문성에 대해 다루었다. 제11장에서는 이제 교사로서의 첫걸음을 잘 디딜 수 있도록 살펴봄으로써 앞으로 훌륭한 선생님이 되도록 다양성을 열어 놓아 보았다. 제12장은 영유아도 중요하지만 현대사회에서 아주 중요한 교육 중 하나인 부모교육 프로그램을 살펴봄으로써 보다 더 전문가로 새롭게 태어나도록 중점을 두었으며, 마지막 제13장에서는 어린이집의 평가제도를 살펴봄으로써 현장에서의 중요성을 다시 한번 강조하였다.

현재 우리나라는 어린이집 생활의 중요성을 인식하고 많은 변모를 갖도록 각계각층에서 노력을 하고 있으며 지속적인 발달이 이루어지도록 돕고 있다. 이러한 시점에서 책을 출판하며 보육을 공부하려는 학생들에게 친숙한 교재가 되도록 내용과 실제를 다루었지만 부족한 부분이 많아 앞으로 이는 선배 및 동료 여러분의 조언을 토대로 수정, 보완을 통해 가득 메워질 것이다.

이 책이 출판되기까지 많은 도움을 주신 여러분과 출판을 맡아 주신 정민사 관계자 여러분께 감사의 마음을 전하며, 이 책이 부족하지만 영유아 및 어린이 발달에 작은 밑거름이 되고 훌륭한 어린이집 교사가 되고자 하는 미래의 선생님들에게 보육에 대한 이해를 돕는 데 조금이라도 도움이 되기를 바란다.

2022년 2월

저자 일동

목 차

6장 3~5세 보육과정의 내용

7장 보육과정의 계획 및 운영

제1장

보육과정의 기초

1. 보육과정의 개념

보육이란 영유아를 건강하고 안전하게 보호·양육하고 영유아의 발달 특성에 맞는 교육을 제공하는 어린이집 및 가정양육 지원에 관한 사회복지서비스를 말한다. 양질의 보육이 이루어지기 위해서는 보육의 틀이라고 할 수 있는 보육과정을 잘 구성할 수 있어야 한다. 그러나 보육과정이 보육에 대한 학문적 논의의 핵심임에도 불구하고 이에 대한 개념은 학자들에 따라 매우 다양하게 규정되고 있어 합의된 바는 없다. 보육과정을 연구하기 위해서는 영유아 보육의 전반적인 영역을 이해함과 함께 영유아들에게 어떤 내용을 어떻게 가르칠 것인가에 그 초점을 맞추어야 할 것이다.

따라서 학자마다 다양하게 규정하고 있는 보육과정을 개념화하기 위해 교육과정의 개념 및 유형들을 살펴본 다음 보육과정의 개념을 살펴보고자 한다.

1) 교육과정의 개념

(1) 오래된 입장

첫째, 교육과정을 교육내용으로 생각하는 입장은 교육과정을 학교에서 배우게 될 교과들의 목록이나 교과들의 강의 요목으로 생각하는 것이다. 이러한 입장은 역사적으로 가장 오래되고 널리 알려진 것이다.

둘째, 교육과정을 학습경험으로 보는 입장은 교육과정을 학교에서 제시하는 교과목이나 교수요목이 아니라 학생들이 갖는 총체적 경험으로 보는 것이다. 하지만 학생들의 학교에서의 모든 경험이 교육적 가치가 있다고 보기 어렵기 때문에 교육과정을 학교에서 제공하는 경험 중에서 계획된 경험으로 한정 짓는 것이 좋다는 견해들이 있다.

셋째, 교육과정을 문서에 나타난 교육계획이라고 보는 입장은 교육목적, 교육내용, 교육방법, 교육평가 등이 나타난 문서 및 실행으로 보는 것이다. 이런 의미에서의 교육과정은 '문서 속에 담긴 교육목적과 교육내용의 체계, 그리고 이를 효과적으로 전달하기 위한 교육방법, 교육평가, 교육운영 등에 대한 종합계획'을 가리킨다. 우리나라의 국가수준 교육과정, 시 · 도 교육청 교육과정 지침, 학교 수준 교육과정이 이에 해당한다.

(2) 최근의 입장

1970년대를 전후하여 교육과정 분야에서 교육과정의 현상과 실제를 종전과 다른 관점으로 이해하고자 한 노력이 있었다. 이러한 입장을 재개념주의라 하는데, 재개념주의에 의해 타일러(Tyler)의 논리를 기초로 한 '교육과정 개발'에서 '교육과정 이해'로 교육과정 패러다임이 완전히 바뀌게 되었다(박승배, 2007).

재개념주의에서는 교육과정의 개선을 위한 처방적 원리 대신 교육과정 문제의 복합성과 역사적 중요성에 더 관심을 가진다. 즉, 교육이 가지고 있는 어떤 문제들은 정치적 · 사회적으로 어떤 '문화'에 내재된 난제들과 깊은 관련이 있으므로 공학적 합리성에 의해 '해결한다'는 생각 자체를 문제로 인식한다. 오히려 필요한 것은 그 문화의 근본적 · 구조적 변화라는 것이다. 그러므로 학교나 교육의 문제는 보다 큰 사회적 틀 안에서 이해되어야 하며 교육과정과 학교, 사회 간의 관계의 상호관련성에 초점을 맞추어야 한다(한준상 외 공역, 1998). 이처럼 재개념주의의 등장으로 교육과정의 탐구 영역은 크게 확대되었으며 재개념주의의 영향력은 지속될 것으로 보인다.

(3) 교육과정의 유형

첫째, 교과 중심 교육과정은 학교의 지도하에 배우는 모든 교과와 교재를 말하는 것으로 철학적 관점에서는 전통주의적 입장이다. 그러나 교사는 학생들에게 지식을 전달하는 역할을 하며, 학생의 수동적인 학습 태도를 조장하는 등의 문제가 있어 1930년 전후부터 미국에서는 교과 중심 교육과정에 회의를 가지게 되었다.

둘째, 경험 중심 교육과정은 교육의 수단과 목적이 하나의 과정이며 교사와 학생 간의 상호작용을 통한 경험을 중시한다. 즉, 경험 중심 교육과정은 아동 중심 혹은 생활 중심 교육과정으로도 불리며, 학생과 교사 간의 협동적 상호작용, 실생활의 흥미와 경험을 중시한다. 우리나라의 경우 1955년부터 시행한 생활 단원 학습은 경험 중심의 실용주의 교육사상으로 기존의 지식 중심의 교육과정을 지양하고 아동들의 경험과 생활을 존중하는 기본 방침에 따라 제정되었다.

셋째, 학문 중심 교육과정은 지식의 체계인 '지식의 구조'를 중심으로 교육이 이루어져야 한다는 입장이다. 지식이나 학문의 구조는 학습의 전이를 높이며 기억을 오래 가게 할 뿐만 아니라 고등지식과 기초지식 간의 간격을 좁힐 수 있다. 따라서 학문 중심 교육과정의 기본방향은 기초 교육 강화, 탐구 수업 강조, 분과지도 권장 등이며 내용은 나선형 교육과정으로 조직되었다. 이와 같은 나선형 교육과정은 각 학문의 기본 구조를 점진적 · 위계적 · 반복적으로 학습하는 것이 기본이다.

넷째, 인간 중심 교육과정은 인간의 성장 가능성을 신장시키고 개인의 자아실현을 지향하는 데 궁극적인 목적이 있다. 인간 중심 교육과정은 지식의 구조만을 강조함으로써 발생하는 여러 가지 사회문제와 인간교육 등을 소홀히 하는 학문 중심 교육과정의 비판에서 나타났다.

다섯째, 인지과정 중심 교육과정은 탐구결과로서의 지식 그 자체를 가르치기보다는 문제해결력, 창의력, 비판적 사고력 등 사고의 방식을 학습하는 방법을 중시하는 교육과정이다.

여섯째, 사회재건 중심 교육과정은 학교가 지역사회를 개선하는 데 중요한 역할을 담당해야 한다는 입장이다. 학생들이 문제를 잘 파악하고 유용한 비판적 의견을 제시할 수 있는 과정과 기능을 중요시하여 분석, 추론, 정보처리, 탐구방법 등의 개발에 주안점을 두고 있는 교육과정이다.

(4) 교육과정의 수준

교육과정을 결정하는 주체에 따라 국가 수준의 교육과정, 지역 수준의 교육과정, 학교 수준의 교육과정으로 구분될 수 있다. 국가 수준의 교육과정이 국가의 교육목적, 내용 기준, 학생의 성취 기준, 교육기관 및 교육행정기관의 교육과정 운영 기준 등의 체계를 조직한 것이라면, 지역 수준의 교육과정이나 학교 수준의 교육과정은 국가 수준의 교육과정을 기반으로 지역이나 학교의 특성에 맞게 계획하고 운영하는 교육과정을 의미한다.

국가 수준의 교육과정은 첫째, 전국적으로 통일된 기준을 가지며 둘째, 학교급 그리고 학교 간 교육과정의 연계성을 충족시키고 셋째, 질 높은 수준의 교육과정을 개발할 수 있으며 넷째, 국가와 사회의 대변혁 시기에서 총체적으로 대응하는 데 도움을 주는 장점을 가지고 있다. 반면, 교육과정의 운영은 획일화 · 경직화되기 쉬우며 권위주의적 교육풍토를 조성할 가능성이 높고 한 번 제정된 교육과정은 즉각적인 수정이 어려운 단점이 있다.

이와 달리 지역 수준의 교육과정과 학교 수준의 교육과정은 첫째, 지역과 학교의 특수한 상황에 부응할 수 있으며 둘째, 교사들이 교육과정에 대한 주인의식을 가지고 개발 · 운영하게 되고 셋째, 신속하고 유연하게 교육과정을 수정하고 운영할 수 있으며, 학습자의 자발적 학습기회를 촉진시킬 수 있다는 장점이 있다. 그러나 전문가, 예산, 시간, 인식의 부족으로 수준 높은 교육과정의 개발이 어려우며, 둘째, 학교급 그리고 학교 간 교육과정의 연계가 힘들고, 셋째, 지역 중심, 학교 중심, 교사 중심에 치우쳐 교육개혁의 전파가 어렵다는 문제점이 있다.

이러한 장단점에 비추어 볼 때 국가 수준의 체제를 강화하는 것보다 지역이나 학교 수준의 교육과정 체제를 강화하는 것이 더 효율적이다. 왜냐하면 국가 수준의 교육과정보다 지역이나 학교 수준의 교육과정이 지역의 독특한 사회·문화적 특성과 학교의 교육적 요구에 부합할 뿐만 아니라 효율성 측면에서도 더 생산적으로 운영될 수 있기 때문이다.

2) 보육과정의 개념

OECD(2012) 보고서에서는 보육과정을 영유아의 발달과 학습을 견고하게 해주는 보육내용과 방법이라고 정의하고 있다. 특히 "무엇을 어떻게 가르칠 것인가?"라는 질문에 답하는 것이며(NIEER, 2007), 좀 더 포괄적인 개념으로서 보육의 목적, 내용, 교수방법과 같은 복합적인 요소를 가진다고 설명하고 있다(Litjens & Taguma, 2010). 즉, 어린이집에서 생활하는 영유아들이 의미 있게 경험해야 하는 것들은 무엇이며, 왜 이러한 경험들이 영유아에게 필요하고 어떻게 접근해야 하는지, 이러한 경험을 위해서 어떠한 인적·물적 자원이 지원되어야 하며 이러한 과정들이 영유아와 교사, 부모의 관점에서 어떻게 평가되어야 하는지 등이 고려된 일련의 과정의 제공을 의미한다. 이에 비춰보면 보육과정이란 영유아를 대상으로 연령 및 발달 수준과 개별적 특성에 기초하여 건강, 영양, 안전과 같은 보호와 신체, 정서, 사회, 언어, 인지 발달을 촉진하는 교육경험 그리고 부모 및 지역사회에 서비스를 제공하기 위하여 어린이집에서 제공하는 제반의 활동을 의미한다(조복희 외, 2012). 또한 보육과정은 어린이집에서 생활하는 출생부터 만 5세까지의 영유아의 성장과 발달을 촉진하고 전인적 인간 형성 및 기본 생활 형성을 돕기 위해 영유아가 어린이집에서 경험하는 모든 내용의 총체이다(김명순, 이기숙, 이옥, 2005). 그러나 어린이집의 보육철학, 시대적·사회적 요구, 영유아의 발달 특성, 학부모와 지역사회의 요구 등 여러 변인에 따라 보육과정의 구성에 차이가 있을 수 있다.

슈바르츠와 로비슨(Schwartz & Robison, 1982)은 『유아를 위한 교육과정 설계』라는 저서에서 보육과정의 개념을 ① 우연히 일어난 것, ② 교육기관에서 갖게 되는 모든 경험, ③ 교수계획, ④ 교수요목, ⑤ 프로그램 등 다섯 가지로 분류하여 다음과 같이 제시하고 있다.

(1) 우연히 일어난 것으로서의 보육과정

교사가 영유아의 보육에 앞서 미리 보육내용을 계획하기보다는 영유아가 자신의 흥미와 요구에 따라 보육내용을 선택하고 능동적으로 발달해 갈 수 있도록 하는 보육과정을 말한다. 이러한 관점은 영유아의 잠재된 능력과 자발적 발현, 능동적인 지식 구성 등의 아동관을 전제로 한다. 따라서 유아의 흥미 그 자체를 가치 있는 것으로 보기 때문에 학습의 구체적인 내용보다는 학습하는 과정에 그 가치를 둔다. 이 보육과정에서의 교사는 영유아의 흥미와 요구가 다양하게 이루어질 수 있도록 환경을 체계적으로 마련해 주어야 한다. 또한 보육활동은 영유아의 선택과 행동으로부터 나오므로 미리 계획될 수 없다. 그러나 영유아를 중심으로 하는 개별화된 보육이라는 장점에도 불구하고 보육과정의 범위가 너무 모호하여 자칫 방임 또는 영유아의 무질서한 행동으로 이어질 수 있고 유능한 교사를 필요로 하는 단점이 있다.

(2) 교육기관에서 갖게 되는 모든 경험으로서의 보육과정

영유아가 어린이집에서 갖게 되는 모든 경험을 보육과정으로 보는 입장으로서 교사의 의도적인 경험뿐만 아니라 의도하지 않았지만 영유아에게 영향을 줄 수 있는 잠재된 보육과정까지를 포함한다. 따라서 의도된 경험뿐만 아니라 계획되지 않은 많은 요인이 영유아에게 영향을 미친다는 점에서 교사의 민감성이 요구된다. 즉, 첫째, 교사는 학습이 일어나는 상황에 좀 더 세심하게 주의를 기울일 필요가 있으며 둘째, 사회적 변화에 민감해야 하고 셋째, 학습결과에 영향을 끼칠 수 있는 많은 비예측 요인들에 대해 좀 더 세심한 배려를 해야 한다.

(3) 교수계획으로서의 보육과정

교수계획으로서의 보육과정 입장은 전통적 보육과정의 개념으로 이해되어 오고 있는 보편적인 정의이며 최근까지의 영유아를 위한 보육프로그램 속에서 흔히 찾아볼 수 있다. 이 관점에서 계획은 영유아를 위한 교수의 기초로 전제된다. 왜냐하면 이러한 교수계획은 영유아의 요구, 흥미, 활동을 예견하고 자료와 환경을 체계화하도록 도와줌으로써 경험이 풍부한 교사나 초보적 교사 모두에게 큰 어려움이 없게 하기 때문이다. 따라서 의도된 계획으로서의 보육과정은 매우 구체적일 수도 있고 포괄적일 수도 있으며 장·단기적 계획일 수도 있다. 또한 영유아들을 위한 보육목표, 내용, 방법 등을 중점으로 계획하며 그 형태는 매일매일의 교육내용을 진술하는 것까지 다양하다. 그러나 이러한 교사의 미리 짜여진 교수계획은 영유아의 요구, 흥미에 대한 융통성 있는 교육을 감소시킬 수 있는 가능성이 높다는 비판을 받고 있다.

(4) 교수요목으로서의 보육과정

영유아들에게 가르칠 교육목표와 내용, 순서를 일련의 문서로 작성한 교수요목을 보육과정으로 규정한 관점으로 매우 좁은 의미의 보육과정을 의미한다. 이와 같이 문서화된 보육과정은 국가적으로 믿을 만한 공식적인 문서의 성격을 가지므로 목표 설정이나 수행과정을 관찰하기가 용이하다는 장점이 있다. 하지만 교수요목으로서의 보육과정이 국가 수준의 보육과정으로 제시된다면 지역사회의 특성이나 영유아들의 흥미와 요구, 보육현장의 실제적인 경험들이 반영되기 어렵다.

(5) 프로그램으로서의 보육과정

이 보육과정은 영유아를 대상으로 한 교육에서만 찾아볼 수 있는 독특한 관점으로서 레지오 에밀리아 프로그램, 몬테소리 프로그램과 같이 특별한 이름을 가진 모델 유형을 말한다. 이처럼 영유아교육에서는 보육과정이 프로그램이라는 용어로 자주 대치되어 사용되기도 한다.

상기의 슈바르츠와 로비슨(Schwartz & Robison, 1982)이 제시한 다섯 가지의 보육과정 개념에 비추어 볼 때 보육과정은 교사가 계획한 경험이나 계획하지 않았으나 영유아가 경험하게 되는 경험 모두를 포함하는 경험의 총체라고 볼 수 있다. 따라서 교사는 영유아가 자신의 흥미와 요구에 따라 자연스럽게 활동할 수 있는 분위기를 마련해 줄 뿐만 아니라 발달특성에 적합한 보육이 이루어지도록 보육의 목표와 내용, 방법 등을 체계적으로 구조화할 수 있어야 한다.

3) 보육과정의 특성

많은 보육교사는 '보육과정'을 문서로 작성된 보육계획안이나 보육프로그램을 의미하는 것으로 생각하는 경우가 많다. 보육과정은 앞서 살펴본 교육과정과 같이 학자, 학파, 시대적 요구 등에 따라 그 정의가 달라 이를 규정하는 것은 쉬운 일이 아니다. 그러나 보육과정에는 성, 빈부, 종교, 소득에 관계 없이 모든 영유아가 건강하고 행복한 발달을 이룰 수 있도록 돕기 위해 필요한 조건들이 내포되어야 한다.

특히 보육과정은 초등학교 이상 학교급의 교육과정과 차별화되는 특성이 있으므로 이를 반영한 보육과정이 개발되어야 한다. 이를 위해 보육과정의 특성을 좀 더 구체적으로 살펴보면 다음과 같다.

첫째, 보호과 교육의 동시 실현의 양면성

보육과정은 보호와 교육의 두 가지 기능을 동시에 실현해야 하는 양면적 특성을 가지고 있다. 어린이집에서는 영유아의 발달적 변화를 목표로 하는 교육활동뿐만 아니라 수면을 취하거나 용변을 보거나 하는 일상생활 모두가 주요한 보육과정의 요소가 된다. 그러나 이 두 가지 기능이 따로 분리되어 실시되는 것이 아니라 영아의 기저귀를 갈면서 따뜻한 미소와 꼭 껴안아 주는 상호작용을 함과 동시에 언어와 인지, 사회정서 등의 발달을 지원하는 교육적 활동이 실시된다.

이에 따라, 보육과정은 영유아 보호와 교육의 양면적 특성을 통합한 발달적 보육 또는 질적인 보육을 지향한다.

둘째, 가정과 지역사회와 연계하는 포괄성

보육과정은 영유아의 어느 한 측면만의 발달을 지원하는 것이 아니라 교육・건강・영양・안전, 부모교육 및 참여를 통한 가정지원, 지역사회와의 연계성을 포함하는 포괄적 특성을 가지고 있다. 이는 영유아가 건강하고 행복하게 발달하기 위해서는 어린이집에서의 보육과 함께 가정 및 지역사회와의 연계를 통한 보육과정의 효율을 기하여야 함을 의미한다.

영유아는 종일 어린이집에서 지내기 때문에 보육은 부모의 대리양육의 성격을 가지게 된다. 따라서 어린이집과 부모 간의 신뢰관계 형성은 매우 중요하므로 영유아의 어린이집에서의 생활이 부모에게 잘 보고되어 부모가 자녀의 생각이나 발달을 잘 알 수 있도록 하여야 한다. 구체적으로 가정통신, 부모상담, 어린이집 운영위원회, 수업참관, 부모 자원봉사 등 어린이집에의 부모참여를 통해 보육과정을 효율적으로 운영할 수 있다. 그런가 하면, 미국의 헤드 스타트 프로젝트나 우리나라 삼성복지재단의 포괄적 서비스 시스템과 같이 열악한 가정환경에 있는 영유아와 부모의 건강하고 긍정적인 삶을 지원하는 내용들을 보육과정에 반영할 수 있다.

셋째, 연령, 발달 수준, 장애 여부, 기질 등을 반영하는 다양성

보육과정은 영유아의 연령, 발달 수준, 장애 여부, 기질적 성향 등의 개인적 특성뿐만 아니라 가족의 상황, 지역사회 조건 등에 따라 다양하게 구성되고 운영되어야 한다. 즉, 0세부터 취학 전 시기까지의 여러 연령층을 대상으로 하고 있어 연령별 또는 발달 수준별로 보육내용과 방법을 달리해야 한다. 또한 장애가 있는 영유아가 있을 경우 완전통합으로 할 것인가, 부분통합, 역통합으로 할 것인가를 보육과정에 반영해야 한다.

그리고 가족의 상황이 맞벌이부모, 한부모, 조부모, 다문화 가정, 요보호상황 등에 따라 다양한 보육과정 운영이 요구된다. 실제로 어린이집에서는 기본보육, 연장보육, 야간연장 및 24시간 보육, 방과 후 보육 등 다양한 보육과정이 운영되고 있다.

넷째, 놀이를 통한 교수-학습방법

초·중등 영역의 교육과 보육의 교수방법 및 교재·교구에는 큰 차이가 있다. 즉, 상급학교 단계의 교육에 있어서 가장 중요한 교재는 교과서인 반면 보육에 있어서는 다양한 교재·교구와의 상호작용과 교사-영유아의 상호작용, 또래 간의 상호작용이 중요한 교수방법이자 보육내용이 된다.

2. 보육의 질과 보육과정

보육과정은 영유아의 전인적 발달을 위한 어린이집의 보육계획과 운영에 대한 조직화된 틀이다. 영유아에게 제공되는 교육뿐만 아니라 어린이집 규모, 교사 대 아동 비율 등의 물리적 환경까지도 보육과정에 의해 결정된다. 이러한 보육과정은 보육의 질에 영향을 미치고 양질의 보육은 영유아의 발달에 영향을 미친다. 그러므로 좋은 보육과정의 개발은 영유아의 발달에 중요한 영향을 미친다. 그러나 영유아 보육에 대한 철학, 시대와 사회의 요구, 영유아의 발달특성, 학부모와 지역사회의 요구 등에 따라 보육과정에는 차이가 있을 수 있다.

양질의 보육이란 영유아가 어떤 곳에서 보살핌을 받든 영유아의 요구가 일차적으로 충족되어야 함은 물론 부모의 요구가 동시에 충족되어 어린이집과 부모가 영유아를 함께 키운다는 양육의 동반자 의식이 수반되어야 한다. 그런가 하면 보육은 영유아를 국가의 중요한 인적 자원으로 어떻게 키워야 할 것인가에 대한 사회적·국민적 합의가 요구되는 국가정책적인 측면도 충족시킬 수 있어야 한다. 이와 같은 양질의 보육은 유아의 초등학교 학습준비도를 높이고 언어발달을 촉진시키며(NICHD, 2002), 유아의 낮은 외현화 문제행동과 상관이 있는(Vandell, ets., 2010) 등 영유아 개인의 성장과 발달을 돕는다. 또한 자녀양육에 대한 부담을 덜어 여성의 경제활동을 용이하게 하므로 그 중요성이 강조되고 있다.

보육의 질을 측정하기 위해 레이져와 구슨(Layzer & Goodson, 2006)은 보육의 질을 “영유아의 발달을 촉진하는 환경이나 영유아 경험”으로 정의하였고 이 중심에 영유아의 신체적 · 사회적 · 정서적 · 인지적 발달을 촉진하는 경험이 있어야 함을 제시하였다. 이희섭(2003)은 보육의 질에 관련된 요인으로 시설의 확충, 훌륭한 자료와 교구, 적절한 환경, 교사 대 영유아 비율, 보육프로그램 개발, 교사의 처우 등을 주장하였다. 또한 던(Dunn, 1993)은 보육의 질을 구성하는 요인을 아동이 경험하는 환경의 근접성에 따라 원접 변인과 근접 변인으로 나누고 원접 변인에는 교사 대 아동 비율, 유아가 속한 집단 크기, 교사의 경력, 물리적 환경 등을, 근접 변인에는 영유아 보육환경 내에서 이루어지는 교사-아동 간 상호작용, 목표, 교수-학습 전략, 지도 등을 제시하였다. 그러나 연구자들이 제시한 이러한 요인들은 각각 보육의 질에 영향을 준다고 할 수 있으나 실제로 각 요인들이 독립적으로 작용한다기보다는 요인들 간의 복합적인 상호작용에 의한 총체적인 질적 수준을 나타낸다고 볼 수 있다. 예를 들어 교사 대 영유아의 비율이 낮다고 해도 교사의 경력이 짧거나, 영유아와의 상호작용 기술이 미숙하면 질 좋은 보육을 기대하기 어렵다. 따라서 보육의 질을 결정하는 요인들이 각 어린이집이 처한 조건에서 최선의 조합을 이룰 수 있도록 노력하는 것이 중요하며 이를 보육과정의 설계라고 할 수 있다.

제2장
보육과정의 배경

1. 보육의 역사 및 현황

1) 우리나라 보육의 역사

우리나라 보육의 역사는 해방 전 시기, 도약기, 확대 발전기, 질적 변화기의 네가지 시기로 구분하여 살펴볼 수 있다. 그 내용은 다음과 같다.

(1) 해방 전 시기(~1945)

우리나라 최초의 보육서비스는 1921년 태화기독교 사회관에서 보육프로그램을 개설함으로써 시작되었다. 이 프로그램은 구호적인 성격을 띠었으며 1926년 부산 공생탁아소와 대구탁아소의 2개 시설이 설치된 것을 계기로 1939년에 전국에 11개소의 공·사립 보육시설에서 435명의 아동이 보육받았다.

(2) 도약기(1945~1991)

1961년 「아동복리법」이 제정되고 1991년 「영유아보육법」이 제정되기 전까지의 시기이다. 1945년 광복 이후부터 1960년까지는 6·25전쟁을 전후한 정치적·사회적 혼란기로 아동을 위한 각종 보호시설이 외국의 원조에 의해 세워졌다. 1961년 「아동복리법」이 제정·공포되면서 본격적으로 보육사업이 실시되었다(보육시설의 기준을 제시). 이것은 저소득층과 맞벌이 부부들의 자녀보호를 위한 것이다. 1982년 「유아교육진흥법」이 제정되어 기존의 어린이집, 새마을 합동 유아원, 농번기 탁아소 등을 새마을 유아원으로 통합하여 내무부에서 운영되었다.

(3) 확대 발전기(1991~2004)

「영유아보육법」이 제정되고 보육시설의 양적·질적 발전이 이루어지는 확대 발전기이다. 보육업무가 보건복지부로 일원화되면서 「영유아보육법」에 의한 보육시설로 전환되고 보육정보센터를 설치해 보육사업의 체계를 구축하였다. 영유아 보육 개념을 '탁아'에서 보육과 교육을 통합한 '보육'으로 확대, 발전시켰다. 1995년 우리나라의 보육시설 수는 9,085개소이던 것이 2004년에는 26,903개로 늘어났으며 보육아동 또한 급격히 증가하였으나 질적인 면에서는 많은 과제를 안고 있었다.

보육의 질을 높이기 위하여 1997년 「영유아보육법」이 일부 개정되어 보육기관의 심의 기관으로 중앙보육위원회를 두고 특별시, 광역시를 비롯한 도·시·군·구 등의 지방에는 지방보육위원회를 두도록 하였고 2004년 12월 「영유아보육법」이 전면 개정되어 2005년 1월 30일부터 시행되었다.

(4) 질적 변화기(2004~현재)

「영유아보육법」이 전면 개정되어 현재에 이르는 시기이다. 2004년에는 보육의 주무부서가 보건복지부에서 여성부(2005년 여성가족부로 명칭 변경)로 이관되었으며 2008년 2월부터 보건복지가족부로 이관되었다. 그리고 보건복지가족부는 2010년 3월부터 명칭이 보건복지부로 변경되어 현재까지 이르고 있다. 어린이집의 질적 수준을 높이기 위해 2004년 6월 평가인증제도가 도입되었으며 보육교사 국가자격제도를 시행하여 보육교직원 자격을 강화하였다. 또한 2013년부터 보육료·양육수당을 만 0~5세 전 계층에게 지원함으로써 어린이집 이용 및 미이용 아동의 양육부담을 경감시켰으며 보육의 공공성 강화를 위해 국·공립어린이집 확충 및 공공형 어린이집

도입 등의 사업을 진행하고 있다.

2) 우리나라 보육의 현황

(1) 어린이집 및 보육아동 현황

2020년 보건복지부가 제시한 보육통계에 의하면, 우리나라 어린이집 수는 3만 5천여가 넘으며, 이 가운데 민간과 가정보육시설이 76% 이상을 차지하는 데 비하여 국 · 공립 시설은 14%를 미치지 못하고 있다. 새로운 대안으로 떠오르고 있는 서울형 어린이집이나 공공형 어린이집 대부분의 영유아가 민간 및 가정보육시설에서 보육되고 있어 부모들의 부담 또한 크다고 할 수 있겠다.

(2) 보육예산 현황

보육사업에 대한 정부의 예산지원 방식은 아동별 지원과 시설별 지원이 있다. 보육재정의 흐름을 보면 대부분 시설에 대한 지원을 목적으로 사용되었고, 아동별 지원은 시설지원 액수에 비해 적었다.

하지만 무상보육정책이 이루어지며 2022년 현재 전체 보육 예산 중 바우처 방식으로 지급되는 영유아보육료 지원은 55.0%, 가정양육수당 지급을 위한 예산은 15.2%로 전체 보육예산에서 70.2%의 큰 비중을 차지하고 있다. 반면 국 · 공립어린이집 확충, 어린이집 기능 보강과 같은 사업에 투입되는 예산은 각각 1.0%와 0.07%에 머물러 전체 보육예산의 2% 미만으로 낮아 어린이집 운영의 어려움을 더하고 있다.

2. 보육과정의 철학과 역사

보육과정의 교육사상을 시대적 변화를 중심으로 고대~16세기, 17~18세기, 19세기, 20세기의 네 단계로 나누어 영유아 보육 · 교육프로그램의 철학적 배경과 역사적 변화를 살펴보면 다음과 같다.

1) 고대~16세기

(1) 퀸틸리안(Quintilian)

로마 시대 퀸틸리안은 유아의 체벌을 반대하고, 개인의 능력차를 고려한 적절한 교육방법을 강조하는 등 고대는 교육에 대한 철학과 사상이 싹튼 시기이다.

(2) 플라톤(Platon, BC 428~348)

고대 그리스의 철학자 플라톤은 스승 소크라테스의 정신을 이어받아 『국가론(The Republic)』에서 그의 교육목적과 사상을 제시하였다. 플라톤의 유아교육 사상의 핵심은 이성을 함양하는 교육을 강조하고 국가가 교육을 계획해야 한다고 하였다.

① 유아기의 조기교육의 중요성과 개인의 능력에 따른 학습을 강조하였다.

② 유아기의 주요 교육내용, 놀이, 체조, 동화, 미술, 음악, 스포츠 등을 통해 전인적 발달을 도모하였다.

③ 유아기의 남 · 여 교육기회의 평등을 주장하였다.

④ 유아교육에서 개인차의 고려를 지적하였다.

(3) 아리스토텔레스(Aristoteles, BC 384~322)

고대 그리스의 아리스토텔레스는 영유아기 교육을 중시하고 국가가 교육을 담당해야 한다고 주장하였다. 처음 7세까지는 가정에서 교육하고 그 후에는 공교육이 필요하며 가정교육의 중심을 어머니로 보았으나 유아를 독립된 인격체로 본 것은 아니었다.

중세에는 유아를 성인의 축소판으로 보았기 때문에, 유아의 존재는 무시되었고, 소수의 상류층 자녀의 종교교육과 부모, 도제에 의한 교육이 전부였으며 종교적 교리에 의해 인간을 악(惡)한 존재로 보았으므로 유아들은 지시와 체벌, 혹독한 교정의 대상이었다.

2) 17~18세기

17~18세기에 들어오면서 르네상스와 종교개혁의 영향으로 아동관과 교육관은 근본적인 변화를 맞이하여 근대적인 아동관과 아동존중 교육사상이 구축되기 시작하였다.

(1) 코메니우스의 아동관과 근대교육

코메니우스(Johann Ámos Comenius, 1592~1670)는 체코슬로바키아의 성직자이며, 17세기 최대의 교육자, 근대교육의 아버지, 유아교육에 가장 큰 기여를 한 최초의 유아교육사상가이며, 세계 최초의 교육방법서인 『대교수학(大教授學, Didactica magna, 1632)』과 『세계도회(Orbis Pictus)』를 완성하였다. 코메니우스의 유아교육사상 요지는 엄격하고 추상적인 주입식 교육방법을 비난하고, 유아의 자연성 개발에 적합한 인간적이고 실물 중심의 교육방법을 강조하였다.

아동 중심의 교육, 감각인상교육을 주장한 점에서 교육에 있어서 코페르니쿠스적 전환을 일으킨 인물로, 그 사상이 18세기 루소의 자연주의 교육의 시초가 되었으며, 19세기의 페스탈로치, 프뢰벨, 진보주의 사상의 모체가 되었다는 점에서 큰 의의가 있다.

(2) 로크의 백지설과 새로운 아동관

영국의 경험론자인 로크(John Locke, 1632~1704)는 인간의 본성은 출생 시에 이미 결정되어 있는 것이 아니라 어떠한 관념도 가지고 있지 않은 백지상태와 같으며, 환경이 유기체에 흔적을 만들어 인간의 본성이 형성된다고 주장하였다. 유아기의 신체발달과 학습과정에서 경험의 중요성을 강조하였다. 로크의 사상은 아동의 자유와 자연을 존중하고 체벌이나 질책보다는 칭찬을 권하고 형식적인 교육을 반대하는 등 낡은 아동관에서 새로운 아동관으로 전환하는 계기가 되었다. 그의 자유주의적 이념은 후기에 프랑스의 루소의 자연주의 사상에 큰 영향을 미쳤다.

(3) 루소의 자연주의 사상과 아동존중

스위스 제네바에서 출생한 루소(Jean Jacques Rousseau, 1712~1778)의 자연주의 교육사상은 아동 중심 유아교육의 이론적 기초를 확립하였다. 교육소설인 『에밀(Emile, 1762)』에서 자연 속에서 자유롭게 이루어지는 교육의 필요성을 논하였다. "신은 모든 것을 선하게 만들었으나 인간이 그들을 혼탁시켜서 사악하게 만든다."고 하였다. 당시의 봉건주의적, 기독교적 전통의 엄격한 훈련 및 통제를 통해 양육시켜야 한다는 사조를 정면으로 부정하고, 인간 본성은 선하다는 입장을 밝히며, '자연으로 돌아가라'는 교육적 명제를 대안으로 제시했다.

(4) 18세기 영유아 보육 · 교육의 실제

새로운 아동관의 등장에도 불구하고 18세기 영유아 보육의 실제는 유아의 학습과 발달에 대해서 종교적 이념이 지배했던 중세의 부정적인 유아관을 반영하고 있었다.

인간의 본성은 사악하며 성경을 읽을 수 있도록 배우는 것을 구원의 한 방법으로 여겼다. 18세기 미국의 영유아 보육의 교육과정은 성경과 문자 암기와 암송에 국한하였고, 원초적 죄를 타고난 아동을 엄격한 훈육을 통해 다스리며, 체벌, 조롱하기, 창피한 의자에 앉히기, 열등생모자 씌우기 등의 훈육방법을 사용했다. 18세기 미국의 교육은 '매를 아끼면 아이를 망친다.'는 믿음에 바탕을 둔 훈육과 도덕교육이 주를 이루었다.

3) 19세기

(1) 페스탈로치의 교육

루소가 제시한 교육에 대한 이상을 실천에 옮긴 사람은 스위스의 페스탈로치(John Heinrick Pestalozzi, 1746~1827)이다. 그는 교육을 사회개혁의 수단으로 강조하였으며, 나라를 구하는 길은 장래 국가의 주역이 될 어린이들을 올바르게 키우는 일이라고 생각하고, 빈민학교를 세워서 농경과 방직 등의 노작교육을 통한 인간교육에 힘썼다. 그는 루소의 자연주의 교육론에 기초하여, 교육목적을 사회적 인간개

조와 개인적 자아실현에 두었다. 그의 교육관은 관찰을 통한 사물의 교육이 언어교육보다 선행하며, 보는 것, 듣는 것, 행하는 것이 판단이나 추리보다 선행한다는 직관의 원리를 소개하였다.

유아의 타고난 감각운동적인 활동성을 반영시켜서 교육하는 것은 자연스러운 심리적 과정이며 교육은 개개인의 상이한 본성을 최대한 계발해야 한다는 페스탈로치의 사상은, 후일 듀이(Dewey)로 하여금 사물과의 활동에 의한 관념형성을 강조하게 하였고, 피아제(Piaget)에 의해서 인지심리학적으로 뒷받침하게 하는 계기가 되었다.

(2) 프뢰벨의 교육

보육과정의 철학적 기원은 고대 그리스의 철학자이며 사상가인 플라톤(Platon)에서 찾아볼 수 있다. 플라톤이 주장한 아동교육의 목적은 물론 현대 관점과는 많은 차이가 있지만 영유아기를 인간의 성격이 형성되는 중요한 시기로 본 점이나, 영유아기를 외부 자극이 가장 민감하게 기록되는 시기로 본 점 등은 상당한 유사점이 있다. 또한 그는 동화나 극화할 수 있는 동시, 음악들이 영유아기에 제공되어야 한다는 생각에서 여러 가지 영아교육에 관한 사상을 전개시켰다.

그 후 코메니우스(Comenius), 루소(Rousseau), 페스탈로치(Pestalozzi) 등에 의해 유아교육에 대한 상상이 전개되어 갔다. 그의 교육과정은 유아의 본성과 세계관에 기초한 사상을 전개한 것으로 그는 특히 영아의 발달이 단계에 따라 진행된다고 보았으며, 초기 발달단계가 성취된 후에 그 이후의 발달이 이루어질 수 있다고 보았다.

프뢰벨의 교육이념 역시 자연적 개화 개념에 바탕을 두었으며 그는 각 유아의 독특성을 인정하고 각 유아의 개성을 존중하는 것이 바로 자연적 개화 개념이라고 하였다. 특히 프뢰벨은 전통적 교육 개념과는 달리 영아들의 자발적인 독특성을 신장시키는 활동으로 놀이의 가치를 높이 평가하였다. 놀이를 단순한 시간 소비라고 생각해 온 전통적인 통념에서 벗어나 놀이에 특별한 의미를 부여한 것이다. 이러한 놀이를 통하여 아동은 가장 자연스럽게 내면적인 충동을 나타내며 동료와의 협동이 이루어진다고 생각하였다.

프뢰벨은 유아의 놀이 활동의 몰입을 효과적으로 촉진하기 위하여 체계적으로 계획된 교육과정을 개발하였는데 그의 교육과정은 은물, 작업, 노래, 게임 등으로 구성되어 있다. 은물은 프뢰벨의 대표적인 교구로서 그중 구형(球形)은 그의 교육사상을 가장 잘 반영하고 있다. 즉, 둥근 공은 가장 완전한 하나의 전체이며 공 그 자체가 신, 인간과 자연의 통합의 개념을 상징하는 것이었다. 작업은 여러 가지 기능을 개발하기 위하여 계획된 자료들로 주로 오리기, 그리기, 끼우기 등의 감각운동기능을 증진시키고자 하였다. 게임과 노래는 율동과 손유희도 함께 다루었으며, 게임의 형태도 주로 원으로 손을 잡고 함으로써 통합의 개념을 나타내려고 하였다.

이와 같이 아동들에게 신성이 있다고 생각하는 프뢰벨의 아동관은 아동에 대한 깊은 이해에서 출발한 교육적 통찰이며 아동의 가장 자연스러운 활동인 놀이를 통하여 아동 속에 내재된 신성을 발현시키고자 한 그의 교육관은 아동교육의 발달에 중대한 영향을 미침은 물론 오늘날 우리나라 교육에 커다란 시사점을 던져주고 있다.

아동교육이 발달한 미국과 유럽 등에서도 프뢰벨의 사상은 모든 교육의 시초와 기초 원리를 이루고 있으며 그의 사상은 다음과 같은 몇 가지 주장이 현대적 발생학적 심리학, 사회학, 산업의 진보와 민주주의에 아주 적합하다고 보고 있다.

프뢰벨의 아동교육사상은 아동 중심의 교육과 아동의 자기표현 및 창조적 자기활동의 원리에서 찾을 수 있다. 또한 놀이의 교육적 가치에 대한 인식과 은물, 즉 놀잇감의 교육적 의의, 노작교육의 정신을 알 수 있으며 교육에서의 개성과 사회성의 존중, 생활 중심의 교육과 창의성, 통일성, 협동교육 원리의 강조 등은 종교의 교육적 기능과 교육의 종교적 측면을 새롭게 인식시켜 주었다.

4) 20세기: 진보주의 교육사상과 아동연구의 활성화

(1) 듀이(Dewey)

현대 교육에 가장 큰 공헌을 남긴 학자인 듀이는 실용주의를 통하여 아동교육의 철학적 기초를 변화시키는 데 중요한 영향을 미쳤다. 듀이는 1896년 아동을 위한 실험학교(laboratory school) 교육을 통해 프뢰벨의 상징주의를 비판하면서 아동교육에서의 아동과 사회의 상호작용 및 문제해결을 강조하였다. 이와 같은 아동교육에 대한 듀이의 영향은 아동연구운동과 함께 개혁 교육과정을 구성하도록 이끌었으며 진보주의 교육의 철학적 배경을 이루었다.

그는 자신의 실용주의 철학을 교육에 적용시키면서 교육이란 인간과 사회 혹은 환경과의 부단한 상호작용을 통해 스스로 성장, 발달하는 것으로 보았다. 즉 듀이 철학에서의 핵심적인 개념은 경험으로 설명될 수 있다.

듀이의 철학은 도구주의나 실용주의라고 말할 수 있으며 초자연적인 교리나 전통적 권위를 배제하고 실험적인 실천으로 문제해결을 하며, 그 문제해결이 인간생활의 향상에 얼마나 도움이 되고 공헌하느냐에 관심을 두고 있다. 또한 그는 경험의 중요성을 강조하면서 경험은 인간이 환경과 접촉할 때 생기는 것이며, 이런 경험이 풍부해짐에 따라 우리의 생활이 성장한다고 말하고 있다. 이 경험에서 중요한 것은 맹목적인 시행착오가 아닌 비판력을 가지고 문제해결의 방법을 모색해야 한다는 것이다.

그는 교육 원리로서 상호작용(interaction), 변화(change), 연속성(continuity)을 들고 있으며 교육이란 경험의 계속적인 재구성이라고 보고 있다. 그러므로 경험을 떠난 교육이란 있을 수 없다고 했다. 즉 자기활동에 의해서 스스로 만들어지는 것이 교육이며, 이 활동은 신체적·정서적 활동을 포함하는 전인적 교육이어야 하고 아동 중심 교육이어야 한다는 것이다. 그밖에 그는 노력과 훈련은 흥미와는 대립되는 것으로 생각하기 쉬우나 실제로는 두 가지가 결합된 일체라고 하였다. 아동의 활동이 스스로 계획을 세우고 그 뜻을 이해하는 것일 때 흥미를 갖게 되며, 그러할 때 노력이 따르기 마련이고 훈련 역시 자율적으로 이루어진다. 그러므로 교사의 임무는 아동의 학습활동이 아동 스스로에게 의의와 목적의식 등을 부여할 수 있도록 만드는 것에 있다고 보았다.

듀이는 아동이 선천적으로 사회적 상호작용을 하는 능력, 경험을 통하여 학습하는 능력, 이전의 경험을 나중의 문제에 활용하는 능력을 가지고 있다고 보았으며 이러한 선천적 능력이 향하는 바대로 지식을 갖추도록 지도하는 것을 교육으로 설명하였다. 즉, 그는 아동을 매우 능력 있는 존재, 활동적인 존재, 환경에 능동적으로 적응하는 존재로 파악하고 있음을 알 수 있다. 따라서 듀이가 주장하는 아동 중심 교육은 이러한 아동의 본성으로부터 출발하여 지식으로 안내하는 교육을 말하는 것이다.

이와 같은 진보주의의 이념은 영아의 교육에도 커다란 영향을 미쳤다. 듀이가 강조하는 경험, 흥미, 사회적 적응, 상호작용, 아동 중심 교육, 활동 중심 교육 등이 영아교육과정에 도입되었다. 그의 진보주의 철학은 구체적으로는 영아들이 흥미에 기초한 자유놀이 활동과 흥미영역, 일상생활에 관련된 여러 가지 활동, 지역사회와의 연계를 위한 현장견학 등을 교육 실제에 도입하는 계기를 마련했다. 한편 듀이의 교육에 대한 많은 관점은 오늘날 유아교육에서 추구하고 있는 개방교육 학급에 대한 신념의 선구자적 요소가 되었다. 현대 개방학교의 주요 요소인 학습내용의 연결, 단원식 접근방법의 활용, 문제해결 활동의 강조 등은 듀이의 개념에서 비롯된 것이라고 볼 수 있다. 1950년대 말엽부터 듀이의 진보주의 교육사조는 지나치게 아동의 흥미 및 욕구 중심으로 흘러가기 때문에 인간의 지능개발에 필요한 교과기능을 경시하였다는 비판을 받아왔다. 그러나 유아교육에서는 이런 비난이 있었음에도 불구하고 개방교육체계가 크게 각광을 받았다. 사실상 듀이의 아동 활동에 대한 신념은 피아제 이론 및 개방교육 프로그램 속에 잘 반영되어 나타나고 있다.

(2) 몬테소리(Montessori)

몬테소리는 유아는 자기 스스로 발달해 갈 수 있는 능력을 가지고 있으며 그것은 유아 자신으로부터 전개되는 과정이라고 보았다. 즉, 교사의 역할은 유아를 성인에게 맞추려는 것이 아니라 자연스러운 분위기에서 유아가 관찰한 것에 기초하여 유아를 교육할 수 있는 환경을 조성하는 것이다. 감각교육이 결국 지적 발달을 이룰 수 있다고 하여 미각, 시각, 청각, 촉각과 같은 감각교육에 중점을 두었다. 또한 실생활 훈련, 읽기, 쓰기, 셈하기 등을 강조하였다.

교육방법은 자연스럽게 터득되는 교육으로서 유아는 자료와의 상호작용을 통해 시행착오를 거쳐 스스로 잘못을 수정할 수 있게 된다. 이러한 개인적인 활동이 일어나기 위해서는 환경을 준비해 주는 것이 중요하기 때문에 '준비된 환경(prepared environment)'이라는 개념을 강조하였다. 다시 말하면 몬테소리 교실은 상당히 개인적이며 유아가 문제를 선택하고 그 자신의 속도에 맞춰 학습을 진행시키게 되므로 집단 활동은 거의 없고 개인 활동을 강조하면서 잘 준비된 환경 속에서 제한된 자유를 제공한다.

이러한 몬테소리 교구와 교육철학은 교육에 상당한 영향을 미치게 되어 1910년부터 1915년에 많은 토의가 되었으나 1920년 이후부터 점차 쇠퇴하게 되었다. 그 중요한 원인으로는 1900년부터 일어난 개혁유치원의 움직임이 놀이·창조성·상상력을 강조하고 있었으며 무엇보다도 집단 활동과 사회화를 강조하고 있었으므로 몬테소리 교육의 개인주의적인 개념은 갈등을 불러일으키게 되었다. 헌트는 몬테소리가 현대에 와서 인지이론의 대두와 함께 다시 유아교육과정에 중요한 위치를 차지한다고 보았다. 몬테소리 이론은 1960년대 이후 다시 교육에 영향을 미치게 되었는데 이것은 인지이론과 많은 유사점을 가지고 있었기 때문인 것으로 평가된다.

(3) 구성주의 이론과 영유아 보육·교육

피아제(Piaget)와 비고츠키(Vygotsky)의 이론은 1970년대 이후 영유아보육프로그램에 큰 영향을 주고 있다. 발생적 인식론자인 피아제와 사회적 구성주의를 주장한 비고츠키는 지적 발달에서 놀이의 가치를 강조했고, 아동발달을 유전적 요인과 환경적 요인의 상호작용 결과로 여겼다. 아동들은 능동적인 활동과 그 경험에 대한 반성적 추상화(reflective abstraction)를 통해서 지식을 구성해 나가며, 이는 인지구조의 변화를 가져온다고 가정하고 있다. 구성주의라는 인식론적 패러다임은 영유아 보육·교육프로그램에 다양하게 적용되고 있고, 레지오 에밀리아(Reggio Emilia)도 구성주의적 이론을 실현한 프로그램의 하나이다.

3. 보육과정의 기초이론

보육과정은 그 대상이며 학습자인 영유아의 연령과 발달 수준, 흥미, 요구 등이 잘 반영되어야 하며 영유아에 대한 발달적·심리적 이해는 교육프로그램을 구성하고 진행하는 데 지속적으로 영향을 주게 된다.

오늘날 영유아의 발달과 학습을 설명하는 이론으로는 성숙이론, 정신분석이론,

행동주의 이론, 인지발달이론 등이 대표적이다. 영유아 보육과정은 이러한 여러 이론에서 영유아를 이해하는 방법과 입장의 차이에 따라 다양한 교육프로그램으로 구성되어 운영될 수 있는 것이다.

1) 프로이드의 정신분석이론

정신분석이론은 프로이드(Freud)에 의해 창안된 인성발달에 관한 이론이다. 프로이드의 주요 관심은 성인의 인성이었지만 성인의 인성을 이해하기 위해서는 아동기의 인성발달과 초기 경험의 중요성을 파악해야 한다고 믿었다. 그는 잠재의식이 인간의 행동에 어떻게 영향을 미치는지에 관한 심리성적 이론을 주장하였다. 프로이드는 그의 임상적 사례들을 근거로 아동의 초기 경험이 이후의 생활에서 나타나는 행동과 성격에 영향을 미친다고 하였다. 프로이드는 인성을 세 부분(원초아, 자아, 초자아)로 구분했다.

원초아(id)는 타고날 때부터 존재하며 동기와 욕구의 무의식적 수준에서 기능한다. 원초아는 충동적 만족을 추구하며 쾌락원리를 통해서 긴장 해소라는 일차적 목표를 달성한다.

자아(ego)는 출생 후 바로 발달하며 이성과 상식과 관련이 있는 정신의 일부분이다. 초기 단계의 쾌락 자아에서 현실원리에 의해 지배되는 이성적 자아로 진행되며 자아의 쾌락은 외부 현실과 관련해서 실현된다. 따라서 만족을 지연시킬 수 있다.

초자아(super ego)는 4~5세쯤에 발달한다. 도덕성이 발달하며 동성의 부모를 동일시한다. 초자아는 분방한 쾌락추구에 반대하는 힘으로 작용하는 에너지다. 프로이드는 초자아와 관련된 정신에너지가 '자아이상' 및 '양심'으로 구성된다고 하였다.

아동의 정서발달의 중요성을 강조하고 있으며 영유아들의 흥미와 욕구, 발달과 경험 등을 고려한 영유아의 교육프로그램 구성과 자녀양육의 실제에 중요한 근거를 제공하고 있다. 특히 영아를 위한 교육에서 시사하는 바는 교육환경이 영아에게 과도한 긴장이나 스트레스를 주지 않아야 한다는 점, 타인과의 비교보다는 스스로의 성취에 만족감을 갖도록 자아의 성장을 도모해야 한다는 점, 아동이 드러낸 행동보다는 그 행동의 근원을 이해하도록 노력해야 한다는 점 등이다.

또한 교육에서 놀이의 중요성과 그 역할을 강조하였다는 점, 놀이와 게임을 통해 자신의 내적인 감정, 불안, 긴장 등이 해소되어 건전한 인성발달을 이룰 수 있다고 본 점 등이 교육에 활용되고 있다. 교육활동을 구성할 때도 찰흙놀이, 핑거페인팅, 모래놀이 등 정서적 긴장을 해소할 수 있는 놀이나 가족인형놀이, 소꿉놀이 등을 통해 아동의 내적인 정서 상태를 자유로이 표출하도록 많은 기회를 주어야 한다는 점 등이 교육프로그램에 시사되고 있다.

2) 에릭슨의 사회심리이론

에릭슨(Erikson)은 프로이드의 제자로 사회심리발달에 대한 이론을 확장시켰다. 그는 프로이드와는 달리 인간의 인성발달은 각 개인이 접하고 있는 사회적 환경 즉, 사회, 문화 등과의 상호작용을 통하여 이루어지며 특히 자아의 발달에 강조를 두고 있다. 그는 인간은 평생에 걸쳐 사회 · 정서발달을 시킨다고 하면서 출생에서 노년까지의 8단계 또는 행동의 위기를 경험한다고 서술하였다. 에릭슨의 이론이 교사에게 시사하는 바는 아동은 평생토록 발달, 변화하는 존재이나 동시에 각 시기마다 그 나름대로의 발달과업이 있다는 것, 영유아기는 신뢰감, 자율성, 주도성 등 건강한 자아발달의 기초가 이루어지는 시기임을 인식해야 한다는 점, 아동은 가족뿐 아니라 사회 · 문화적인 맥락에서 폭넓게 이해되어야 한다는 점 등을 볼 수 있다. 특히 영아기에 성인과의 신뢰로운 관계를 형성하지 못하면 성장 후에도 대인관계에서 신뢰성 형성이 어렵다는 점을 인식할 때 영아교사의 역할을 다시 한번 강조할 수 있겠다.

보육과정의 계획과 운영에서 에릭슨의 이론은 전인적인 존재로서의 아동은 자기의 자원을 강화함으로써 모든 영역에서 성장이 통합적으로 일어난다는 것을 가정하고 있다. 또한 이 이론은 내용 중심적 접근보다는 과정 중심적 접근의 영유아 보육과정을 지향하도록 하며 아동의 독립성, 주도성, 근면성, 자율성 등에 강조를 두게 된다. 에릭슨의 이론은 프로이드의 이론과 비교하여 영유아가 또래나 성인과의 관계를 증진할 수 있는 기회를 많이 갖게 하고 교사의 보다 적극적인 역할이 권장되고 있다.

3) 피아제의 인지발달이론

피아제(Piaget)는 인간의 적응과 발달을 인지적 측면에서 연구함으로써 가장 영향력 있는 인지발달이론을 제시하였다. 피아제에 의하면 인간의 인지발달은 자연적인 성숙과 환경의 상호작용에 의해 발달한다. 그 과정은 질적으로 다른 4단계를 순서적으로 거친다고 하였고 그 속도는 영유아들마다 약간의 차이가 있으나 거의 문화적 보편성을 나타낸다고 하였다. 또한 피아제는 인간에게 있어 지식의 본질과 근원은 무엇이며 지식을 어떻게 구성해 가는가를 규명하고자 했다.

피아제의 이론은 영유아 보육과정에서 다음과 같은 시사점을 주고 있다.

첫째, 영유아를 축소된 성인으로 보지 않고 성인과 전혀 다른 존재로 인식한다. 즉, 영유아의 사고는 성인의 사고와는 질적으로 다르므로 영유아가 자신의 방식대로 사고하고 지식을 구성하도록 기회를 충분히 제공해야 할 것이다.

둘째, 영유아는 학습에 적극적으로 참여할 때 배울 수 있다.

셋째, 영유아에는 구체적인 사물과 다양한 성인과의 경험을 통해 학습이 이루어지므로 영유아 스스로 학습할 자료와 기회를 충분히 제공해 주어야 한다.

넷째, 영유아가 경험하는 환경의 질이 지식의 구성과 인지발달 수준에 중요한 역할을 하므로 풍부한 환경을 구성해 주고 영유아의 과거 경험과 근접한 경험을 마련해 주어 관련을 갖도록 해준다.

다섯째, 놀이는 영유아의 학습과 지식 획득과정에서 중요한 매체가 된다.

교사는 위와 같은 내용에 기초하여 다음과 같은 내용들을 교육현장에서 적용해 볼 수 있다. 우선 영유아 스스로의 탐색과 조작으로 인지구조의 변화를 가져오게 하며, 영유아의 현재 발달 수준이나 영유아가 어떻게 무엇을 생각하고 있는지를 잘 파악하고 이를 위해 영유아를 잘 관찰해야 한다. 영유아가 인지 갈등을 일으키는 적절한 정도의 새로운 사물과 질문을 제시하는 것, 영유아의 흥미와 교사의 흥미를 계속 상호 교류하는 것, 너무 지나치게 영유아를 더 성숙된 단계로 이끌어 가지 않는 것 등을 적용해야 할 것이다.

4) 보울비의 애착이론

보울비(Bowlby)는 애착발달단계에 대해 기술하였는데 생후 3개월까지(1단계)는 애착대상이 따로 고정되어 있지 않다고 하였다. 이 시기의 영아는 어떠한 얼굴에 대해서도 미소를 지으며, 누구라도 곁에서 떠나가 버리면 운다. 그러나 생후 3개월에서 6개월까지(2단계)에 이르면, 낯익은 사람에게 초점을 맞춘다. 영아의 애착행동은 몇몇 익숙한 사람에게만 한정되며 낯선 사람에 대해서는 경계하게 된다. 이 후 3단계(6개월~3세)에 이르면, 영아는 보다 활동적이 되어 이리저리 기어다니게 되고 애착대상을 가까이하는 데 좀 더 적극적인 역할을 하며 부모가 갑자기 떠나려 하면 뒤따라가는 반응을 보인다. 또한 3세 이후부터는 4단계로 유아는 부모의 목표나 감정, 입장을 이해하여 자기의 행동을 부모에 맞추기 시작하여 보다 복잡하고 풍부한 관계가 성립된다.

애착이란 영아가 그 양육자에게 형성하는 애정적인 결속이나 정서적 유대를 말하는 것으로 여러 상황과 시간에 걸쳐 지속되는 행동특성이다. 이러한 애착 요구는 영아에게 있어 본능적이고 자연스런 요구의 하나로 애착 상태는 요구의 대상, 표현되는 행동양식, 요구 강도에 따라 달라질 수 있다. 보울비는 생애 초기에 이루어지는 어머니와 영아 간의 결속을 애착으로 설명하면서 애착이론을 발전시켰다.

보울비는 정신분석학적 전통에서 영아-어머니 간의 관계를 주로 대상관계나 의존성으로 설명하는 것에 대해 이러한 관점이 실제로 어머니에 대한 유아의 결속의 본질을 이해하는 데 적합하지 않다고 믿었다.

생의 초기에 어머니와 아기가 친근한 유대관계를 어떻게 하느냐에 따라 이후의 정서발달에 영향을 준다는 애착이론을 주장하여 영아는 자신의 생존을 위협받을 때 가까운 양육자에게 보호를 받아야 하고 이러한 동기에서 형성된 생존을 위한 반응이 애착기제로 발달한다고 하였다.

영아교육프로그램에서는 애착이론의 중요성을 강조할 때 교사의 역할에 대해 재조명하고 영아반 교사는 영아와 관계를 맺고 애착을 형성하기 위해 정서적인 측면을 고려해야 할 것이다.

영아가 맺는 교사와의 안정적 또는 불안정한 애착의 질은 영아와 그 성인 간의 개별적이고 독특한 상호작용에 의해 결정된다. 그러므로 영아가 한 교사에게 특별한 애착을 형성할 수 있도록 안정적이고 연속적인 교사 역할이 수행되어야 할 것이다.

영아교육에 있어서 가장 중요한 질적 측면은 교사가 영아와 형성하는 정서적인 결속이므로 영아에게 조화롭고 부드러운 파트너가 될 수 있도록 신체적으로도 따뜻하고 친밀한 관계를 맺고 영아가 보내는 신호에 민감하게 반응해 줄 수 있어야 한다. 즉, 교사와 영아가 신뢰로운 관계를 유지하는 것은 영아에게 또래와의 긍정적인 관계를 이루고 나중에 교사와 협동적인 관계를 형성하고 성숙한 놀이를 하기 위해 필요한 삶의 기반과 의지를 제공하는 것이다.

5) 콜버그의 도덕성 발달이론

콜버그(Kohlberg)는 피아제의 이론을 확대하여 도덕성의 인지발달이론을 확립하였다. 그는 피아제의 '타율적 도덕성과 자율적 도덕성'의 2단계 구조설이 도덕적 행동과 관련된 인지구조를 너무 단순화시킨 것으로 보고, 사회문화적 보편성을 지닌 인지구조의 확인과 그 발달단계의 확인에 몰두하게 된 결과, 피아제가 주로 어린이를 연구 대상으로 한 것과 달리 성인까지 확대하였으며, 일련의 도덕적 갈등사태에 대한 개인의 판단과 추론내용을 근거로 도덕성 발달을 3수준 6단계로 확대하여 제시하였다.

콜버그는 도덕성 연구에서 질문지를 사용하였는데 그는 질문에서 단순하게 '예' 혹은 '아니오'라는 응답에 관심을 둔 것이 아니라 왜 그렇게 생각하는지에 대한 도덕적 논리에 관심을 두었다. 콜버그 이론의 특징은 다음과 같다.

첫째, 단계들이 불변의 연쇄를 이루고 있다는 것이다. 극단적으로 신체적·정신적 손상을 입은 경우를 제외하고 사람은 반드시 순서에 따라 각 단계를 거쳐 간다. 다시 말해서 도덕발달은 다른 모든 발달처럼 일정한 원칙을 가지고 진행되므로 하룻밤 사이에 지고의 도덕군자로 변신할 수 없다는 의미이다.

둘째, 단계들은 계층적 통합을 이루고 있다는 것이다. 낮은 단계는 높은 단계의 도덕적 추론을 이해하지 못하지만, 높은 단계는 낮은 단계의 도덕적 추론을 포괄하고 이해한다. 단계의 이동은 도덕적 추론을 구성하고 있는 일련의 인지적 구조가 재조정되는 것을 의미한다.

셋째, 발달은 인지적 불균형이 생성될 때 발생한다. 도덕적 난관에 부딪혔을 때 그것을 해결하려는 인지적 판단이 서지 못한 상태를 불균형이라 한다. 이러한 딜레마적 상황에서 현재의 인지적 판단으로 해결하지 못하는 경우 새로운 인지적 구조로 전환하여 해결해 나가는 것이 발달의 특성이다.

6) 비고츠키의 이론

비고츠키(Vygotsky) 이론에서의 기본적인 전제는 인간의 독특한 고등 정신 활동은 사회적이고 문화적인 상황들에서 시작되었고, 구성원들에 의해 공유되고 있다는 점이다. 이러한 관점에서 사고란 개인의 두뇌나 정신에 의해 제한받는 것이 아니라 다른 사람의 정신과 결합되어 있다고 할 수 있다. 즉, 인지는 하나의 심오한 사회적 현상으로서, 사회적 경험은 자신이 접하고 있는 세계에 대해 사고 및 해석하는 방식을 형성하는 것이다. 이렇듯 비고츠키의 이론은 교육과 사회·문화적 환경과의 상호작용을 중요시하고 있기 때문에 사회·문화적 이론으로도 일컬어진다. 인지는 주어진 상황에 영향을 받으며, 특정 활동들과 사회적 경험들에서 얻어진 의미에서 생기게 된다. 즉, 사회·문화적 이론에 의하면 아동기의 사고 형식들이 이전에 믿어져 왔던 것보다 훨씬 더 특정한 상황과 문화적 조건의 산물임을 알 수 있다.

또한 비고츠키는 영유아의 인지발달에 있어 일방적으로 교사가 영유아에게 지식을 전달하는 것이 아닌, 영유아의 능동적인 대화와 공동 행동 등의 참여를 통해 영유아의 사고를 자극하고 고무하며 발달을 유도해야 함을 말하였다.

따라서 이러한 비고츠키의 이론은 현장에서 토론이나 문제해결의 기회를 확대함으로써 적용될 수 있을 것이다. 비고츠키의 이론을 교육 현장에서 적용하기 위한 몇 가지 사례를 볼 수 있다.

첫째, 의견 나누기를 통한 교사와 영유아 간, 그리고 또래 간의 상호작용의 촉발이다.

둘째, 문제해결을 통한 정신기능에 대한 의식적인 자각의 발달을 꾀하는 것이다.

셋째, 근접발달지역을 통한 영유아의 인지발달이며 마지막은 사회·문화적 접근을 통한 지역 공동체와 교사, 영유아 간의 상호작용을 들 수 있다. 교사와 영유아 사이의 의사소통을 최대화함으로써 영유아의 인지적 발달을 발달시켰다.

또한 비고츠키의 사상은 교육에 관여하는 영유아, 교사, 학부모, 지역사회, 국가 등의 모든 구성원들에게 큰 시사점을 안겨 준다. 우리는 영유아의 적극적인 학습에의 참여와 그것을 실현하기 위해 발판을 마련해야 할 교사 또는 부모의 중요성, 또한 그러한 안내자들에게 도움을 제공해야 할 지역사회와 국가의 중요성들을 깨달아야만 한다.

그의 사상이 완벽한 교육적 체계라고 할 수는 없지만, 적어도 비고츠키가 우리에게 이야기하는 바는 명백하다. 영유아와 교사, 부모, 또래 간의 끊임없는 상호작용이 있을 때 영유아의 학습효과가 극대화될 수 있다는 것이다.

그러므로 교사들은 영유아의 학습을 극대화될 수 있는 상황을 위한 구체적인 수업 계획을 꾸준히 연구해야 할 것이다.

또한 영유아들 간의 상호 협력관계를 통한 학습에 관심을 가지고, 혼합연령 집단과 같은 연령의 또래끼리의 상호작용을 통한 학습의 극대화를 꾀할 수도 있어야겠다. 또래는 서로 경쟁하는 사이가 아니라 서로의 학습에 발판을 마련해 줄 수 있는 또 하나의 훌륭한 비계설정자가 될 수 있다.

7) 생태시스템 이론

일생 전체에 초점을 둔 발달심리의 연구는 펄 발테스(Paul Baltes)와 워너 샤이에(Warner Schaie)를 중심으로 한 일련의 연구자들에 의해 제시되었다. 이들은 유아기와 청년기에서의 변화과정을 중시하고 이후 시기의 발달을 정태적인 것으로 보았던 전통적인 발달 관점을 수정하여, 발달의 변화는 일생에 걸쳐 여러 시기에 나타나며 그 방향도 여러 가지로 나타난다는 주장을 폈다. 이들은 또한 대부분의 현대 발달심리이론의 관점과 유사하게, 심리적 사상이 드러나는 사회 · 역사적 맥락의 분석을 강조하였다. 특히, 이 관점은 발달과정에서 형성하는 사회관계나 개인의 인생사에서의 경험 그리고 역사적 변화가 심리사회 발달에 미치는 영향을 강조하였다.

따라서 일생 전체를 보는 아동발달 학자들은 나중의 경험에 크게 영향을 미치는 초기 특질을 밝혀내며 특히 발달을 불안정하게 변화시키는 개인의 특성에 관심을 두었다. 예를 들면, 일생 전체를 보는 관점에 따르면 지능은 여러 가지 심리능력의 복합체로서 일부는 생애 초기에 나타났다가 약해지기도 하며 어떤 것은 중년기와 노년기에 강하게 나타나기도 한다는 것이다. 이 연구자들은 시대와 연령, 그리고 성별에 따른 효과뿐 아니라 역사적 사건들이 개인의 발달에 어떻게 영향을 미치는가도 연구하였다.

이러한 일생 전체 이론에 영향을 받아 등장한 것이 '생태학적 접근(ecological approach)'이다. 이 접근에 따라 발달을 보는 관점은 각 연령에 있는 사람들이 자신의 환경 속에서 어떻게 상호작용하는가를 보아야 한다고 강조하면서 아동발달이론에 새로운 방향을 제시하였다. 유리 브론펜브레너(Urie Bronfenbrenner)에 의해 제시된 이 관점은 인간의 행동을 볼 때, 사람들이 자신이 자라고 살아가는 환경 속에서 또는 변화하는 환경 속에 자신의 삶을 어떻게 조절하는가에 초점을 둔다. 생태적인 관점에서, 아마 가장 중요한 발견은 상호작용에 관한 것이다. 전통적인 실험 연구에서는 행동에 관한 하나의 변인을 분리해내고 다른 모든 변인을 통제하여 고려하지 않으려고 하는 데 반해, 생태적 연구법은 현실적으로 가능한 많은 변인을 통제하여 고려의 대상으로 삼으려고 한다.

예를 들면 브론펜브레너는 유아의 사회화를 연구하는 발달학자는 전통적인 연구와 마찬가지로 그 영유아가 속한 사회계층을 통제하나 연구 설계에는 가족구조, 양육형태(가정 또는 어린이집) 등의 요인들도 포함시킨다고 하였다. '생태주의(ecological view)'는 인간은 발달과정에서 다양한 환경과 복잡한 상호작용 과정을 거치며, 발달과정에서 경험하는 다양한 환경의 맥락들이 인간의 변화에 영향을 미친다는 것을 강조하고자 하는 영유아발달 연구에서의 새로운 노력의 표현이라 할 수 있다.

제3장

보육과정의 유형

우리나라의 보육서비스는 저소득층 맞벌이 자녀에 대한 지원에서 시작되었다. 하지만 경제의 발전, 취업모의 증가, 가족제도의 변화 등으로 인해 질 높은 보육서비스에 대한 사회적 요구가 증가하면서 국가의 적극적인 개입과 지원, 그리고 교육방법의 개선으로 꾸준히 발전해 왔다. 그리고 저소득층만을 위한 서비스가 아닌 모든 계층을 대상으로 실시되고 있다.

어린이집이라 함은 보호자의 위탁을 받아 영유아를 보육하는 시설을 말한다. 현재 우리나라 「영유아보육법」 제10조에 명시된 어린이집의 종류는 다음과 같다.

1. 국·공립어린이집: 국가나 지방자치단체가 설치·운영(위탁운영 포함)하는 어린이집
2. 사회복지법인어린이집: 「사회복지사업법」에 따른 사회복지법인이 설치·운영하는 어린이집
3. 법인·단체 등 어린이집: 각종 법(사회복지법인을 제외한 비영리법인)이나 단체 등이 설치·운영하는 어린이집
4. 직장어린이집: 사업주가 사업장의 근로자를 위하여 설치·운영하는 어린이집(국가 또는 지방자치단체의 장이 소속 공무원 및 근로계약을 체결한 자를 위하여 설치·운영하는 어린이집을 포함)
5. 가정어린이집: 개인이 가정이나 그에 준하는 곳에 설치·운영하는 어린이집
6. 협동어린이집: 보호자 또는 보호자와 보육교직원 11인 이상이 조합(영리를 목적

으로 하지 아니하는 조합에 한정)을 결성하여 설치·운영하는 어린이집

7. 민간어린이집: 제1호부터 제6호까지의 규정에 해당하지 아니하는 어린이집

이를 명칭, 설립 및 운영주체, 설립방법, 규모, 배치기준으로 정리하면, 〈표 3-1〉과 같다.

〈표 3-1〉 어린이집의 종류

종류	국·공립	사회복지 법인	법인·단체 등	직장	가정	협동	민간
명칭	어린이집	어린이집	어린이집	어린이집	어린이집	어린이집	어린이집
설립 및 운영 주체	국가·지방단체	사회복지 법인	법인이나 단체	사업주	개인	영유아의 보호자 또는 보호자와 보육교직원	개인
설립 방법	인가절차 없이 직접 설치하되, 어린이집 수급 계획 등을 포함한 보육계획을 사전에 수립	시장·군수·구청장의 인가	시장·군수·구청장의 인가	시장·군수·구청장의 인가	시장·군수·구청장의 인가	시장·군수·구청장의 인가	시장·군수·구청장의 인가
규모	상시 영유아 11명 이상	상시 영유아 21명 이상	상시 영유아 21명 이상	상시 영유아 5인 이상	상시 영유아 5명 이상 20명 이하	상시 영유아 11명 이상	상시 영유아 21인 이상
배치 기준	저소득층 밀집 지역 및 농어촌 지역 등 취약지역, 산업단지 지역에 우선적으로 설치 신규 500세대 이상 공동주택 의무설치	지역별로 균형 있게 배치	지역 보육수요와 어린이집의 공급현황 등을 감안하여 지역별로 균형 있게 배치	상시 여성 300인 이상 또는 근로자 500인 이상을 고용하고 있는 사업장	지역별로 균형 있게 배치	보육아동을 둔 보호자 또는 보호자와 보육교직원 11인 이상	지역별로 균형 있게 배치

위의 〈표 3-1〉을 중심으로 어린이집의 유형을 보육장소, 운영주체, 보육시간, 보육대상에 따라 구분하여 살펴보고자 한다.

1. 보육장소에 따른 유형

보육장소에 따른 어린이집의 유형은 가정에서 이루어지는 가정보육과 시설에서 이루어지는 시설보육으로 구분할 수 있다.

1) 가정보육

가정보육이란 시설이 아닌 가정에서 보육이 이루어지는 것으로, 시설보육에 비해 보육대상의 수가 적고 보육대상의 연령도 낮은 편이다. 가정보육 서비스는 영유아의 집에 보육자가 가서 보육이 이루어지는 자기 집 보육과 보육자의 집으로 영유아가 가서 보육을 받는 가정보육으로 나누어 살펴볼 수 있다.

(1) 자기 집 보육(caregiver in home)

자기 집 보육은 영유아의 집에서 부모가 아닌 다른 성인으로부터 보육서비스를 받는 것을 말하며, 영유아 자신의 집인 가장 친숙한 환경 속에서 보육이 이루어지기 때문에 영유아의 건강과 정서를 고려할 때 가장 좋은 보육형태라 할 수 있다.

또한 자기 집 보육은 영유아의 가정에서 이루어지므로 부모가 시간에 대해 구애를 받지 않고 심리적 여유를 가질 수 있을 뿐 아니라 어린이집에 오가는 이동의 불편함을 겪지 않아도 된다. 영유아는 자신의 집에서 보육을 받으므로 친숙한 환경과 놀잇감을 가지고 생활을 할 수 있으므로 정서적인 안정감을 얻을 수 있을 뿐 아니라 영유아와 성인 간의 상호작용 기회가 시설보육에 비해 훨씬 많다는 장점이 있다.

하지만 자기 집 보육은 주로 보육자로서 체계적이고 전문적인 교육과 훈련을 받지 않은 조부모, 친척, 형제자매, 가정도우미, 베이비시터에 의해 이루어지므로 체계적이고 전문적인 교육적 경험을 제공할 수 없으며 부모와 보육방식에서 갈등을 빚기도 한다. 다른 한편으로는 양육자가 아플 때 대체자를 구하기 어렵다는 문제점이 있다. 그리고 영유아에게 자극을 줄 수 있는 교재·교구가 한정되어 있으며, 비용이 많이 들고, 또래와의 상호작용이 제한적이며 보육자가 교체되는 경우 영유아가 정서적 불안감을 심하게 느낄 수 있다는 단점이 있다.

(2) 가정보육(family day care)

영유아가 보육자의 집으로 가서 보육서비스를 받는 형태로 집단 어린이집의 단점을 보완하여 자기 집 보육과 거의 유사한 특성을 갖도록 한 보육형태이다. 대개 집과 가까이 위치하므로 손쉽게 이용할 수 있을 뿐만 아니라 운영시간도 가족의 상황에 따라 융통성 있게 운영될 수 있다.

가정보육은 가정적인 분위기 때문에 시설에 비해 편안함을 느낄 수 있고 혼합연령으로 구성되어 있어 다양한 연령층의 영유아들과 매우 긴밀한 접촉을 할 뿐만 아니라 그 경험이 형제간의 우애와 같은 형제애를 느낄 수 있는 장점이 있다. 하지만 보육공간이 제한적이고, 자기 집 보육과 마찬가지로 체계적이고 계획적인 보육경험을 제공받지 못하며 영유아의 발달을 자극하는 교재·교구 및 놀잇감이 다양하지 못하다.

2) 시설보육

시설보육(center-based care)은 취업모의 자녀를 주된 대상으로 하여 가정 외의 시설에서 보호와 교육을 하는 곳으로 현재 우리나라에서 가장 많이 실시되고 있는 보육형태이다. 일반적으로 하루 12시간 이상 운영하는 기관으로 '어린이집'이라고 명명된다. 우리나라의 어린이집은 종일제 운영을 원칙으로 하며, 공휴일을 제외하고 연중 계속 운영된다. 과거에는 집단시설에서 보육되는 경험이 영유아에게 부정적인 영향을 줄 수 있다는 측면에서 어린이집에 자녀를 위탁하는 것을 기피하는 경우도 많았으나, 최근 연구들은 영유아의 어린이집에 대한 경험보다 어린이집의 환경, 어린이집의 교육프로그램 및 교사의 자질이 영유아의 발달에 더 중요한 영향을 미치는 것으로 나타났다.

이 형태는 설립 기준이 법으로 규정되어 있으며, 관련기관의 운영감독을 받으므로 시설과 설비가 가정보육시설에 비해 잘 갖추어져 있다. 교사들 또한 법적 자격을 갖추고 있으며, 체계적이고 풍부한 교육적 경험을 제공하기 위해 보육프로그램과 다양한 교재 · 교구 및 자료를 통해 활동이 이루어지고 있는 것이 장점이다. 반면 시설의 규모가 커지게 되면 교사와 영유아와의 개별적인 상호작용과 개별적 특성에 대한 고려가 어렵다.

2. 운영주체에 따른 유형

누가 어린이집을 운영하는가를 기준으로 어린이집 유형을 구분할 수 있다.

1) 국 · 공립어린이집

국 · 공립어린이집은 국가와 지방자치단체가 설치 · 운영하는 시설로 정부 보조와 보육료에 의해 운영된다. 국 · 공립어린이집은 저소득층 밀집지역, 농어촌지역 등 취약지역과 어린이집이 부족한 지역과 주택단지지역, 산업단지 지역에 우선적으로 설치한다. 그리고 영세민과 모자 · 부자 가정 및 저소득층 자녀와 맞벌이 부부, 장애인, 다문화 가정의 자녀가 우선적으로 입소하게 되어 있다.

국 · 공립어린이집은 상시 영유아 11인 이상을 보육하여야 하며, 명칭은 '○○어린이집'으로 하여야 한다. 이 형태의 어린이집은 프로그램, 교사, 교사와 아동의 비율 등을 기준에 맞추도록 정부가 지도 · 감독하므로 보육의 질이 보장되어 있어 학부모들이 선호하는 보육 유형이다.

2) 법인·단체 등 어린이집

법인어린이집에는 「사회복지사업법」에 따른 사회복지법인이 설치·운영하는 어린이집과 사회복지법인을 제외한 비영리법인이 설치·운영하는 어린이집이 있다. 비영리기관의 지원을 받아서 운영되는 법인어린이집은 대학이나 사립학교, 복지관, 종교단체 등 운영주체가 다양하다. 종교단체에서 운영하는 어린이집은 종교기관 내에 위치하는 경우가 많고 종교단체로부터 재정적 지원과 인력을 지원받는 경우가 많다. 운영주체인 특정 종교의 기본 철학에 영향을 받은 보육프로그램이 운영되기도 한다. 대학에서 운영하는 시설의 경우 비싼 비용과 높은 질의 프로그램으로 운영되는 반면, 운영주체가 복지관인 어린이집은 저소득층의 자녀를 그 대상으로 하며 영유아 보육과 방과 후 보육을 저렴한 비용으로 운영한다.

현재 우리나라에서 「영유아보육법」(제10조)상에 규정되어 있는 법인·단체 등 어린이집이란 각종 법인(사회복지법인을 제외한 비영리법인)이나 단체 등이 설치·운영하는 어린이집으로서 대통령령으로 정하는 어린이집을 말한다. 상시 영유아 21인 이상을 보육하며, 명칭은 '○○어린이집'으로 하여야 한다. 어린이집 명칭 사용에 유치원, 학원 등 유사기관으로 오인할 수 있는 명칭은 사용할 수 없으며, 관할 시장·군수 또는 구청장에게 사전에 인가를 신청하여야 한다. 지역 보육수요와 어린이집의 공급현황 등을 감안하여 지역별로 균형 있게 배치되도록 하고 있다.

3) 직장어린이집

직장어린이집은 직장에 다니는 취업모들의 가장 큰 당면 문제인 자녀양육 문제를 지원하고자 1988년 「남녀고용평등법」 제12조에 사업체의 직장 보육사업을 법적으로 명시하여 정책화되었다.

직장어린이집이란 사업주가 사업장의 근로자를 위하여 단독 또는 공동으로 사업장 내 또는 그에 준하는 인근지역과 사원주택 등 사업장 근로자 밀집 거주 지역에 설치·운영하는 시설(국가나 지방자치단체의 장이 소속 공무원 및 국가나 지방자치단체의 장과 근로계약을 체결한 자로서 공무원이 아닌 자를 위하여 설치·운영하는 어린이집을 포함한다)을 말한다. 직장어린이집은 상시 영유아 5인 이상을 보육하여야 하며, 명칭은

'○○어린이집'으로 「영유아보육법상」에 명시된 설치 기준을 모두 갖추어야 한다.

2005년 1월에 개정된 「영유아보육법」은 제14조 제1항의 규정에 의하여 일정 규모 이상의 사업장의 사업주는 직장어린이집을 설치하도록 의무화하고 있으며, 「영유아보육법」 시행령 제20조 제1항에서는 상시 여성 근로자 300인 이상 또는 근로자 500인 이상을 고용하고 있는 사업장은 직장어린이집을 설치하도록 정하고 있다. 의무사업장의 사업주가 직장어린이집을 단독으로 설치하기 어려운 경우에는 사업주 공동으로 직장어린이집을 설치·운영하거나, 지역의 어린이집과 위탁 계약을 체결하여 근로자 자녀의 보육을 지원하여야 한다. 부모에게 아동의 보호와 교육에 대한 심리적 안정감을 제공해 주고, 훌륭하고 전문적인 교사와 직원들을 채용하고 좋은 시설을 갖출 수 있는 자금이 있기 때문에 양질의 보육을 제공할 수 있는 장점이 있다.

그러나 아이를 데리고 출퇴근하는 것이 용이하지 않거나 출퇴근시간이 고정되어 있지 않은 경우 이용에 어려움이 따른다. 또한 기업에서는 직장어린이집을 경제적으로 부담스럽게 여겨 최소한의 비용투자로 운영되는 형식적인 기업 복지 수준에 머무는 경향이 있다. 이러한 문제들로 인하여 직장보육사업은 현실적으로 활성화되지 못하고 시설의 양적 확충과 질적 향상 모두에 직면하고 있는 실정이다.

4) 가정어린이집

개인이 가정 또는 그에 준하는 곳에서 설치·운영하는 시설로서, 규모는 상시 영유아 5인 이상 20인 이하를 보육하여야 하고 시장·군수·구청장의 인가를 받아 설치한다. 과거 가정어린이집은 '놀이방'이라고 불렸으며, 신고를 통하여 설치·운영이 가능하였으나 2005년 1월부터 가정어린이집도 인가를 받아 설치하도록 규정하고 있다. 또한 명칭 역시 '○○어린이집'이라고 명칭을 사용한다.

5) 협동어린이집

협동어린이집이란 보호자 또는 보호자와 보육교직원 11인 이상이 조합을 결성하여 설치·운영하는 시설을 말하며 영리를 목적으로 하지 아니하는 조항에 한정한다. 협동어린이집은 상시 영유아 11인 이상을 보육하여야 하며, 명칭은 '○○어린이집'으로 하여야 한다. 설치절차는 관할 시 · 군 · 구청장에게 사전에 인가를 신청하여야 하며 보육아동을 둔 보호자 또는 보호자와 보육교직원 11인 이상이 상호 출자하여 공동으로 어린이집을 설치 · 운영할 것을 약정함으로써 그 효력이 발생하며, 출자는 조합원의 약정에 따라 금전, 기타 재산 또는 노무로 할 수 있다.

조합원은 아동보육의 필요성이 없게 되거나 기타 조합계약으로 정하는 시기에 탈퇴할 수 있으며, 출자금은 탈퇴 당시 조합의 재산 상태 및 지분에 의한다. 어린이집 대표자는 조합원 중에서 선임하고, 시설 운영에 관한 통상 사무는 원장이 전임하며, 주요사항은 조합원 과반수 이상의 찬성으로 결정한다.

조합의 업무집행자는 조합계약 또는 조합원의 3분의 2 이상의 찬성으로 선임하며 조합원이 최대한 보육과정 및 의사결정에 참여하여 소기의 설립목적을 달성하도록 노력하여야 한다.

초기에 조합 설립 비용과 보육료가 다른 어린이집 형태에 비하여 많이 들며, 부모의 적극적인 참여가 요구되므로 시간을 내기 힘든 부모에게는 부담이 될 수 있다.

6) 민간어린이집

민간어린이집은 법인과는 달리 개인의 영리를 목적으로 운영되는 보육형태로 어린이집부터 프로그램 및 운영시간, 교사 대 아동의 비율, 그리고 교사의 질까지 매우 다양하다. 보육의 질과 보육비용이 비례하기 쉬우나, 기관끼리 연합하여 운영하면 적은 비용으로 비교적 높은 질의 보육서비스를 제공할 수 있다.

현재 우리나라에서 「영유아보육법」(제10조)상에 규정되어 있는 민간어린이집은 국 · 공립 · 사회복지법인 · 법인단체 등 · 직장 · 가정 · 부모협동어린이집이 아닌 어린이집으로 정의하고 있으며 상시 영유아 21인 이상을 보육할 수 있는 시설을 갖추어야 한다. 명칭은 '○○어린이집'으로 하여야 하며 설치절차는 관할 시 · 군 · 구청장에게 사전에 인가를 신청하여야 한다.

3. 보육시간에 따른 유형

영유아가 하루에 몇 시간이나 어린이집에서 보육을 받느냐에 따라 보육형태를 구분할 수 있다.

▶ 그 밖의 연장형 보육 개념

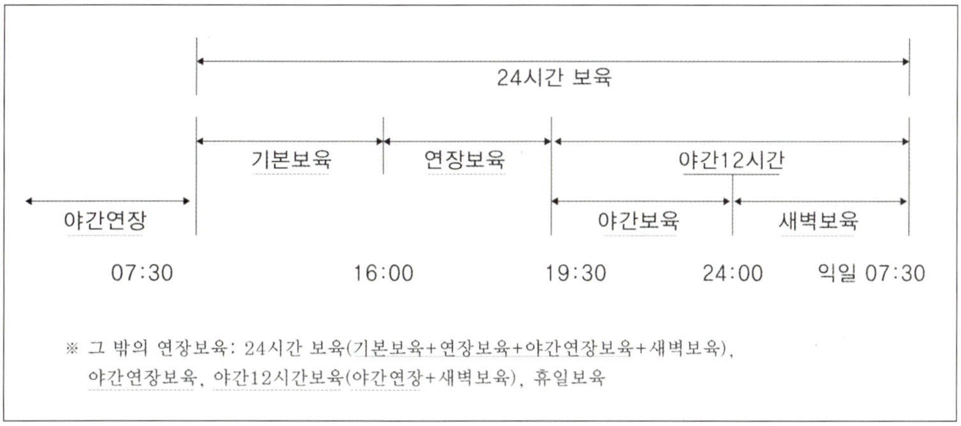

출처: 보건복지부(2020), 2020년도 보육사업안내.

1) 기본보육

기본보육 시간은 오전 9시부터 오후 4시(7시간)로 한다. 단, 지역별 · 어린이집별 사정에 따라 보호자와 협의하여 9시~16시 전 · 후 30분 범위 내에서 보육시간 탄력 조정이 가능하다.

2) 연장보육

기본보육 시간이 끝나는 16:00~19:30까지 어린이집을 이용하는 영유아에 대한 보육서비스를 의미한다.

3) 그 밖의 연장형 어린이집

① 야간12시간보육 어린이집

야간연장 어린이집은 19:30을 경과하여 최대 24:00까지 시간을 연장하거나, 07:30 이전에 이용하는 경우를 말한다.

② 24시간 어린이집

24시간 동안(07:30~익일 07:30) 보육서비스를 제공하는 시설로 24시간 지정 어린이집에서만 야간보육 및 24시간 보육이 가능하다. 24시간 보육은 부모의 야간 경제활동, 한부모 또는 조손가정 등의 사유로 불가피하게 주간보육(07:30~19:30)과 야간12시간보육(19:30~익일 07:30)을 모두 이용하는 보육형태이다.

③ 휴일 어린이집

휴일 어린이집이란 일요일 및 공휴일에 보육하는 시설이며 원래 시설 정원과는 별도로 휴일보육정원을 책정할 수 있다.

4) 시간제 보육

가정양육 시에도 지정된 제공기관에서 시간단위로 보육서비스를 이용하고 이용한 시간만큼 보육료를 지불하는 보육서비스이다. 지원대상은 어린이집, 유치원 등을 이용하지 않고, 양육수당을 수급 중인 자(6~36개월 미만의 양육수당을 지원받는 영아)로 시 · 군 · 구로부터 시간제 보육 제공기관으로 지정받은 어린이집, 육아종합지원센터 등에서 제공한다.

5) 방과 후 어린이집

방과 후 어린이집은 초등학생을 대상으로 어린이집에서 방과 후 보육서비스를 제공하는 보육형태이며 방과 후 보육서비스 제공은 4시간 이상(~19:30분까지)이다.

「영유아보육법」 제27조에 의하면, 어린이집의 이용대상은 보육이 필요한 영유아를 원칙으로 하지만 필요한 경우 만 12세까지 연장하여 보육할 수 있다고 명시하고 있다.

방과 후 어린이집은 영유아보육의 연계선상에서 초등학생 저학년을 우선 대상으로 하는 것으로 맞벌이부부 등 아동을 맡길 곳이 없는 가정을 우선적으로 하여 시설 정원 범위 내에서 20%까지 보육할 수 있다.

일반 어린이집(방과 후 지정시설 제외)이 방과 후 보육을 하고자 할 경우 최소 인원(5명) 이상 종일반 보육을 지속하여야 하고, 별도의 방과 후 보육교사를 채용하여야 한다.

부모가 직장에 나가 있는 동안 성인의 보호 없이 지내는 아동을 위험하고 위해한 환경으로부터 안전하게 보호하는 것으로, 정규 수업 후 제공되는 보육뿐 아니라 학교 수업이 시작되기 전이나 공휴일 또는 방학 기간 동안 제공되는 보육서비스도 방과 후 보육에 포함된다.

4. 보육대상에 따른 유형

보육형태는 보육대상에 따라 영아전담 어린이집, 장애아전문 어린이집, 장애아통합 어린이집, 위기보육으로 구분될 수 있다.

1) 영아전담 어린이집

만 3세 미만의 영아만을 20인 이상 보육하는 어린이집으로 보육정원을 기준으로 가능한 2세 미만반이 2세반보다 많게 되도록 편성해야 하며 만 2세 이상반만으로 보육정원 책정을 할 수 없다. 영아전담 어린이집은 사회적인 수요와 관심이 급증하고 있는 분야이다. 영아전담 어린이집의 교사 대 영아 비율은 낮아야 하고, 영아용 침대, 우유병 소독기 등 기본 설비를 갖추어야 한다. 또한 영아의 발달특성상 수유, 기저귀 갈기, 취침 문제가 중요하게 고려되어야 하며, 건강 및 안전에 특히 주의를 기울여야 한다.

2) 장애아전문 어린이집

장애아전문 어린이집은 12명 이상의 장애영유아를 보육할 수 있는 시설을 갖춘 어린이집이다. 장애아전문 어린이집은 중도 장애아를 주 대상으로 하며, 장애아전문 어린이집에서는 전문적인 특수교육을 받은 교사, 언어치료사, 물리치료사 등의 전문 치료사가 있고 장애아에게 필요한 서비스를 전문적으로 제공해 줄 수 있는 곳이다. 장애아전문 어린이집에서는 장애아 부모에 대한 부모교육과 더불어 장애아의 가족을 돕기 위한 가족 지원 서비스를 동시에 실시한다.

3) 장애아통합 어린이집

장애아통합 어린이집은 3명 이상의 장애영유아를 보육하는 어린이집이다. 국공립·법인 등 정부지원어린이집의 경우 우선적으로 장애아통합반을 구성하여 운영하여야 한다. 장애아통합 어린이집은 일반 영유아와 장애아를 가진 영유아를 함께 보육하는 형태로, 장애아와 일반 영유아가 같은 공간에서 자연스럽게 상호작용하며 생활하고 학습함으로써 분리교육의 단점을 극복하고자 하는 의도에서 시행된다.

통합보육을 통해 장애아는 정상적인 발달을 보이는 또래들과 함께 생활을 함으로써 일반 영유아의 적절하고 나이에 맞는 행동을 관찰하고 학습할 뿐만 아니라 이러한 적절한 행동을 보이는 또래와 상호작용을 할 수 있다. 또한 일반 영유아는 장애아와의 상호작용을 경험하면서 자신과 비슷한 점을 많이 가지고 있는 한 사람의 개인으로서 수용하게 되는 장점을 가지고 있다.

4) 위기보육

위기보육은 가정폭력, 부모의 학대 및 위기를 경험한 아동을 일시적으로 보육하는 것으로, 가정폭력 및 부모의 학대로 격리가 필요한 요보호 아동을 대상으로 위기개입을 통한 아동 보호와 아동학대에 따른 심리치료, 일상생활지도, 정서적 안정, 피해아동의 가족치료 등을 통해 가정으로 복귀할 수 있도록 돕는 데 그 목적이 있다.

〈표 3-2〉 보육대상에 따른 교사 대 아동 비율

1. 어린이집에 두어야 하는 어린이집 종사자와 그 수
   가. 원장 1인. 다만, 영유아 20인 이하를 보육하는 어린이집은 어린이집의 원장이 보육교사를 겸임할 수 있다.
   나. 보육교사
      (1) 만 1세 미만의 영아 3인당 1인을 원칙으로 한다.
      (2) 만 1세 이상 만 2세 미만의 영아 5인당 1인을 원칙으로 한다.
      (3) 만 2세 이상 만 3세 미만의 영아 7인당 1인을 원칙으로 한다.
      (4) 만 3세 이상 만 4세 미만의 유아 15인당 1인을 원칙으로 한다.
      (5) 만 4세 이상 미취학 유아 20인당 1인을 원칙으로 하며, 이 경우 유아 40인당 1인은 보육교사 1급 자격을 가진 자이어야 한다.
      (6) 취학아동 20인당 1인을 원칙으로 한다.
      (7) 장애아 보육은 장애아 3인당 1인을 원칙으로 하되, 장애아 9인당 1인은 특수교사 자격소지자로 한다.
   -제10조 (보육교직원의 배치기준)

참고: 영유아보육법 시행규칙[전문개정 2009. 7. 3. 제124호]

제4장

국가 수준의 보육과정

한 국가의 보육과정은 그 나라 보육의 방향을 규정하고, 나아가 미래의 국가경쟁력인 능력 있는 민주시민 양성의 초석이 되기 때문에 선진국들은 국가 수준의 보육과정 개발과 개선에 꾸준한 노력을 기울여 오고 있다. 이에 우리나라에서도 만 0세에서 5세까지 폭넓은 6개 연령층 영유아를 위한 국가적 수준의 표준보육과정이 2007년에 고시됨으로써 보육의 표준을 제시하였다. 2011년에 교육과학기술부 소관의 유치원과 보건복지부 소관의 어린이집의 만 5세 유아의 교육과 보육내용을 통합한 만 5세 공통과정인 누리과정이 만들어졌으며, 2013년에 만 5세 누리과정에 이어 만 3~4세 누리과정이 확대 도입되었다. 보건복지부는 2017년 12월 제3차 중장기보육 기본계획(2018~2022)에서, '영유아의 행복한 성장을 위해 함께 하는 사회'라는 비전을 설정하였으며, 국정과제인 '보육·양육에 대한 사회적 책임 강화'를 실현하기 위한 4개 분야, 즉, 보육의 공공성 강화, 보육체계 개편, 보육서비스의 품질 향상, 부모 양육지원 확대를 제시하였다. 2019년 말, 어린이집에 다니는 0~5세 대상 보육과정 중 3~5세를 위한 보육과정(누리과정)은 이미 개정되었고, 0~2세는 어린이집에만 해당되므로 보건복지부 주관으로 0~2세 표준보육과정도 영아의 놀 권리 및 균형적 발달을 고려하여 개정을 추진한다고 발표한 후 2020년 4월 9일에 「제4차 어린이집 표준보육과정」을 고시하였다. 본 장에서는 0~2세 보육과정과 3~5세 보육과정의 원안을 바탕으로 보육과정의 성격, 구성방향, 운영에 대해 알아보고자 한다.

1. 표준보육과정의 성격

표준보육과정에서 제시되는 성격은 국가 수준 보육과정의 구성체계를 확립하는 출발점이다. 제4차 어린이집 표준보육과정의 성격은 「2015 개정 초·중등학교 교육과정」 성격의 구성체계와 연계하고, 영유아기의 고유한 특징을 반영하여 '영유아 중심 및 놀이 중심'을 강조하고 있다.

어린이집 표준보육과정은 0~5세 영유아를 위한 국가 수준의 보육과정이며 0~1세, 2세, 3~5세 보육과정으로 구성한다.

가. 국가 수준의 공통성과 지역, 기관 및 개인 수준의 다양성을 동시에 추구한다.

국가 수준의 공통성은 어린이집에서 보육과정을 구성하고 운영할 때 고려해야 할 공통적이고 일반적 기준을 의미한다. 지역 수준의 다양성은 국가 수준의 보육과정을 바탕으로 각 시·군·구청에서 그 지역사회의 상황과 여건을 고려하여 보육과정을 특색 있게 운영하는 것을 의미한다. 기관 수준의 다양성은 각 어린이집이 국가 수준 보육과정과 지역 수준 보육과정의 특성을 반영하는 동시에 각 기관의 철학, 담당반 및 부모의 특성에 따라 보육과정을 자율적으로 운영하는 것을 의미한다. 개인 수준의 다양성은 교사가 담당 영유아의 연령 및 개별 특성, 발달 수준 등 개인차를 보육과정에 반영하여 운영하는 것을 의미한다. 교사는 영유아를 개별적 특성을 가진 고유한 존재로 인정하며, 영유아의 흥미와 관심을 보육과정에 반영하여 자율적으로 운영할 수 있다.

나. 영유아의 전인적 발달과 행복을 추구한다.

영유아가 전인적으로 발달한다는 것은 몸과 마음이 건강하고, 자주적이고, 창의적이며, 감성이 풍부하고, 더불어 사는 사람으로 성장한다는 것을 의미한다. 영유아는 자유롭게 놀이할 때 즐겁고 행복하다. 어린이집에서는 영유아의 전인적 발달과 행복 추구를 지원하기 위해서 영유아가 자유롭고 즐겁게 충분히 놀이할 수 있도록 보육과정을 구성하고 운영해야 한다.

다. 영유아 중심과 놀이 중심을 추구한다.

표준보육과정이 '영유아 중심'을 추구한다는 것은 보육과정을 운영하는 과정에서 영유아의 건강과 행복, 놀이를 통한 배움의 가치를 최대한 존중하여 반영하는 것을 의미한다. 표준보육과정이 '놀이 중심'을 추구한다는 것은 영유아가 주도하는 놀이를 중심으로 보육과정을 구성하고 운영한다는 것을 의미한다. 어린이집에서는 표준보육과정 개정 취지를 반영하여 영유아 주도적인 놀이가 충분히 이루어질 수 있도록 보육과정을 구성하고 운영해야 한다.

라. 영유아의 자율성과 창의성 신장을 추구한다.

영유아는 스스로 자신이 할 수 있는 일을 하고, 하고 싶은 일을 선택하며, 자신의 선택과 결정에 대해 책임지는 경험을 하면서 자율성을 기른다. 영유아는 호기심을 가지고 주변 세계를 탐색하고 탐구하며 재미있는 상상을 해 나가고 자신만의 방식으로 놀이를 변형하고 창조하면서 창의성을 기른다. 교사는 영유아가 크고 작은 어려움을 스스로 해결해 가는 모습을 격려하고, 자신의 경험과 생각을 자유롭게 표현할 수 있도록 도와줌으로써 영유아의 자율성과 창의성 신장을 지원한다.

마. 영유아, 교사, 원장, 부모 및 지역사회가 함께 실현해 가는 것을 추구한다.

표준보육과정은 국가 수준의 보육과정이 제시하는 공통적이고 일반적 기준을 바탕으로 교사가 자율성을 가지고 영유아와 함께 보육과정을 만들어 나가는 것을 강조한다. 교사와 원장은 영유아의 관심과 흥미 및 놀이에 대한 이해를 바탕으로 영유아의 놀이를 지원하는 보육과정의 주체이다. 어린이집은 지역사회의 공공기관이나 단체와 협력하여 지역사회의 인적·환경적·문화적 자원을 통해 영유아가 풍부한 경험을 할 수 있도록 보육과정 운영을 지원한다.

2. 표준보육과정의 구성 방향

1) 추구하는 인간상

표준보육과정의 목표를 통해 궁극적으로 기르고자 하는 인간상은 「2019 개정 누리과정」에서 새롭게 제시한 추구하는 인간상을 동일하게 적용하여 변경하였다. 이는 0~5세 영유아를 보육하는 어린이집 현장에서의 혼란을 최소화하기 위함이다. 교사는 영유아가 놀이를 통해 인간상을 통합적으로 경험하도록 지원하는 것이 필요하다. 추구하는 인간상은 영유아가 일상에서 놀이하며 배우는 현재의 모습에서 발견할 수 있으며 동시에 영유아가 앞으로 배우며 성장해 가야 할 모습이기도 하다. 이 중 '건강한 사람'은 일생에서 가장 중요한 신체와 정신건강의 기초를 형성하는 영유아기의 특성을 고려한 것이다. '감성이 풍부한 사람'은 초·중등학교 교육과정에서 '교양 있는 사람'에 해당하지만, 영유아기 특성을 고려하여 적절한 표현으로 조정한 것이다. 교사는 영유아가 놀이를 통해 인간상을 통합적으로 경험하도록 지원하는 것이 필요하다. 추구하는 인간상은 영유아가 일상에서 놀이하며 배우는 현재의 모습에서 발견할 수 있으며 동시에 영유아가 앞으로 배우며 성장해 가야 할 모습이기도 하다.

표준보육과정이 추구하는 인간상은 다음과 같다.

가. 건강한 사람

나. 자주적인 사람

다. 창의적인 사람

라. 감성이 풍부한 사람

마. 더불어 사는 사람

2) 목적과 목표

표준보육과정의 목적 아래 제시된 목표는 영유아가 추구하는 인간상으로 성장하기 위해 필요한 사항을 중심으로 구성하였다. 표준보육과정의 목적은 영유아가 놀이를 통해 심신의 건강과 조화로운 발달을 이루고 바른 인성과 민주시민의 기초를 형성하는 데 있다.

표준보육과정의 목적에서는 '놀이를 통해'라는 표현을 제시하여 영유아기의 고유한 특성을 강조하였다. 또한 전통적으로 영유아 보육에서 강조해 온 '심신의 건강', '조화로운 발달'과 '민주시민'의 가치를 반영하였다. 인성의 중요성이 사회 전반에 걸쳐 강조되고 있다는 점을 반영하여 이번 개정 표준보육과정의 목적에 '바른 인성'을 추가하였다. 표준보육과정의 다섯 가지 목표에서는 추구하는 인간상의 구체적인 내용을 설명하고 있다. 이와 같이 표준보육과정의 추구하는 인간상, 목적, 목표는 체계적으로 연계되어 있다.

이를 실현하기 위한 목표는 다음과 같다.

(1) 0~2세 보육과정 목표

① 자신의 소중함을 알고, 건강하고 안전한 환경에서 즐겁게 생활한다.

영아는 놀이를 통해 몸을 마음껏 움직이며 자신의 감정과 욕구에 귀를 기울여 조절하는 경험을 한다. 또한 영아에게는 일상에서 환경의 변화에 적응하는 데 필요한 건강하고 안전한 생활을 지속적으로 경험하는 것이 중요하다. 어린이집은 영아가 자신의 몸과 마음에 대한 긍정적인 생각을 키워, 자신을 소중히 여기는 사람으로 성장하도록 도와야 한다. 또한 영아가 자신의 신체 리듬에 맞게 생활하고, 위험한 상황에 대처하는 방법들을 배울 수 있도록 지원해야 한다.

② 자신의 일을 스스로 하고자 한다.

영아는 자신이 하고 싶은 놀이에 적극적으로 참여하고 다양한 시도를 통해 자신이 좋아하고 잘할 수 있는 일에 대해 알아 가며, 자신이 가진 여러 가지 능력을 알아 가는 경험이 필요하다. 어린이집은 영아가 자신을 이해하고 소중히 여기며 자신의 일을 스스로 하고자 하는 사람으로 성장하도록 도와야 한다.

③ 호기심을 가지고 탐색하며 상상력을 기른다.

놀이를 통해 영아는 한 번도 해 보지 않은 독특한 상상을 하고 새로운 생각을 만들어 낸다. 어린이집은 영아가 주변 세계에 대한 호기심을 가지고 자유롭게 상상하는 것을 지원한다.

④ 일상에서 아름다움에 관심을 가지고 감성을 기른다.

영아는 자신이 느낀 아름다움과 경이로움, 감성을 자유롭게 표현하는 과정을 즐기며, 자연과 주변 환경에 대해 열린 마음을 가지고 향유하는 경험이 필요하다. 어린이집은 영아가 놀이를 통하여 심미적 감성을 키워 갈 수 있도록 도와야 한다.

⑤ 사람과 자연을 존중하고 소통하는 데 관심을 가진다.

영아는 가족과 친구, 이웃과 관계를 맺고 필요할 때 도움을 주고받으며 살아간다. 또한 영아는 자신과 생각이 다른 사람들과 갈등을 겪을 수도 있으나 이를 해결해 보는 경험도 필요하다. 어린이집은 영아가 놀이를 통하여 자연을 소중히 여기고 다른 사람과 소통하는 방법을 경험할 수 있는 기회를 제공해야 한다.

(2) 3~5세 보육과정 목표

① 자신의 소중함을 알고, 건강하고 안전한 생활 습관을 기른다.

유아는 놀이를 통해 몸을 마음껏 움직이며 자신의 감정과 욕구에 귀를 기울여 조절하는 경험을 한다. 또한 유아에게는 일상에서 환경의 변화에 적응하는 데 필요한 건강하고 안전한 생활을 지속적으로 경험하는 것이 중요하다. 어린이집은 유아가 자신의 몸과 마음에 대한 긍정적인 생각을 키워, 자신을 소중히 여기는 사람으로 성장하도록 도와야 한다. 또한 유아가 자신의 신체 리듬에 맞게 생활하고, 위험한 상황에 대처하는 방법들을 배울 수 있도록 지원해야 한다.

② 자신의 일을 스스로 해결하는 기초능력을 기른다.

유아는 자신이 하고 싶은 놀이에 적극적으로 참여하고 다양한 시도를 통해 자신이 좋아하고 잘할 수 있는 일에 대해 알아 가며, 자신이 가진 여러 가지 능력을 확장하는 경험이 필요하다. 어린이집은 유아가 자신을 이해하고 소중히 여기며 자신의 일을 주도적이고 자율적으로 해결해 나가는 사람으로 성장하도록 도와야 한다. 또한 유아가 다른 사람과 함께 생활하는 동안 자신의 생각을 자신 있게 표현하며, 주어진 일에 책임감을 가지고 해결해 나갈 수 있도록 지원해야 한다.

③ 호기심과 탐구심을 가지고 상상력과 창의력을 기른다.

놀이를 통해 유아는 한 번도 해 보지 않은 독특한 상상을 하고 누구도 생각하지 못한 새로운 생각을 만들어 낸다. 어린이집은 유아가 주변 세계에 대한 호기심을 가지고 자유롭게 상상하며, 융통성 있는 발상의 전환을 지원한다. 또한 새로운 일에 대한 열린 태도와 도전 정신을 가지고 미래에 필요한 독창적인 능력을 키울 수 있도록 도와야 한다.

④ 일상에서 아름다움을 느끼고 문화적 감수성을 기른다.

유아는 자신이 느낀 아름다움과 경이로움, 시적인 감수성을 예술적으로 표현하는 과정을 즐기며, 자연과 문화에 대해 열린 마음을 가지고 향유하는 경험이 필요하다. 어린이집은 유아가 놀이를 통하여 문화적 공감 능력과 심미적 감수성을 키워 갈 수 있도록 도와야 한다.

⑤ 사람과 자연을 존중하고 배려하며 소통하는 태도를 기른다.

유아는 가족과 친구, 이웃과 관계를 맺고 필요할 때 도움을 주고받으며 살아간다. 또한 유아는 자신과 생각이 다른 사람들과 갈등을 겪을 수도 있으나 이를 원만하게 해결해 보는 경험도 필요하다. 어린이집은 유아가 놀이를 통하여 자연을 소중히 여기고 다른 사람과 협력하며 소통하는 방법을 경험할 수 있는 기회를 제공하여, 공동체 의식과 민주시민의 역량을 키워 갈 수 있도록 도와야 한다.

3) 구성의 중점

표준보육과정 구성의 중점은 다음과 같다.

가. 영유아는 개별적인 특성을 지닌 고유한 존재임을 전제로 구성한다.

표준보육과정은 영유아 개개인이 독특하고 고유한 존재로 존중받을 때 건강하게 성장할 수 있다는 것을 전제로 구성하였다. 모든 영유아는 어떠한 편견에도 구애받지 않고 그 자체로서 존중받도록 해야 한다.

나. 0~5세 모든 영유아에게 적용할 수 있도록 구성한다.

표준보육과정은 국가 수준의 보육과정으로서 어린이집에 다니는 0~5세 영유아가 경험해야 할 공통적이고 일반적 기준을 제시하여 모든 0~5세 영유아가 양질의 보육을 받을 수 있도록 구성하였다. 모든 영유아란 연령, 발달, 장애, 종교나 가족구성, 지역 등의 사회·경제적 배경과 문화적 배경에 의해 배제되거나 차별받지 않는다는 것을 의미한다.

다. 추구하는 인간상 구현을 위한 지식, 기능, 태도 및 가치를 반영하여 구성한다.

표준보육과정에서는 추구하는 인간상 구현을 위해 지식, 기능, 태도 및 가치를 영유아가 놀이하며 배우는 경험과 연계하여 제시하였으며, 지식, 기능, 태도 및 가치를 표준보육과정 전반에 반영하였다. 교사는 영유아가 놀이 속에서 이러한 지식, 기능, 태도 및 가치를 자연스럽게 경험하면서 추구하는 인간상을 향하여 성장해 가도록 지원할 수 있다.

라. 표준보육과정은 다음의 영역을 중심으로 구성한다.

1) 0~1세 보육과정과 2세 보육과정은 기본생활, 신체운동, 의사소통, 사회관계, 예술경험, 자연탐구의 6개 영역을 중심으로 구성한다.
2) 3~5세 보육과정(누리과정)은 신체운동·건강, 의사소통, 사회관계, 예술경험, 자연탐구의 5개 영역을 중심으로 구성한다.

마. 0~5세 영유아가 경험해야 할 내용으로 구성한다.

0~1세 보육과정은 6개 영역의 내용을 40개로, 2세 보육과정은 6개 영역의 내용을 43개로, 3~5세 보육과정(누리과정)은 5개 영역의 내용을 총 59개로 간략화하고, 이를 영유아가 경험해야 할 내용으로 명시하였다. 이러한 경험은 영유아가 직접 하는 것이므로 궁극적으로 표준보육과정은 영유아가 주체가 되는 보육과정을 말한다. 또한 경험은 영유아가 생활하며 직접 체험한다는 점에서 추상적 지식이 아닌 보육과정의 실제를 의미하기도 한다. 영유아의 경험 대부분은 일상생활과 놀이를 통하여 이루어지므로, 교사는 영유아가 일상생활과 놀이를 통해 배우는 실제 내용을 존중하고 지원해 가면서 자연스럽게 영유아·놀이 중심 보육과정을 실천할 수 있다.

3~5세 보육과정(누리과정)은 5개 영역의 내용을 연령 구분 없이 3~5세 유아가 모두 경험할 수 있는 내용으로 제시하였다. 교사는 유아를 정해진 기준에 따라 예단하여 이해하지 않고, 유아가 자신의 연령과 발달에 따라 자연스럽게 놀이하며 배우는 경험을 있는 그대로 이해할 필요가 있다. 또한 연령에 따라 많은 세부 내용을 가르쳐야 한다는 부담을 내려놓고 유아가 스스로 놀이하며 배우는 경험을 중심으로 보육과정을 운영해 가도록 한다.

바. 초등학교 교육과정과의 연계성을 고려하여 구성한다.

표준보육과정 내에서는 0~1세, 2세 보육과정 내용과 3세 유아의 경험이 분절되지 않고 자연스럽게 연계되도록 구성하였다. 또한 초등학교 교육과정과의 연계를 위하여 교육내용의 계열성을 포함하여 체계와 형식을 통일하여 구성하였다. 특히 추구하는 인간상, 목적과 목표 등에서는 초등학교 교육과정과 형식은 통일하되, 영유아기의 고유한 특성이 드러나도록 내용을 구성하였다. 3~5세 보육과정(누리과정) 5개 영역의 내용은 초등학교 교육내용을 상회하지 않도록 유의하여 구성하되, 3~5세의 경험과 초등학교 1학년에서의 경험이 단절되지 않고, 유아들이 순조롭게 전이하도록 돕고자 하였다.

3. 표준보육과정의 운영

1) 편성 · 운영

편성·운영은 어린이집에서 영유아·놀이 중심 보육과정을 편성하고 운영하기 위해 고려해야 할 공통적 기준을 안내한 것이다. 다음의 사항에 따라 표준보육과정을 편성·운영한다.

① 어린이집의 운영시간에 맞추어 편성한다.

어린이집의 보육과정을 편성할 때에는 종일제를 기반으로 각 어린이집의 일과 운영 시간에 따라 조정하여 편성할 수 있다. 어린이집 운영 시간은 영유아가 편안하고 즐겁게 보육내용을 경험할 수 있도록 휴식과 낮잠, 바깥놀이 등을 포함하여 영유아가 중심이 되고 놀이가 살아나는 영유아·놀이 중심 보육과정 운영시간이다.

② 표준보육과정을 바탕으로 각 기관의 실정에 적합한 계획을 수립하여 운영한다.

표준보육과정은 계획안 수립에 있어서 어린이집과 교사의 자율성을 강조하였다. 계획안을 작성할 때에는 영유아의 경험이 교육적 가치를 가지도록 놀이를 중심으로 기록하고 교사의 지원 방안을 기술할 필요가 있다.

어린이집은 각 기관의 보육철학, 가정과 지역사회의 특성, 영유아의 요구 등을 반영하여 자율적으로 계획을 수립할 수 있다. 교사는 기존에 활용하였던 연간, 월간, 주간, 일일 계획안을 어린이집 및 반의 특성에 적합하게 변경하여 사용할 수 있다. 어린이집에서 배부하는 계획안은 영유아가 활동할 내용을 미리 계획하여 안내하는 방식에서 영유아가 실제 놀이한 내용과 배움에 대한 기록을 공유하는 방식으로 변화할 수도 있다.

개정 표준보육과정에서의 계획안은 영유아가 실제 놀이한 내용 및 놀이를 지원하는 내용을 포함하되 자율적인 형식으로 바꾸어 볼 수 있다. 이것은 영유아가 실제 경험한 놀이내용과 그에 따른 교사의 놀이 지원 계획을 기술하는 형식으로, 기존의 방식에 비해 사전 계획을 최소화하여 계획을 수립한다는 특징이 있다. 교사는 필요에 따라 안전과 관련된 사항, 영유아 특성에 따라 개별적으로 지원해야 하는 사항 등을 계획할 수 있다.

③ 하루 일과에서 바깥놀이를 포함하여 영유아의 놀이가 충분히 이루어지도록 편성하여 운영한다.

어린이집의 하루 일과는 영유아가 주도하는 놀이를 중심으로 편성·운영하도록 한다. 놀이는 바깥놀이를 포함하여 하루 일과 중 가장 길게, 우선적으로 편성·운영하여 영유아가 충분히 놀이할 수 있도록 한다. 활동은 영유아가 놀이를 통한 배움을 확장해 갈 수 있도록 돕는 교사의 지원이다. 교사는 영유아가 주도하는 놀이를 지원하기 위해 필요에 따라 활동을 계획하여 운영할 수 있다. 놀이의 흐름이 끊기지 않고 영유아가 충분히 놀이하고 몰입할 수 있도록 한다. 교사는 바깥놀이를 포함하여 놀이시간을 2시간 이상 확보하되 날씨와 계절, 기관의 상황, 영유아의 관심사와 놀이 특성 등을 고려하여 융통성 있게 편성·운영한다.

④ 성, 신체적 특성, 장애, 종교, 가족 및 문화적 배경 등에 따른 차별이 없도록 편성하여 운영한다.

영유아가 다른 사람을 대할 때 자신과 상대와의 다른 점을 틀린 것이 아니라 다른 특성으로 받아들이고 편견 없이 대할 수 있도록 지원해야 한다. 교사는 성별, 신체적 특징 및 장애 유무에 따라 영유아를 비교하고 평가하거나 불이익을 주지 말아야 하며 영유아에게 고정적인 성 역할과 특정 종교를 강요해서는 안 된다. 또한 영유아들에게 다양한 가족 형태 및 문화적 배경을 이해할 수 있는 경험을 제공하여 다양성을 존중하고 배려할 수 있도록 지원한다.

⑤ 영유아의 발달과 장애 정도에 따라 조정하여 운영한다.

영유아의 놀이는 연령 및 발달적 특성에 따라 다양한 모습으로 나타난다. 같은 연령의 영유아들일지라도 흥미, 관심, 경험, 발달, 가정의 문화 등 많은 부분에서 차이가 있으므로, 교사는 영유아가 자신에게 적합한 방식으로 놀이할 수 있도록 보육과정을 조정하여 운영한다. 발달 지연 또는 장애 영유아도 또래 영유아와 함께 하는 경험이 필요하다. 따라서 교사는 특별한 요구를 가진 영유아가 차별 없이 또래와 더불어 생활하고 함께 놀이하도록 지원해야 한다. 교사는 모든 영유아가 보편적인 환경에 접근하고 참여할 수 있도록 보육환경, 보육내용, 보육방법 등을 조정하여 운영할 수 있다. 또한 어린이집에서는 통합반을 편성하여 운영할 수 있다. 교사는 장애 영유아의 특성과 요구를 파악하여 개별화 교육계획을 수립하고, 개별 장애 영유아의 교육적 요구에 적합한 보육이 이루어지도록 한다. 이때 보육과정의 효과적인 운영을 위해 부모, 특수교사, 사회복지사, 의료진 등 가족과 관련 기관의 전문가와 서로 소통하고 협력하는 것이 중요하다. 필요에 따라 특별히 고안된 장치나 보조기구, 자료를 활용하여 영유아가 장애로 인한 불편함을 덜 느낄 수 있도록 지원한다.

⑥ 가정과 지역사회와의 협력과 참여에 기반하여 운영한다.

영유아가 속해 있는 가정, 기관, 지역사회 등은 모두 보육과정의 주체이므로, 상호 연계하고 협력해야 한다. 영유아·놀이 중심 보육과정을 운영하기 위해서는 무엇보다 부모의 역할이 중요하다. 부모는 영유아의 놀 권리와 즐겁게 놀이하며 배우는 놀이의 가치를 이해하여 가정에서 영유아의 놀이를 지원해야 한다. 이를 위해 어린이집에서는 부모 참여, 간담회, 워크숍, 상담 등 다양한 기회를 마련하여 부모의 역할을 지원할 필요가 있다.

지역사회는 영유아의 다양한 경험을 지원하는 풍부한 자원이다. 따라서 어린이집에서는 영유아들이 지역사회의 여러 기관이나 장소를 직접 경험하면서 지역사회에 관심을 가질 수 있도록 지원해야 한다. 예를 들어 어린이집에서는 기관이 위치한 지역사회 특성에 따라 지역사회 문화예술단체와 시설, 공공기관 및 지역 인사 등을 활용하여 영유아의 경험을 확장할 수 있는 기회를 마련하고 지원할 수 있다. 또한 어린이집을 지원하는 공공기관과의 상호 협의를 통해 표준보육과정 운영이 원활히 이루어질 수 있도록 한다.

⑦ **교사 연수를 통해 표준보육과정의 운영을 개선할 수 있도록 한다.**

표준보육과정의 실천과 지속적인 개선을 위해서는 교사 연수가 필수적이다. 어린이집을 지원하는 국가 및 지역 기관에서는 다양한 형태의 교사 연수를 마련하고, 교사가 자율적으로 참여할 수 있는 기회를 제공해야 한다. 교사 연수는 교사가 참여하는 다양한 유형의 교육, 배움 공동체, 소모임 등을 포함한다. 교사는 표준보육과정에 대한 이해 및 필요 정도에 따라 자발적으로 연수에 참여하여 표준보육과정 운영을 개선해 가도록 한다.

2) 교수 · 학습

교수 · 학습은 영유아가 즐겁게 놀이하며 스스로 배울 수 있도록 교사가 지원할 때 고려해야 할 사항이다. 표준보육과정에서는 교사를 영유아의 놀이 지원자로 제안하고 있다. 교사는 놀이의 특성, 의미, 가치를 이해하여 영유아가 즐겁게 놀이하면서 배우는 경험을 지원할 수 있다. 교사는 적절하게 환경을 구성하고, 영유아와 바람직한 상호작용을 하여 영유아가 놀이에 몰입하고 놀이를 확장하도록 돕는 역할을 한다. 교사는 다음 사항에 따라 영유아를 지원한다.

① **영유아의 의사 표현을 존중하고 민감하게 반응한다.**

교사는 영유아 개개인의 특성, 기질, 개인차를 고려하여 영유아의 의사 표현을 존중하고 개별적으로 민감하게 반응해야 한다. 영유아는 언어적 방식과 비언어적 방식을 통해 의사 표현을 시도하며, 개인적 기질과 특성에 따라 표현 방식과 강도도 다르므로 교사가 주의 깊게 관찰하고 이해하며 요구에 맞게 반응해야 한다. 특히, 영아는 언어 표현이 미숙하므로 시선, 손짓, 표정 등 비언어적인 표현에 더 민감한 주의를 기울여야 한다.

② **영유아가 흥미와 관심에 따라, 놀이에 자유롭게 참여하고 즐기도록 한다.**

영유아가 주도하는 놀이는 영유아가 자신만의 방식으로 자유롭게 이끌어 가는 놀이를 의미한다. 교사는 놀이에 대한 이해를 바탕으로 영유아가 스스로 놀이를 선택하고 참여하는 것을 의미있게 여기고 지원할 수 있어야 한다.

영유아에게 놀이는 앎이자 삶의 방식이다. 영유아는 놀이를 통해 자신이 경험한 세상을 재구성하며 세상에 대한 이해를 넓혀 나간다. 특히, 교사는 영아가 짧고 단편적 놀이 특성을 보이지만, 반복적으로 놀이하는 과정에서 배우고 성장한다는 점을 이해하고 이를 지원해야 한다.

영유아가 주도하는 놀이는 성인의 간섭과 통제가 최소화되고 영유아가 다양한 놀이 환경과 만날 때 활발하게 나타난다. 따라서 교사가 미리 준비한 놀이를 선택하게 하는 방식보다는 영유아가 자유롭게 놀이하며 즐기는 방식으로 바꾸어 갈 필요가 있다. 교사는 영유아가 주도하는 놀이에 내재된 의미와 가치를 파악하고 영유아가 놀이를 지속하고 몰입해 나갈 수 있도록 지원해야 한다. 교사는 놀이 상황과 맥락에 따라 새롭게 생성되는 영유아의 놀이를 존중하고 이해하면서 영유아가 필요로 하는 놀이 자료, 놀이 공간과 안전 등을 고려하여 필요한 지원을 할 수 있다.

③ 영유아가 놀이를 통해 배우도록 한다.

영유아는 어디서나 자유롭게 놀이하며 배울 수 있지만, 어린이집에서 이루어지는 영유아의 놀이는 교사의 지원을 통해 더욱 유의미한 배움이 될 수 있다. 교사는 다양한 방식으로 영유아가 놀이를 통해 배우고 성장할 수 있도록 돕고 지원하는 역할을 해야 한다. 특히 영유아에게 놀이는 세상을 경험하는 과정이다. 영유아의 반복되는 놀이를 존중하고 그 즐거움을 충분히 느끼도록 하되 교사는 영유아가 새로운 놀이를 탐색해 볼 수 있도록 영유아의 개인적 리듬을 고려해 지원해 줄 수 있다.

가. 놀이를 통한 배움의 이해

영유아는 놀이하면서 자연스럽게 세상과 교감하며 성장해 간다. 놀이는 시작과 끝이 정해져 있는 것이 아니라 이어지고 끊어지며 새롭게 생성되어 가는 연속적 과정이며 이는 곧 배움의 과정과 같다. 교사는 영유아의 놀이를 배움의 과정으로 이해하고 영유아의 놀이를 지원해야 한다.

나. 놀이와 연계한 활동을 통한 영유아의 배움 지원

교사는 일상생활 경험과 활동에도 영유아의 흥미와 관심을 반영하여 영유아가 즐겁게 경험하며 배우도록 지원한다. 활동을 운영할 때 교사는 영유아가 주도하는 놀이의 내용과 활동이 연계되도록 지원하여 영유아가 즐겁게 배우도록 한다.

다. 자율성을 바탕으로 영유아의 놀이 배움 지원

표준보육과정에서는 영유아가 놀이에서의 배움을 지원하기 위해 교사의 자율성을 강조한다. 영유아는 자신에게 가장 적합한 방식으로 놀이하기 때문에 영유아의 놀이는 예측하기 어렵다. 교사는 영유아의 특성, 안전, 놀이환경, 자료, 날씨, 기관의 상황 등을 고려하여 놀이를 지원해야 한다. 교사는 영유아가 놀이하며 배울 수 있도록 상황에 따라 필요한 교육적 판단을 자율적으로 할 수 있어야 한다.

④ 영유아가 다양한 놀이와 활동을 경험할 수 있도록 실내·외 환경을 구성한다.

표준보육과정에서 놀이환경은 영유아가 놀이하는 실내·외 모든 공간과 놀이자료를 포함한다. 영유아가 보고 듣고 만지며 자유롭게 표현할 수 있는 놀이환경은 놀이가 다양하게 이루어지도록 하는 중요한 교육적 자원이다. 따라서 교사는 다양한 실내·외 놀이환경과 풍부한 놀이자료를 제공하여 영유아의 놀이가 활성화되도록 돕는다.

가. 다양하고 안전한 실내·외 놀이 공간 구성

보육실을 포함한 어린이집의 실내 공간은 영유아에게 가장 친숙한 놀이환경이다. 교사는 놀이 공간을 구성하고 변형해 나가며 영유아의 자유로운 놀이를 지원할 수 있다. 보육실의 흥미영역은 영유아들이 가장 좋아하는 놀이를 중심으로 구성하는 것이 좋으며, 영유아들이 흥미를 보이지 않는 영역은 다른 영역과 통합하여 재구성하거나 다른 영역으로 대체하는 것도 가능하다. 또한 영유아의 관심과 흥미, 요구에 따라 새로운 영역을 구성할 수 있으며, 이때 영유아가 주도적으로 놀이영역을 창조할 수 있도록 지원해야 한다.

나. 풍부한 놀이자료 제공

놀이자료는 영유아가 놀이에 사용할 수 있는 놀잇감, 매체, 재료와 도구 등을 포함한다. 영유아에게 놀이자료는 자신의 감정과 생각, 상상 등을 자유롭게 표현하는 수단이자 세상에 대한 이해를 넓혀 나가는 데 중요한 역할을 하는 매개물이다. 특히 영아의 발달특성에 맞게 크기, 감촉, 모양, 색 등을 고려하여 놀이자료를 제공하여 주는 것이 좋다.

⑤ 영유아와 영유아, 영유아와 교사, 영유아와 환경 사이에 능동적인 상호작용이 이루어지도록 한다.

어린이집에서 영유아는 또래, 교사 및 자신을 둘러싼 환경 등과 관계를 맺으며 성장한다. 또한 영유아는 놀이에서 또래 친구와 교사, 자연환경 등과 적극적으로 상호작용하면서 세상을 이해하고 배움을 이루어 간다. 특히 영아의 경우 또래 간 상호작용과 함께 교사와의 애착과 신뢰감 형성이 중요하다. 교사는 영유아가 놀이에서 만나는 다양한 관계에 관심을 기울이고 함께 상호작용을 하며 배움을 지원해야 한다.

가. 영유아 사이의 상호작용

영유아가 주도하는 표준보육과정에서는 영유아와 영유아 사이의 상호작용이 더 활발하고 빈번하게 일어난다. 영유아는 또래들과 함께 놀이하면서 자신의 생각을 표현하고, 친구들의 의견을 듣고 때때로 생각을 바꾸기도 한다. 더 재미있게 놀이하기 위해 양보하고, 배려하고, 나와 다른 의견을 수용하여 조절하는 경험도 할 수 있다. 교사는 영유아들이 자유롭고 활기차게 놀이할 수 있는 분위기를 제공하여 영유아 사이의 다양한 상호작용을 격려해 주어야 한다.

나. 교사와 영유아의 상호작용

교사는 영유아의 놀이에 귀 기울여 놀이의 의미와 배움을 발견하고, 이를 확장하기 위해 다양한 상호작용을 한다. 교사는 영유아의 흥미와 관심이 어디에 있는지 파악하고, 칭찬, 격려, 미소, 공감 등 정서적 또는 언어적 상호작용을 통해 영유아의 놀이를 긍정적으로 수용하고 격려한다. 교사는 답이 정해진 질문을 하거나 일방적으로 지식을 전달하기 위해 개입하는 것이 아니라 영유아의 흥미와 관심에 교감하며 놀이를 지원하는 상호작용을 하도록 한다.

다. 영유아와 환경과의 상호작용

환경은 영유아의 놀이가 활성화되는 배경이자 영유아가 다양한 배움을 경험하는 원천이 된다. 영유아와 환경과의 상호작용은 영유아 주변의 친근한 공간, 자료, 일상생활에서 자연스럽게 접하는 모든 환경과의 교감을 포함한다. 영유아는 놀이에서 다양한 사물, 자료, 자연물 등을 만지고 움직여 보며 새로운 흥미와 관심을 가지게 되고, 이는 창작적 표현으로 이어지기도 한다. 교사는 영유아와 환경과의 상호작용에 주의를 기울이고 존중하며 영유아들이 환경과 즐겁게 상호작용할 수 있도록 지원해야 한다.

⑥ 각 영역의 내용이 영유아의 경험과 통합적으로 연계되도록 한다.

교사는 표준보육과정에 포함된 각 영역의 내용이 영유아가 놀이를 하며 통합적으로 경험하는 것임을 이해해야 한다. 각 영역의 내용을 영유아의 경험과 연계하는 방식은 다양하다. 우선 영유아는 놀이를 하며 이미 각 영역을 통합적으로 경험한다. 교사는 영유아의 놀이에서 각 영역의 내용이 자연스럽게 통합적으로 나타나는 것을 발견함으로써, 영유아가 놀이하며 배우고 있음을 알 수 있다.

⑦ 개별 영유아의 요구에 따라, 휴식과 일상생활이 원활히 이루어지도록 한다.

어린이집에서 영유아의 하루 일과는 놀이와 휴식을 적절하게 안배하여 운영하며, 개별 영유아의 요구를 반영해야 한다. 어린이집에서는 영유아의 건강 상태, 날씨나 계절, 기관의 상황 등에 따라 하루 일과를 융통성 있게 운영할 수 있다. 획일적인 하루 일과를 운영하기보다는 배변이나 낮잠, 휴식 등 영유아마다 다른 신체 리듬을 반영하여 하루 일과를 운영해야 한다. 교사는 놀이의 상황과 개별 영유아의 요구 등을 적절히 반영하여 일과가 원활하게 이루어지도록 운영해야 한다. 특히 영유아는 어린이집에 오면서 가정에서 생활하던 신체 리듬과 다른 변화를 겪게 된다. 영유아의 연령이 낮을수록 개별 일과 운영은 더욱 중요하다. 교사는 영유아가 어린이집의 일상생

활과 신체 리듬에 잘 적응할 수 있도록 충분히 기다려주며 지원해 나가야 한다

⑧ 영유아의 연령, 발달, 장애, 배경 등을 고려하여 개별 특성에 적합한 방식으로 배우도록 한다.

영유아는 서로 다른 관심과 능력을 가지고 있으며 다양한 맥락 속에서 자신만의 방식으로 놀이하고 배운다. 같은 연령이라도 개별 영유아의 특성이 다르듯이 영유아가 놀이하는 모습도 다르게 나타난다. 또한 영유아가 가정에서 경험하는 다양한 문화적 특성을 서로 인정하고 존중하며 가치 있게 여길 수 있어야 한다. 교사는 영유아의 특성에 적합한 지원을 위해 발달적 특성이나 장애 정도, 문화적 배경을 우선적으로 파악해야 하며, 필요할 경우 관련 기관 또는 전문가와 협력할 수 있다.

3) 평가

표준보육과정에서 평가는 어린이집에서 영유아가 중심이 되고 놀이가 살아나는 표준보육과정의 운영을 되돌아보고 개선해 가는 과정이다. 표준보육과정은 어린이집에서 영유아·놀이 중심 보육과정을 운영하는 데 도움이 되고자 평가를 간략화하고 각 어린이집의 자율적인 평가를 강조하였다. 어린이집은 평가의 목적, 대상, 방법, 결과의 활용을 바탕으로 표준보육과정 평가를 자율적으로 실시할 수 있다. 평가는 다음 사항에 중점을 두고 실시한다.

가. 표준보육과정 운영의 질을 진단하고 개선하기 위해, 평가를 계획하고 실시한다.

평가의 목적은 영유아가 중심이 되고 놀이가 살아나는 표준보육과정 운영을 자체적으로 평가하여, 표준보육과정 운영의 질을 진단하고 표준보육과정 운영을 보다 나은 방향으로 개선하는 데 있다. 어린이집에서는 지역 특성, 각 어린이집 및 반의 상황과 요구를 고려하여, 표준보육과정 운영을 개선할 수 있도록 자율적으로 평가 계획을 수립한다. 평가의 내용, 평가 주기 및 시기, 평가방법 등에 대한 계획은 각 어린이집 구성원들 사이의 민주적인 협의를 통해 정한다.

나. 영유아의 특성 및 변화 정도와 표준보육과정의 운영을 평가한다.

평가는 영유아 평가와 표준보육과정의 운영 평가로 이루어진다. 영유아 평가는 궁극적으로 영유아의 행복과 전인적 발달을 지원하는 데 그 목적이 있다. 교사는 영유아의 놀이, 일상생활, 활동 속에서 영유아의 고유한 특성이나 의미 있는 변화를 발견하고, 그것을 바탕으로 영유아의 배움과 성장을 돕기 위하여 평가를 할 수 있다. 교사는 영유아의 배움이 나타나는 놀이, 일상생활, 활동에서 영유아가 가장 즐기고 잘하는 것, 놀이의 특성, 흥미와 관심, 친구관계, 놀이를 이어가기 위한 자료의 활용 등에 주목하여 영유아 놀이를 관찰하고 이를 통해 영유아의 특성과 변화를 이해하도록 한다.

표준보육과정 운영 평가는 어린이집의 보육과정이 영유아·놀이 중심으로 적절하게 운영되고 있는지 평가하는 데 그 목적이 있다. 어린이집의 표준보육과정 운영 평가에서는 놀이시간을 충분히 운영하였는지, 영유아 주도적인 놀이와 배움이 이루어지고 있는지, 놀이 지원이 적절한지 등을 평가할 수 있다. 이는 놀이 속에서 나타나는 영유아의 특성 및 변화 정도와 연계하여 파악할 수 있다. 필요에 따라 부모와의 협력이나 행정적·재정적 지원이 적절하게 이루어지고 있는지 등을 평가할 수도 있다.

다. 평가의 목적에 따라 적합한 방법을 사용하여 평가한다.

평가방법은 평가의 목적과 대상에 따라 달라질 수 있다. 어린이집은 평가 목적에 가장 적합한 평가방법을 자율적으로 정하여 활용할 수 있다. 교사는 영유아의 특성과 변화 정도를 파악하기 위하여 영유아들의 실제 놀이 모습을 계획안에 기록할 수 있고, 놀이 결과물과 작품 등을 일상적으로 수집할 수 있다. 영유아들의 놀이를 관찰할 때에는 영유아의 말, 몸짓, 표정 등에서 드러나는 놀이의 의미와 특성에 주목하여 이 중 필요한 내용을 메모나 사진 등 교사가 할 수 있는 가장 용이한 방법으로 기록한다. 이러한 관찰기록 자료는 교실에서 자율적으로 수립한 계획안에 포함하여 영유아의 특성과 변화 정도를 파악하는 데 활용할 수 있다.

어린이집의 표준보육과정 운영에 대한 평가는 개선이 필요한 사항에 따라 자율적으로 실시할 수 있다. 기관별, 반별 상황이나 필요성에 따라 적합한 방법을 선택하여 표준보육과정 운영을 평가한다. 표준보육과정에서는 교사가 영유아의 놀이 관찰 기록, 영유아 평가와 표준보육과정 운영 평가 등 평가 자료를 만들고 수집하는 데 과도한 노력을 기울이기보다는 영유아의 놀이에 더 집중하고 지원하는 것이 중요함을 강조하고 있다. 교사는 개별 영유아를 정기적으로 관찰하기보다는 배움이 나타나는 또래 사이의 놀이나 활동 등 영유아들이 일상에서 놀이하며 배우는 자연스러운 상황에서 영유아의 특성과 변화를 이해하는 평가를 하도록 한다. 또한 각 영역의 내용을 성취 기준으로 잘못 인식하여 영유아의 놀이에서 영역별 내용이 나타나는지 여부만을 체크하지 않도록 유의한다.

라. 평가의 결과는 영유아에 대한 이해와 표준보육과정 운영 개선을 위한 자료로 활용할 수 있다.

교사는 영유아의 놀이, 일상생활, 활동을 통해 수집된 자료를 평가의 목적에 맞게 종합하여 평가의 결과를 얻을 수 있다. 영유아 평가의 결과는 영유아가 행복감을 느끼고 전인적으로 발달하도록 도움을 주는 데 활용한다. 또한 표준보육과정이 추구하는 인간상과 목적 및 목표 등에 비추어 영유아의 특성과 변화 정도를 이해하고 영유아의 배움과 성장에 도움이 되도록 지원하는 데 활용한다. 수집된 모든 자료를 바탕으로 개별 영유아의 특성과 변화 정도를 종합적으로 이해하여, 이를 부모와의 면담자료 및 영유아의 생활지도 등에 활용할 수 있다. 한편, 어린이집에서 자율적인 방식을 통해 실시한 표준보육과정 운영 평가의 결과는 각 어린이집에서 보육과정의 운영을 보다 나은 방향으로 개선하는 데 활용할 수 있다.

제5장

0~2세 보육과정의 내용

보육과정이란 영유아를 대상으로 연령 및 발달 수준과 개별적 특성에 기초하여 교육경험을 제공하는 교육적 욕구를 충족시키면서 동시에 사회적 욕구를 충족시키기 위한 보호 영역(즉, 건강·영양, 안전에 관한 것)과 부모들의 복지적 욕구를 충족시키기 위한 영역(부모에 대한 서비스, 지역사회와의 교류)을 위해 어린이집에서 제공되는 제반 활동을 의미한다.

표준보육과정의 내용은 기본생활, 신체운동, 사회관계, 의사소통, 자연탐구, 예술경험의 6개 영역으로 되어 있고, 각 영역마다 성격이나 목표, 연령별 목표와 내용을 제시하고 있다. 내용은 다시 0~1세 영아, 2세 영아로 세분화하였다. 또한 영아 경험의 실제, 영아 경험의 이해, 교사 지원의 내용도 같이 안내함으로써 효율적인 영아보육이 되도록 돕고 있다. 이 장에서는 각 영역의 목표와 내용을 중심으로 살펴보고자 한다.

1. 0~1세 보육과정의 내용

1) 기본생활

0~1세 영아는 씻고, 먹고, 자고, 배변하는 등의 일상에 적응하면서 어린이집 생활에 편안함을 느끼게 된다. 0~1세 영아는 어린이집 생활에 익숙해지고 주변 환경에 친숙해지면서 적극적인 탐색 및 놀이를 시도하게 되는데, 위험에 대한 인식은 어려우므로 안전에 대한 성인의 주의와 점검이 필수적이다. 따라서 교사는 영아의 개별적 요구를 수용하고, 영아가 스스로 시도해 볼 수 있도록 안전한 환경과 기회를 마련한다. 또한, 적절한 도움과 격려를 제공하여 영아가 편안하고 자연스럽게 일상을 경험하도록 지원한다.

(1) 목표

건강하고 안전한 일상생활을 경험한다.

① 건강하고 편안한 일상생활을 경험한다.

② 안전한 생활을 경험한다.

(2) 내용체계

〈표 5-1〉 0~1세 기본생활영역 내용체계

내용범주	내용
건강하게 생활하기	도움을 받아 몸을 깨끗이 한다. 음식을 즐겁게 먹는다. 하루 일과를 편안하게 경험한다. 배변 의사를 표현한다.
안전하게 생활하기	안전한 상황에서 놀이하고 생활한다. 안전한 상황에서 교통수단을 이용해 본다. 위험하다는 말에 주의한다.

(3) 내용범주

① 건강하게 생활하기

영아가 신체의 청결과 위생, 즐거운 식사, 편안한 수면, 휴식과 배변경험 등을 통해 건강한 일상을 경험하는 내용이다.

② 안전하게 생활하기

영아가 안전한 상황에서 놀이하고 생활하며, 위험하다고 알려주면 주의할 수 있는 안전한 생활을 경험하는 내용이다.

2) 신체운동

0~1세 영아는 감각적 자극에 반응하는 것으로 시작하여 주변 탐색과 자신의 신체 탐색 과정을 통해 자연스럽게 몸의 움직임을 발전시켜 나간다. 이와 같은 탐색을 통한 감각과 신체 인식의 과정은 영아가 자신의 몸을 구성하는 대근육, 소근육을 사용함으로써 조절 능력을 키워나가는 데 기초가 된다. 또한 영아는 다양한 운동을 시도하는 것을 좋아하는데 이와 같은 기본 동작을 포함하는 신체활동은 실내뿐 아니라 바깥놀이에서도 일어나며 자신의 몸을 통해 혹은 도구를 사용함으로써 자연스럽게 경험된다. 이를 위하여 교사는 0~1세 영아가 편안하게 오감각으로 자극에 반응하고 주변을 다양하게 탐색할 수 있도록 하고, 대 · 소근육을 움직이면서 기본 운동을 포함한 실내 · 외 활동에 관심을 가지고 즐길 수 있도록 지원해야 한다.

(1) 목표

감각으로 탐색하고 신체활동을 즐긴다.

① 감각 탐색을 즐긴다.

② 신체활동을 즐겁게 경험한다.

(2) 내용체계

〈표 5-2〉 0~1세 신체운동영역 내용체계

내용범주	내용
감각과 신체 인식하기	감각적 자극에 반응한다. 감각으로 주변을 탐색한다. 신체를 탐색한다.
신체활동 즐기기	대 · 소근육을 조절한다. 기본 운동을 시도한다. 실내 · 외 신체활동을 즐긴다.

(3) 내용범주

① 감각과 신체 인식하기

0~1세 영아가 여러 가지 다양한 감각적 자극에 오감각으로 반응하고 동시에 감각기관으로 주변을 탐색하며 이와 함께 자신의 신체를 즐겁게 탐색하면서 스스로 신체를 인식하게 하는 내용으로 구성되어 있다.

② 신체활동 즐기기

0~1세 영아가 자신의 몸을 움직이는 가운데 대근육과 소근육의 조절력을 키우고, 이를 기반으로 이동 운동이나 제자리에서 다양한 동작으로 몸을 움직여 보면서 실내 · 외에서 이루어지는 여러 가지 신체활동을 즐기는 내용으로 구성되어 있다.

3) 의사소통

0~1세 영아는 적극적 의사소통자로 비언어와 언어를 이용하여 자신의 생각, 느낌, 감정을 표현하고 상대방의 표현과 반응을 보고 들으며 소통한다. 또한 주변의 그림과 상징에 관심을 갖고, 자유롭게 끼적이기를 즐기며 책과 이야기에도 관심을 갖는다. 의사소통영역은 일상에서 영아가 자신의 의사를 상대방에게 전달하고, 상대방의 표현을 이해하는 과정에서 다른 사람과 소통하는 다양한 방식을 경험하면서

의사소통의 즐거움을 느끼며 의사소통능력의 기초를 형성하는 것을 목표로 한다. 이를 위하여 교사는 0~1세 영아가 자유롭고 편안하게 자신의 의사를 표정, 몸짓, 옹알이, 말소리, 끼적이기 등 다양한 방식으로 표현할 수 있도록 하고, 책과 이야기에 관심을 갖고 자유롭게 즐기는 것을 지원하도록 한다.

(1) 목표

의사소통능력의 기초를 형성한다.

① 의사소통능력의 기초를 형성한다.
② 읽기와 쓰기에 관련된 관심을 가진다.
③ 책과 이야기에 관심을 가진다.

(2) 내용체계

〈표 5-3〉 0~1세 의사소통영역 내용체계

내용범주	내용
듣기와 말하기	표정, 몸짓, 말과 주변의 소리에 관심을 갖고 듣는다. 상대방의 이야기를 들으면서 말소리를 낸다. 표정, 몸짓, 말소리로 의사를 표현한다.
읽기와 쓰기에 관심 가지기	주변의 그림과 상징에 관심을 가진다. 끼적이기에 관심을 가진다.
책과 이야기 즐기기	책에 관심을 가진다. 이야기에 관심을 가진다.

(3) 내용범주

① 듣기와 말하기

영아가 다른 사람의 표정, 몸짓, 말 등에 관심을 갖고 보고 들으며, 표정, 몸짓, 말소리로 자신의 의사를 표현하는 내용이다.

② 읽기와 쓰기에 관심 가지기

영아가 주변의 그림과 상징에 관심을 가지고, 자유롭게 끼적이기에 관심을 가지는 내용이다.

③ 책과 이야기 즐기기

영아가 책과 이야기에 관심을 가지는 내용이다.

4) 사회관계

0~1세 영아는 자신을 독립된 존재로 인식하기 시작하고, 정서가 다양하게 분화되면서 여러 가지 감정을 느끼게 되고, 기본적인 욕구와 감정을 말과 행동으로 나타낼 수 있다. 0~1세의 사회관계영역은 영아가 다른 사람의 행동이나 표정을 보거나 말을 듣고 그 사람에게 주의를 기울이면서 자신과 다른 사람의 감정을 인식함으로써 사회적 상호작용의 기초를 형성하는 것을 목표로 한다. 이를 위하여 교사는 0~1세 영아의 자아존중감과 함께 다른 사람과 더불어 생활하는 데 필요한 기초 능력을 기르는 데 중점을 두고 영아가 주변의 친숙한 사람들과 긍정적인 관계를 경험하고 어린이집에서 하루 일과를 편안하게 지낼 수 있도록 지원해야 한다.

(1) 목표

나를 인식하고, 친숙한 사람과 관계를 맺는다.

① 나를 고유한 존재로 안다.

② 안정적인 애착을 형성하고, 또래, 교사와 함께 지낸다.

(2) 내용체계

〈표 5-4〉 0~1세 사회관계영역 내용체계

내용범주	내용
나를 알고 존중하기	나를 인식한다. 나의 욕구와 감정을 나타낸다. 나와 친숙한 것을 안다.
더불어 생활하기	안정적인 애착을 형성한다. 또래에게 관심을 가진다. 다른 사람의 감정과 행동에 관심을 가진다. 반에서 편안하게 지낸다.

(3) 내용범주

① 나를 알고 존중하기

0~1세 영아가 자신을 인식하고 기본적인 욕구와 감정을 나타내며 자신에게 친숙한 것을 알아가는 내용이다.

② 더불어 생활하기

0~1세 영아가 교사와 안정적인 애착을 형성하고, 또래와 다른 사람에게 관심을 가지면서 반에서 편안하게 지내는 것을 경험하는 내용이다.

5) 예술경험

0~1세 영아는 자연과 생활 속에서 감각을 통한 자극에 호기심을 가지고 반응하며 다양한 방법으로 표현하기를 즐긴다. 영아는 자연물, 사물, 환경의 아름다움에 관심을 가지고 즐김으로써 풍부한 정서를 경험한다. 자신과 환경과의 상호작용에서 아름다운 요소를 발견하고 좋아하는 태도를 형성한다. 일상에 대한 긍정적인 태도를 기르고 자신을 둘러싼 대상과 상생하는 즐거움을 경험한다. 영아는 자신의 관심과 경험을 소리나 움직임으로 표현하고, 감각을 통한 미술을 경험하며 익숙한 사람의 행동을 모방하며 이를 반복하는 것을 즐긴다. 영아는 이러한 경험을 통하여 감성을

계발하고 심미감을 형성하며 행복한 일상을 영유하게 된다. 이를 위하여 교사는 영아가 익숙한 일상 환경에서 호기심을 가지고 주의 깊게 바라보며 경험할 수 있도록 지원한다. 또한 영아가 자신의 경험을 자유롭게 표현할 수 있도록 허용적인 환경을 조성한다.

(1) 목표

아름다움을 느끼고 경험한다.

① 자연과 생활에서 아름다움에 관심을 가진다.

② 예술적 경험을 표현한다.

(2) 내용체계

〈표 5-5〉 0~1세 예술경험영역 내용체계

내용범주	내용
아름다움 찾아보기	자연과 생활에서 아름다움을 느낀다. 아름다움에 관심을 갖는다.
창의적으로 표현하기	소리와 리듬, 노래로 표현한다. 감각을 통해 미술을 경험한다. 모방 행동을 즐긴다.

(3) 내용범주

① 아름다움 찾아보기

영아가 자연과 생활 예술에서 아름다움을 느끼고 관심을 가지며 감상하는 경험을 반영한 내용이다.

② 창의적으로 표현하기

영아가 자신의 느낌과 경험을 소리, 음악과 리듬, 미술경험, 모방행동 등을 통해 표현하는 과정을 즐기는 내용이다.

6) 자연탐구

0~1세 영아는 주변 세계와 자연에 관심을 가지고 끊임없이 알고자 하며 자유롭게 탐색하기를 즐긴다. 0~1세 영아는 자신이 궁금해 하는 것을 직접 보고 듣고 맛보고 만지면서 감각을 통해 확인해 보고자 한다. 자연탐구영역은 0~1세 영아가 주변 환경과 자연에 관심을 갖고 탐색을 즐기고, 일상생활과 놀이 속에서 자연스럽게 수학적, 과학적 상황을 경험하며 주변 환경과 자연에 관심을 가지는 것을 목표로 한다. 이를 위하여 교사는 0~1세 영아가 안전하고 자유롭게 탐색을 즐길 수 있도록 돕고, 영아가 생활 속에서 자연스럽게 주변의 동식물, 생명, 자연환경에 관심을 가질 수 있도록 지원한다.

(1) 목표

주변 환경과 자연에 관심을 가진다.

① 일상에서 탐색을 즐긴다.

② 주변 환경을 탐색한다.

③ 생명과 자연에 관심을 가진다.

(2) 내용체계

〈표 5-6〉 0~1세 자연탐구영역 내용체계

내용범주	내용
탐구과정 즐기기	주변 세계와 자연에 대해 호기심을 가진다. 사물과 자연 탐색하기를 즐긴다.
생활 속에서 탐구하기	친숙한 물체를 감각으로 탐색한다. 물체의 수량에 관심을 가진다. 주변 공간과 모양을 탐색한다. 규칙성을 경험한다.
자연과 더불어 살기	주변의 동식물에 관심을 가진다. 날씨의 변화를 감각으로 느낀다.

(3) 내용범주

① 탐구과정 즐기기

0~1세 영아가 보고 듣고 만지면서 주변 세계와 자연에 호기심을 가지고 탐색을 즐기는 내용이다.

② 생활 속에서 탐구하기

0~1세 영아가 일상생활과 놀이를 하면서 물체의 특성, 수량, 공간과 모양, 규칙성을 자연스럽게 경험하는 내용이다.

③ 자연과 더불어 살기

0~1세 영아가 주변의 동식물에 관심을 가지고, 날씨의 변화를 감각으로 느끼는 내용이다.

2. 2세 보육과정의 내용

1) 기본생활

2세 영아는 어린이집에 등원하여 즐겁게 놀이하면서 일상생활을 경험한다. 식사와 휴식, 낮잠을 통해 에너지를 충전하고, 필요할 때 혼자 칫솔질을 하거나 씻어보는 시도를 할 수 있으며, 스스로 배변하는 습관을 갖추어 간다. 또한, 2세 영아는 움직임이 활발하고 주변에 대한 호기심이 많으므로 놀이와 일상생활에서 위험 상황에 조심해보는 경험을 통해 점차 안전에 대한 인식을 키우게 된다. 따라서 교사는 위생과 청결, 급·간식, 낮잠, 배변 및 안전 경험을 통해 2세 영아가 즐겁고 쾌적하며 안전하게 일과를 보냄으로써 몸과 마음이 더욱 건강해질 수 있도록 지원해야 한다.

(1) 목표

건강하고 안전한 생활습관의 기초를 형성한다.

① 건강한 생활습관의 기초를 형성한다.

② 안전한 생활습관의 기초를 형성한다.

(2) 내용체계

〈표 5-7〉 2세 기본생활영역 내용체계

내용범주	내용
건강하게 생활하기	자신의 몸을 깨끗이 해 본다. 음식에 관심을 가지고 즐겁게 먹는다. 하루 일과를 즐겁게 경험한다. 건강한 배변습관을 갖는다.
안전하게 생활하기	일상에서 안전하게 놀이하고 생활한다. 교통수단을 안전하게 이용해 본다. 위험한 상황에 대처하는 방법을 경험한다.

(3) 내용범주

① 건강하게 생활하기

영아가 신체의 청결과 위생, 급·간식, 배변습관의 형성, 즐거운 하루 일과 등을 통해 건강한 생활습관의 기초를 형성하는 내용이다.

② 안전하게 생활하기

영아가 놀이와 일상생활에서 안전하게 지내고, 위험한 상황에서 어른의 지시에 따라 대피하여 자신의 안전을 지키는 경험을 해보는 내용이다.

2) 신체운동

2세 영아는 일상생활에서 감각적 자극을 경험하고 감각기관을 활용하여 감각적 차이를 구분하며 자신의 신체를 탐색하고 움직이면서 자신의 신체에 대해 인식하고 기본적인 신체 명칭이나 세부적인 신체 명칭에 대해 알아간다. 또한 2세 영아는 대·소근육을 조절하면서 신체의 움직임과 사물에 미치는 영향을 이해하고 걷기와 같은 기본적인 이동운동을 잘할 뿐 아니라 걷기를 기반으로 하는 여러 가지 이동동작과 단순한 비이동동작을 시도하고 즐긴다. 따라서 교사는 2세 영아에게 다양한 감각 능력을 활동하고 신체의 각 부분을 움직일 수 있는 기회를 제공하고 대·소근육을 조절하며 몸의 균형감각을 기를 수 있는 기본운동과 신체활동을 즐길 수 있는 경험을 지원해야 한다.

(1) 목표

감각을 활용하고, 신체활동을 즐긴다.

① 감각을 활용하고, 신체를 인식한다.

② 신체활동을 즐긴다.

(2) 내용체계

〈표 5-8〉 2세 신체운동영역 내용체계

내용범주	내용
감각과 신체 인식하기	감각능력을 활용한다. 신체를 인식하고 움직인다.
신체활동 즐기기	대·소근육을 조절한다. 기본 운동을 즐긴다. 실내·외 신체활동을 즐긴다.

(3) 내용범주

① 감각과 신체 인식하기

영아가 자신의 감각을 활용하고 신체를 인식하며 움직이는 경험을 하도록 하는 내용이다.

② 신체활동 즐기기

영아가 대 · 소근육을 조절하고 기본 운동과 실내 · 외 신체활동을 즐기도록 하는 내용이다.

3) 의사소통

2세 영아는 의사소통 경험을 통해 일상의 기초적인 어휘를 습득하여 구어로 소통하는 능력이 향상되고 상징과 문자를 읽고 쓰며 문어로 소통하는 방식을 경험한다. 의사소통영역은 자신의 의사를 다른 사람에게 표현하여 전달하고, 상대방의 이야기를 듣고 말하며, 일상에서 읽기, 쓰기와 관련되는 경험에 관심을 가지며 책과 이야기를 즐기고 상상의 즐거움을 가질 수 있는 경험을 하는 것에 목표를 두고 있다. 따라서 교사는 2세 영아가 일상에서 자유롭고 편안하게 상대방에게 표정, 몸짓, 말로 의사를 표현하는 기회를 제공하고, 다른 사람과 소통하는 것을 격려하고, 영아가 읽고 쓰는 데 관심을 가질 수 있는 다양한 그림과 사물의 상징이 담긴 인쇄물 등을 충분히 제공하며, 책과 이야기에서 자유로운 상상을 즐길 수 있도록 지원한다.

(1) 목표

의사소통능력과 상상력의 기초를 형성한다.

① 일상생활에서 듣기와 말하기를 즐긴다.

② 읽기와 쓰기에 관심을 가진다.

③ 책과 이야기에 재미를 느낀다.

(2) 내용체계

〈표 5-9〉 2세 의사소통영역 내용체계

내용범주	내용
듣기와 말하기	표정, 몸짓, 말과 주변의 소리에 관심을 갖고 듣는다. 상대방의 이야기를 들으면서 말소리를 낸다. 표정, 몸짓, 말소리로 의사를 표현한다.
읽기와 쓰기에 관심 가지기	주변의 그림과 상징에 관심을 가진다. 끼적이기에 관심을 가진다.
책과 이야기 즐기기	책에 관심을 가진다. 이야기에 관심을 가진다.

(3) 내용범주

① 듣기와 말하기

영아가 다른 사람의 표정, 몸짓, 말에 관심을 갖고 듣고, 상대방의 이야기를 듣고 말하며, 표정, 몸짓, 단어로 자신의 의사를 표현하며, 자신의 요구와 느낌을 자유롭게 말하는 내용이다.

② 읽기와 쓰기에 관심 가지기

영아가 주변의 그림과 상징, 글자에 관심을 가지고, 이를 활용하여 자유롭게 끼적이며 표현을 즐기는 내용이다.

③ 책과 이야기 즐기기

영아가 다양한 책과 이야기에 관심을 가지고 상상하기를 즐기며, 말놀이와 이야기 짓기에 재미를 느끼는 내용이다.

4) 사회관계

2세 영아는 자신을 다른 사람과 구별하게 되고, 여러 가지 감정을 표현할 수 있으며, 다른 사람의 감정이나 생각이 자신과 다를 수 있다는 것을 알게 된다. 자신이 좋아하는 것이 생기고, 스스로 선택한 놀이를 해보면서 고유성과 독특성을 인식하게 된다. 또한 2세 영아는 가족에게 특별한 애정과 소속감을 느끼며, 또래에게 관심을 보이고 함께 놀이하는 것을 즐거워한다. 따라서 교사는 2세 영아들이 긍정적인 경험과 자기표현을 통해 스스로를 긍정적으로 여기는 데 중점을 두어야 한다. 또한 친숙한 사람에게 관심을 갖고 애정을 표현하도록 하고, 다른 사람의 감정과 행동에 적절히 반응하고 공감하며, 기본적인 사회적 규칙과 약속을 생활 속에서 자연스럽게 익히고 지키고자 노력하도록 격려하여 다른 사람과 즐겁게 생활할 수 있도록 지원해야 한다.

(1) 목표

나를 알고, 다른 사람과 더불어 생활하는 경험을 한다.

① 나를 알고 긍정적으로 여긴다.

② 다른 사람과 즐겁게 지내기 위한 태도를 기른다.

(2) 내용체계

〈표 5-10〉 2세 사회관계영역 내용체계

내용범주	내용
나를 알고 존중하기	나와 다른 사람을 구별한다. 나의 감정을 표현한다. 내가 좋아하는 것을 한다.
더불어 생활하기	가족에게 관심을 가진다. 또래와 함께 놀이한다. 다른 사람의 감정과 행동에 반응한다. 반에서의 규칙과 약속을 알고 지킨다.

(3) 내용범주

① 나를 알고 존중하기

2세 영아가 자신을 다른 사람과 구별하고, 자신의 여러 가지 감정을 표현해 보며, 스스로 선택한 놀이를 즐겁게 해봄으로써 자신을 긍정적으로 여기도록 하는 내용이다.

② 더불어 생활하기

2세 영아가 가족에게 관심과 특별한 감정을 갖고, 또래와 함께 놀이하며, 다른 사람의 감정과 행동에 적절하게 반응하고, 반에서의 기본적인 규칙과 약속을 알고 지킬 수 있도록 하여 사회관계의 기초를 경험하는 내용이다.

5) 예술경험

2세 영아는 자연과 생활 속에서 경험하는 다양한 감각 자극을 통해 아름다움을 느끼고, 아름다움을 인식하게 된다. 이 경험을 통해 점차 아름다움에 관심을 가지고 찾아보며 표현하기를 즐긴다. 노래나 리듬을 흥얼거리고 움직임과 춤으로 나타내고, 스스로 다룰 수 있는 재료와 도구로 미술을 즐기며 일상에서 체험한 것을 상상놀이로 표현하며 즐거움을 경험한다. 따라서 교사는 영아가 익숙한 일상에서 접하는 대상과 공간에 주의를 기울여 아름다움을 느낄 수 있도록 충분한 시간과 여유로운 공간을 제공하도록 한다. 또한 영아가 다양한 예술을 저마다의 방법으로 자유롭게 표현하고 즐기도록 돕고, 이 과정에서 개별 영아의 느낌과 생각, 표현방법을 존중하여 자유롭고 편안한 분위기에서 자신의 생각을 표현하도록 지원한다.

(1) 목표

아름다움을 느끼고 즐긴다.

① 자연과 생활에서 아름다움을 느끼고 관심을 가진다.

② 예술을 통해 자유롭게 표현한다.

(2) 내용체계

〈표 5-11〉 2세 예술경험영역 내용체계

내용범주	내용
아름다움 찾아보기	자연과 생활에서 아름다움을 느낀다. 아름다움에 관심을 갖는다.
창의적으로 표현하기	익숙한 노래와 리듬을 표현한다. 움직임과 춤으로 자유롭게 표현한다. 미술 재료와 도구로 표현해 본다. 일상생활 경험을 상상놀이로 표현한다.

(3) 내용범주

① 아름다움 찾아보기

2세 영아가 일상에서 접하는 사물과 공간, 동식물과 사람, 자신과 또래의 표현 등에서 아름다움을 느끼고 즐기며, 아름다움에 관심을 가지고 찾아보는 내용이다.

② 창의적으로 표현하기

2세 영아가 노래와 리듬, 움직임과 춤, 미술 표현, 상상놀이의 다양한 방법으로 생각과 느낌을 자유롭게 표현하는 내용이다.

6) 자연탐구

2세 영아는 호기심을 가지고 주변 세계에 대해 다양하고 반복적인 탐색하기를 좋아하며 주변 환경과 자연세계에 대해 알고자 한다. 2세 영아는 자신이 궁금해하는 것을 직접 조작해 보고 감각을 통해 확인해보고자 하며, 주변 세계에 대한 감각적 탐색경험을 통합하여 자기 나름의 방식으로 재구성하는 시도를 즐긴다. 따라서 교사는 2세 영아가 실내뿐만 아니라 실외에서도 안전하고 자유롭게 탐색을 즐길 수 있도록 돕고, 영아가 호기심을 가지고 주도적으로 탐색하는 과정을 생활 속에서 자연스럽게 경험할 수 있도록 지원한다.

(1) 목표

주변 환경과 자연을 탐색하는 과정을 즐긴다.

① 일상에서 탐색하는 과정을 즐긴다.

② 주변 환경에 관심을 가지고 탐색한다.

③ 생명과 자연에 관심을 가진다.

(2) 내용체계

〈표 5-12〉 2세 자연탐구영역 내용체계

내용범주	내용
탐구과정 즐기기	주변 세계와 자연에 대해 호기심을 가진다. 사물과 자연 탐색하기를 즐긴다.
생활 속에서 탐구하기	친숙한 물체의 특성과 변화를 감각으로 탐색한다. 물체의 수량에 관심을 가진다. 주변 공간과 모양을 탐색한다. 규칙성에 관심을 가진다. 주변 사물을 같고 다름에 따라 구분한다. 생활 도구에 관심을 가진다.
자연과 더불어 살기	주변의 동식물에 관심을 가진다. 날씨의 변화를 감각으로 느낀다.

(3) 내용범주

① 탐구과정 즐기기

2세 영아가 주변 세계와 자연에 대해 호기심을 가지고 반복하여 탐색을 즐기는 내용이다.

② 생활 속에서 탐구하기

2세 영아가 놀이와 일상에서 자연스럽게 물체의 특성, 수량, 주변 공간과 모양, 규칙성을 자연스럽게 경험하는 내용이다. 또한 2세 영아가 주변 사물을 같고 다름에 따라 구분하며 자신이 사용하는 생활도구에 관심을 가지는 내용이다.

③ 자연과 더불어 살기

2세 영아가 주변의 동식물에 관심을 가지고, 날씨와 계절의 변화를 감각으로 느끼는 내용이다.

제6장

3~5세 보육과정의 내용

누리과정이란 3~5세 보육과정을 일컫는다. 이는 모든 유아에게 양질의 교육·보육서비스를 제공하기 위한 국가 수준의 공통과정이며 유아의 발달 수준 및 학습 특성에 적합한 교육·보육내용으로 구성되어 있다. 누리과정은 현재 유치원과 어린이집으로 이원화되어 있는 교육·보육과정을 통합하여 유아기 단계에서 교육의 질을 제고하고, 생애 초기 출발점 평등을 보장하는 데 그 의의가 있으며, 특히 유아기부터 타인을 배려하고 존중하며 공감하는 역량을 기르기 위한 인성교육을 대폭 강화하였다(교육부, 보건복지부 누리과정 해설서, 2015).

개정 누리과정은 신체운동·건강, 의사소통, 사회관계, 예술경험, 자연탐구의 5개 영역을 유지하였으나, 각 영역에 포함되는 범주와 내용을 간략화하였다. 각 영역은 3개의 내용범주를 두어 총 15개의 내용범주로 구성하였다. 각 영역에 포함된 내용은 신체운동·건강영역 12개, 의사소통영역 12개, 사회관계영역 12개, 예술경험영역 10개, 자연탐구영역 13개로서 총 59개로 간략화하였다.

59개 내용은 연령으로 구분하지 않고 3~5세의 모든 '유아가 경험해야 할 내용'으로 구성하였다. 연령별로 나누어 제시하지 않은 이유는 유아가 늘 자신의 방식에 따라 가장 적합하게 놀이한다는 유아 경험의 실제를 존중하기 위해서이다. 교사는 59개의 내용을 유아의 놀이 특성과 연계하여 융통성 있게 이해하고 유아의 놀이를 중심으로 교육과정을 실천할 수 있다. 본 장에서는 각 영역의 성격, 목표와 내용, 유아 경험의 연계를 중심으로 살펴보고자 한다.

1. 신체운동 · 건강

유아는 몸을 움직여 놀이하는 것을 좋아하며, 자신의 몸을 건강하고 안전하게 지키고자 하는 힘을 가지고 있다. 신체운동 · 건강영역은 유아가 자신의 몸에 관심을 가지고 신체활동에 즐겁게 참여하며, 건강하고 안전한 생활을 해 나가는 다양한 경험과 관련된 내용이다. 교사는 유아가 몸을 충분히 움직이는 경험을 통해 신체활동의 즐거움을 느끼고 기초 체력을 키우도록 돕는다. 교사는 유아가 일상에서 건강하고 안전한 생활을 실천할 수 있도록 지원할 수 있다.

따라서 신체운동 · 건강영역의 목표 및 내용범주는 유아가 다양한 신체활동에 즐겁게 참여하고, 청결과 위생, 즐거운 식사, 적당한 휴식을 통해 건강한 생활습관을 기르며, 일상에서 안전하게 생활하는 방법을 배우고 실천하는 내용으로 구성하였다.

1) 목표

실내 · 외에서 신체활동을 즐기고, 건강하고 안전한 생활을 한다.

① 신체활동에 즐겁게 참여한다.

② 건강한 생활습관을 기른다.

③ 안전한 생활습관을 기른다.

2) 내용체계

〈표 6-1〉 신체운동 · 건강영역 내용체계

내용범주	내용
신체활동 즐기기	신체를 인식하고 움직인다.
	신체 움직임을 조절한다.
	기초적인 이동운동, 제자리 운동, 도구를 이용한 운동을 한다.
	실내 · 외 신체활동에 자발적으로 참여한다.
건강하게 생활하기	자신의 몸과 주변을 깨끗이 한다.
	몸에 좋은 음식에 관심을 가지고 바른 태도로 즐겁게 먹는다.
	하루 일과에서 적당한 휴식을 취한다.
	질병을 예방하는 방법을 알고 실천한다.
안전하게 생활하기	일상에서 안전하게 놀이하고 생활한다.
	TV, 컴퓨터, 스마트폰 등을 바르게 사용한다.
	교통안전 규칙을 지킨다.
	안전사고, 화재, 재난, 학대, 유괴 등에 대처하는 방법을 경험한다.

3) 내용범주

① 신체활동 즐기기

유아가 스스로 신체를 움직이는 동안 자연스럽게 자신의 신체를 인식하고 조절하며, 실내 · 외에서 다양한 신체활동에 자발적으로 참여하면서 신체활동을 즐기는 내용이다.

• 목표: 신체활동에 즐겁게 참여한다.

〈표 6-2〉 신체활동 즐기기의 내용 이해 및 유아 경험의 실제

내용	내용이해	유아 경험의 실제
신체를 인식하고 움직인다.	유아가 자신의 신체에 관심을 가지며 신체 각 부분의 특성을 알고 다양하게 움직이는 내용이다.	물놀이를 하기 전, 교사와 유아들이 함께 체조를 한다. 목을 오른쪽 왼쪽으로 번갈아 가며 돌리고, 어깨를 으쓱거리고, 허리에 손을 얹고 허리를 돌리고, 무릎을 구부렸다가 펴고, 손목과 발목을 돌린다.
신체 움직임을 조절한다.	유아가 몸을 움직이며 균형을 잡고, 몸이나 도구의 움직임을 다양하게 조절하는 내용이다. 또한 눈과 손을 협응하며 소근육 움직임을 조절하는 내용이다. 물놀이를 하기 전, 교사와 유아들이 함께 체조를 한다. 목을 오른쪽 왼쪽으로 번갈아 가며 돌리고, 어깨를 으쓱거리고, 허리에 손을 얹고 허리를 돌리고, 무릎을 구부렸다가 펴고, 손목과 발목을 돌린다.	유아들은 얼음땡 놀이를 하면서, 술래가 천천히 걸으면 천천히 걷고, 술래가 빠른 걸음으로 걸으면 빠른 걸음으로 달아난다. 그리고 술래에게 잡힐 듯 하면 몸의 방향을 재빨리 바꿔 달아나기도 하고, "얼음!"하고 외치며 급히 멈춰서서 즐겁게 웃는다.
기초적인 이동운동, 제자리운동, 도구를 이용한 운동을 한다.	유아가 한 곳에서 다른 곳으로 몸을 움직이는 걷기 · 달리기 · 뛰어넘기 등의 이동운동, 구부리기 · 뻗기 · 돌기 등의 제자리 운동, 공 · 줄 · 후프 등의 도구를 이용한 운동을 하는 내용이다.	유아들이 후프 돌리기를 한다. 한 유아가 안정된 자세로 후프를 오랫동안 돌린다. 옆에서 지켜보던 다른 유아가 "나도 잘 돌려. 이것 봐."하며 후프를 허리에 놓고 손으로 힘껏 돌린다. 후프가 돌아가는 동안 유아의 허리도 빠르게 움직인다.
실내 · 외 신체활동에 자발적으로 참여한다.	유아가 하루 일과에서 실내 · 외의 다양한 신체 활동에 자발적으로 즐겁게 참여하는 내용이다.	유아가 바깥 놀이터에서 친구들이 있는 쪽을 향해 "나랑 달리기 할 사람?"하고 큰 소리로 외친다. 이 소리를 듣고 같이 하고 싶은 유아들이 "나도.", "나도 같이 하자."라고 말하며 달려와 달리기를 제안한 유아의 엄지손가락을 잡고 모여 선다.

출처: 교육부 · 보건복지부(2019). 2019 개정 누리과정 해설서. pp. 64-65.

② 건강하게 생활하기

유아가 스스로 몸과 주변을 깨끗이 하고, 즐겁게 식사하며, 자신의 신체 리듬에 맞게 휴식을 취하고, 질병을 예방하는 다양한 방법을 실천하는 내용이다.

• 목표: 건강한 생활습관을 기른다.

〈표 6-3〉 건강하게 생활하기 내용 이해 및 유아 경험의 실제

<table>
<tr><th>내용</th><th>내용이해</th><th>유아 경험의 실제</th></tr>
<tr><td>자신의 몸과 주변을 깨끗이 한다.</td><td>유아가 손을 씻고 이를 닦는 등 몸을 깨끗이 하는 적절한 방법을 알고 실천하며, 자기 주변을 깨끗하게 정리정돈하는 내용이다.</td><td rowspan="2">시금치무침 요리 활동 중에, 교사는 유아가 시금치를 맛보고 싶다고 하여 맛보게 한다. 유아들이 “맛있어?”, “맛없지?”, “난 시금치 안 좋아해. 안 먹을래.”라고 말하며 인상을 찌푸린다. 교사가 “시금치에 양념 옷을 입혀 맛있게 변신시켜 줄까?”하고 말한 후, 유아들에게 직접 깨소금, 참기름 등의 여러 양념을 넣고 손으로 무쳐 보게 한다. 유아들은 “우와! 좋은 냄새 난다.”, “맛있겠다!”, “저도 주세요.”라고 말한다.</td></tr>
<tr><td>몸에 좋은 음식에 관심을 가지고 바른 태도로 즐겁게 먹는다.</td><td>유아가 몸을 건강하게 하는 음식에 관심을 가지고, 음식을 소중히 여기며, 제자리에 앉아서 골고루 즐겁게 먹는 내용이다.</td></tr>
<tr><td>하루 일과에서 적당한 휴식을 취한다.</td><td>유아가 피곤하거나, 몸이 아프거나, 몸을 많이 움직여서 쉬고 싶을 때, 적절한 휴식을 취하는 내용이다.</td><td>유아들은 바깥 놀이터에서 신나게 놀이한 후 교실로 돌아오자마자, “선생님, 정말 더워요. 에어컨 틀어 주세요.”라고 다급한 목소리로 요청한다. 교사는 “그래. 선풍기도 켜 놓을게. 그런데 땀을 많이 흘렸으니 얼굴이랑 팔을 씻는 것은 어떨까?”하며 에어컨과 선풍기를 켠다. 유아들은 얼굴과 팔, 손을 씻고 들어와 “이젠 좀 쉬자!”라고 말하며 교실 바닥에 앉기도, 눕기도 한다.</td></tr>
<tr><td>질병을 예방하는 방법을 알고 실천한다.</td><td>유아가 질병의 위험으로부터 건강을 유지할 수 있는 다양한 생활 방식(몸을 청결히 하기, 날씨와 상황에 알맞은 옷 입기, 찬 음식 적당히 먹기, 정해진 시간에 자고 일어나기, 따뜻한 물 마시기 등)을 경험하는 내용이다.</td><td>유아: 선생님, 나 감기에 걸렸어요.
교사: 어떡하니, 많이 아파?
유아: 네. 열도 났어요. 그래서 엄마가 따뜻한 물을 넣어 주셨어요.
교사: 그렇구나. 따뜻한 물이 감기에 좋지. 오늘은 따뜻한 물을 자주 마셔 봐. 감기가 금방 나을 거야.</td></tr>
</table>

출처: 교육부 · 보건복지부(2019). 2019 개정 누리과정 해설서. pp. 66-67.

③ 안전하게 생활하기

유아가 안전하게 놀이하고 생활하며, 자주 접하는 TV, 컴퓨터, 스마트폰을 바르게 사용하고, 안전하게 다닐 수 있도록 교통안전 규칙을 지키며, 안전사고, 화재, 재난, 학대, 유괴 등의 위험한 일이 발생하였을 때 도움을 요청하거나 대처할 수 있는 방법을 경험하는 내용이다.

- 목표: 안전한 생활습관을 기른다.

〈표 6-4〉 안전하게 생활하기 내용 이해 및 유아 경험의 실제

내용	내용이해	유아 경험의 실제
일상에서 안전하게 놀이하고 생활한다.	유아가 일상에서 위험한 장소, 상황, 도구 등을 알고, 안전한 놀이 방법과 놀이 규칙을 지키며 놀이하고 생활하는 내용이다.	한 유아가 미끄럼틀을 내려오려고 한다. 다른 유아가 미끄럼틀 아래서 바라보다가 올라가려고 한다. 이때, 미끄럼틀을 타고 내려오던 유아가 "야, 비켜, 다쳐!" 하고 큰 소리로 외친다. 이 모습을 지켜본 교사는 유아들에게 다가와 안전하게 미끄럼틀을 타기 위한 약속을 정하자고 제안한다.
TV, 컴퓨터, 스마트폰 등을 바르게 사용한다.	유아가 일상에서 자주 접하는 TV, 컴퓨터, 스마트폰 등을 필요한 상황에서 적절하게 사용하며, 바른 자세로 이용하는 내용이다.	유아가 색종이를 반으로 접어 한 면에는 모니터를 그리고, 다른 한 면에는 컴퓨터 자판 모양처럼 그린다. 다른 유아들에게 "나는 지금 컴퓨터로 공룡에 대해서 찾아보고 있어." 하며 색종이 자판을 두드린다. 그리고 옆에 있던 친구에게 "같이 찾아볼래"라고 말한다.
교통안전 규칙을 지킨다.	유아가 안전한 보행 및 도로 횡단, 교통기관의 안전한 이용 등 교통안전 규칙을 알고 실천하는 내용이다.	3세 유아가 종이 벽돌을 이어 길을 만들고, 그 위에 교통 표지판과 자동차를 일렬로 놓는다. 만들어진 길을 바라보다 갑자기 팔이 움직이는 사람 모형 2개를 가져와 팔 한쪽을 반복적으로 들어올리고 내리며 "조심, 조심 지나가요. 자동차들은 우리가 건너면 지나가세요."라고 흥얼거린다.

내용	내용이해	유아 경험의 실제
안전사고, 화재, 재난, 학대, 유괴 등에 대처하는 방법을 경험한다.	유아가 안전사고, 화재, 재난, 학대, 유괴 등의 위험에 처한 상황을 알고, 주변에 도움을 요청하는 방법을 배우며, 평소 훈련에 따라 대피하는 연습을 하는 등의 안전교육과 관련된 내용이다.	화재경보기 소리와 함께 지진 대피 방송이 들리자, 유아들은 재빨리 책상 아래와 벽 쪽으로 대피한다. 지진이 잠시 멈췄다는 안내방송 후 유아들은 교사의 안내에 따라 침착하면서도 신속하게 바깥으로 대피한다.

출처: 교육부 · 보건복지부(2019). 2019 개정 누리과정 해설서. pp. 68-69.

2. 의사소통

유아는 주변 사람들과 소통하며 관계를 맺는 능동적인 의사소통자이다. 유아는 다른 사람의 말을 주의 깊게 듣고 자신의 생각과 느낌을 다양한 방법으로 표현하며 소통하는 것을 즐기고, 책과 이야기에 관심을 갖는다. 의사소통영역은 유아가 다른 사람과 소통하며, 일상에서 만나는 글자나 상징에 관심을 가지고 책과 이야기를 즐기는 경험과 관련된 내용이다. 교사는 유아가 자신의 느낌과 생각을 적절하게 말하는 경험을 통해 바른 언어생활을 할 수 있도록 돕는다. 또한 유아가 아름다운 우리말이 담긴 책과 이야기에 흥미를 가지고 언어가 주는 재미와 상상을 충분히 즐길 수 있도록 지원할 수 있다.

따라서 의사소통영역의 목표와 내용범주는 유아가 일상생활에서 다른 사람의 말이나 이야기를 듣고 말하기를 즐기며, 주변의 상징을 읽고 글자와 비슷한 형태로 써보기에 관심을 가지며, 다양한 책과 이야기를 통해 상상하기를 즐기는 내용으로 구성하였다.

1) 목표

일상생활에 필요한 의사소통능력과 상상력을 기른다.

① 일상생활에서 듣고 말하기를 즐긴다.

② 읽기와 쓰기에 관심을 가진다.

③ 책이나 이야기를 통해 상상하기를 즐긴다.

2) 내용체계

〈표 6-5〉 의사소통영역의 내용체계

내용범주	내용
듣기와 말하기	말이나 이야기를 관심 있게 듣는다.
	자신의 경험, 느낌, 생각을 말한다.
	상황에 적절한 단어를 사용하여 말한다.
	상대방이 하는 이야기를 듣고 관련해서 말한다.
	바른 태도로 듣고 말한다.
	고운 말을 사용한다.
읽기와 쓰기에 관심 가지기	말과 글의 관계에 관심을 가진다.
	주변의 상징, 글자 등의 읽기에 관심을 가진다.
	자신의 생각을 글자와 비슷한 형태로 표현한다.
책과 이야기 즐기기	책에 관심을 가지고 상상하기를 즐긴다.
	동화, 동시에서 말의 재미를 느낀다.
	말놀이와 이야기 짓기를 즐긴다.

3) 내용범주

① 듣기와 말하기

유아가 다른 사람의 말이나 이야기를 관심 있게 듣고, 자신의 경험, 느낌, 생각을 상황에 적절한 단어를 사용하여 말하고, 고운 말을 사용하는 내용이다.

• 목표: 일상생활에서 듣고 말하기를 즐긴다.

〈표 6-6〉 듣기와 말하기 내용 이해 및 유아 경험의 실제

<table>
<tr><th>내용</th><th>내용이해</th><th>유아 경험의 실제</th></tr>
<tr><td>말이나 이야기를 관심 있게 듣는다.</td><td>유아가 다른 사람이 하는 말과 흥미로운 주제, 익숙한 경험이 담긴 이야기에 관심을 가지며 듣는 내용이다.</td><td rowspan="2">유아가 친구들에게 동물원에 놀러갔던 이야기를 신나고 재미있게 들려준다. 유아는 "나는 호랑이다. 어흥!" 하며 눈을 크게 뜨고, 목소리를 굵고 거칠게 한다. 이어 원숭이에 대한 이야기를 할 때는 가늘고 날카로운 음성으로 바꿔 말한다. 옆에서 이야기를 듣던 유아들이 원숭이 동작과 목소리를 흉내내며 웃는다.</td></tr>
<tr><td>자신의 경험, 느낌, 생각을 말한다.</td><td>유아가 상대방에게 자신의 경험, 느낌, 생각을 자유롭게 말하는 내용이다.</td></tr>
<tr><td>상황에 적절한 단어를 사용하여 말한다.</td><td>유아가 때와 장소, 대상과 상황을 고려하여 적절한 단어와 문장을 선택하여 말하는 내용이다.</td><td>유아들이 병원 놀이를 한다. 의사 역할을 하는 유아가 "어디가 아파서 오셨어요"라고 묻자 환자 역할을 하는 유아가 "의사 선생님, 배가 너무 아파요."라고 말하며 배를 움켜쥔다. 의사가 진찰을 한 후 옆에 있던 간호사 역할을 하는 유아가 "이쪽으로 오세요. 주사 맞아야 합니다."라고 말한다.</td></tr>
<tr><td>상대방이 하는 이야기를 듣고 관련해서 말한다.</td><td>유아가 다른 사람이 이야기하는 내용을 듣고 말하는 사람의 생각, 의도, 감정을 고려하여 말하는 내용이다.</td><td>유아들이 자신이 가장 좋아하는 음식에 대해 서로 이야기를 나누고 있다. 수정이가 "나는 아이스크림이 좋아. 왜냐하면 시원하고 달콤…" 하고 말을 끝내기도 전에 옆에 있던 우진이가 "나는 짜장면!" 하며 끼어든다. 그때 수정이가 "야! 내가 말하고 있잖아. 내말 아직 안 끝났거든. 기다려봐."라고 말하며 "아이스크림은 달콤해. 딸기 아이스크림이 제일 좋아. 넌?"</td></tr>
<tr><td>바른 태도로 듣고 말한다.</td><td>유아가 말하는 사람에게 주의를 기울이며 듣는 내용이다. 말을 끝까지 듣고, 자신의 의견을 말하는 내용이다.</td><td rowspan="2">유아가 선생님에게 웃음참기놀이를 하자고 제안한다. 선생님이 유아에게 웃음참기 놀이의 방법을 물어보자, 유아는 자신이 생각한 웃음참기 놀이의 방법을 또박또박 설명한다.
유아: 그건… 음… 서로 웃기게 해서 안 웃으면 되는 거예요.
교사: 어머. 정말 재미있겠는데! 여기 친구도 함께 해도 될까?
유아: 네. 같이 하면 더 재밌어요.
교사: 그럼 동생에게 웃음참기 놀이를 어떻게 하는지 설명해 줄래?
유아: 준서야, 서로 웃기게 해서 안 웃으면 되는 거야. 웃음을 참아야 돼. 알겠지 선생님, 이제 우리 시작해요.</td></tr>
<tr><td>고운 말을 사용한다.</td><td>유아가 일상생활에서 자주 쓰는 유행어, 속어, 신조어, 상대방을 비난하는 말을 사용하지 않고, 우리말을 바르게 사용하는 내용이다.</td></tr>
</table>

출처: 교육부 · 보건복지부(2019). 2019 개정 누리과정 해설서. pp. 75-76.

② 읽기와 쓰기에 관심 가지기

유아가 말과 글의 관계에 관심을 가지고, 주변의 상징, 글자 등을 읽으며, 자신의 생각을 글자와 비슷한 형태로 표현해 보는 내용이다.

• 목표: 읽기와 쓰기에 관심을 가진다.

〈표 6-7〉 읽기와 쓰기에 관심 가지기 내용 이해 및 유아 경험의 실제

내용	내용이해	유아 경험의 실제
말과 글의 관계에 관심을 가진다.	유아가 일상에서 말이 글로, 글이 말로 옮겨지는 것에 관심을 갖는 내용이다.	유아들이 음식점놀이를 하고 있다. 유아가 "선생님, 우리 지금 가게 만들 건데 '김밥가게' 어떻게 적어요"하며 선생님에게 도움을 요청한다. 선생님은 유아가 잘 볼 수 있도록 보드판에 천천히 '김밥가게' 글자를 크게 적는다. 유아는 보드판의 글자를 보며 천천히 따라 적는다.
주변의 상징, 글자 등의 읽기에 관심을 가진다.	유아가 일상에서 자주 보는 상징(표지판, 그림문자 등)이나 글자 읽기에 관심을 가지는 내용이다. 유아가 상징이나 글자에는 사람들의 생각과 감정, 정보가 담겨 있다는 것을 이해하는 내용이다.	유아가 교실 입구의 비상구 표시등을 가리키며 "저것 봐! 사람이 초록 색깔이야. 이렇게 하고 있어." 하며 비상구 사람의 모습을 흉내낸다. 함께 이야기를 나누던 유아는 "나 저거 알아. 저거는 불날 때 저쪽으로 빨리 피하라는 말이야."라고 말한다.
자신의 생각을 글자와 비슷한 형태로 표현한다.	유아가 자신의 생각이나 말을 끼적거리거나 글자와 비슷한 선이나 모양, 글자와 비슷한 형태로 표현하는 내용이다	

출처: 교육부 · 보건복지부(2019). 2019 개정 누리과정 해설서. p. 77.

③ 책과 이야기 즐기기

유아가 다양한 책에 관심을 가지고 상상하며, 동화, 동시에서 말의 재미를 느끼고, 말놀이와 이야기 짓기를 즐기는 내용이다.

• 목표: 책이나 이야기를 통해 상상하기를 즐긴다.

〈표 6-8〉 책과 이야기 즐기기 내용 이해 및 유아 경험의 실제

내용	내용이해	유아 경험의 실제
책에 관심을 가지고 상상하기를 즐긴다.	유아가 책에 흥미를 가지며 책 보는 것을 즐기고 상상하는 즐거움을 경험하는 내용이다.	유아가 여러 책을 한꺼번에 쌓아 두고 읽는다. 다른 유아가 와서 "내가 좋아하는 공룡 책 여기 있어" 하며 책을 찾는다. 유아가 책장을 넘기며 공룡 이름 맞추기를 하다가 브라키오사우루스가 나오자 "와! 정말 길다. 여기서 여기 끝까지 미끄럼 타면 진짜 재미있겠다.", "그런데 여기까지는 어떻게 올라가지" 하며 낄낄낄 웃는다.
동화, 동시에서 말의 재미를 느낀다.	유아가 동화와 동시를 자주 들으며 우리말의 재미와 아름다움을 느끼는 내용이다.	서은이가 친구들에게 이야기를 한다. 서은: 그 공주님이 사는 성에는 아~주 유명한 사다리가 있어. 그런데 그 사다리는 하늘까지 올라가고, 또 하늘을 넘어가지고~ 하영: 우주도 넘어. 서은: 어. 우주에 우주까지도 넘는대. 유아들: 헤엑~~
말놀이와 이야기 짓기를 즐긴다.	유아가 끝말잇기, 수수께끼, 스무고개 등 다양한 말놀이를 즐기는 내용이다. 자신의 경험, 생각, 상상을 기초로 새로운 이야기를 만드는 과정을 즐기는 내용이다.	3세 반에서 교사가 동시를 읽어 주자 유아들이 서로 "꼬불꼬불"이라고 말하며 까르르 웃는다. 그리고 유아들은 리본 막대를 휘두르며"꼬불꼬불" 하며 서로 까르르 웃는다.

출처: 교육부 · 보건복지부(2019). 2019 개정 누리과정 해설서. p. 78.

3. 사회관계

유아는 자신을 소중히 여기고 주변 사람과 관계를 맺어 나가며 다른 사람을 배려하고 존중한다. 유아는 자신이 살고 있는 사회와 세상에 대해 알고 싶어 한다. 사회관계영역은 유아가 자기 자신과 다양한 삶의 모습을 이해하고, 다른 사람과 더불어 살아가기 위해 필요한 의미 있는 경험과 관련된 내용이다. 교사는 유아가 자신을 소중하고 가치 있는 사람으로 여기며 다른 사람과 더불어 살아가는 방법을 익히도록 돕는다. 또한 유아가 자신이 속한 사회와 주변 세계에 대해 관심을 가지고 적응

해 나갈 수 있도록 지원할 수 있다.

따라서 사회관계영역의 목표와 내용범주는 유아가 자신을 이해하고 존중하며, 친구와 가족 또는 다른 사람들과 사이좋게 지내며, 유아가 속한 지역사회와 우리나라, 다양한 문화에 관심을 갖는 내용으로 구성하였다.

1) 목표

자신을 존중하고 더불어 생활하는 태도를 가진다.

① 자신을 이해하고 존중한다.

② 다른 사람과 사이좋게 지낸다.

③ 우리가 사는 사회와 다양한 문화에 관심을 가진다.

2) 내용체계

〈표 6-9〉 사회관계영역의 내용체계

내용범주	내용
나를 알고 존중하기	나를 알고 소중히 여긴다.
	나의 감정을 알고 상황에 맞게 표현한다.
	내가 할 수 있는 것을 스스로 한다.
더불어 생활하기	가족의 의미를 알고 화목하게 지낸다.
	친구와 서로 도우며 사이좋게 지낸다.
	친구와의 갈등을 긍정적인 방법으로 해결한다.
	서로 다른 감정, 생각, 행동을 존중한다.
	친구와 어른께 예의 바르게 행동한다.
	약속과 규칙의 필요성을 알고 지킨다.
사회에 관심 가지기	내가 살고 있는 곳에 대해 궁금한 것을 알아본다.
	우리나라에 대해 자부심을 가진다.
	다양한 문화에 관심을 가진다.

3) 내용범주

① 나를 알고 존중하기

유아가 자신을 나타낼 수 있는 것과 자신의 감정을 알고 상황에 맞게 적절하게 표현하며, 자신이 할 수 있는 것을 스스로 해 봄으로써, 긍정적인 자아존중감과 자율성을 경험하는 내용이다.

• 목표: 자신을 존중하고 더불어 생활하는 태도를 가진다.

〈표 6-10〉 나를 알고 존중하기의 내용 이해 및 유아 경험의 실제

<table>
<tr><th>내용</th><th>내용이해</th><th>유아 경험의 실제</th></tr>
<tr><td>나를 알고 소중히 여긴다.</td><td>유아가 자신을 나타내는 나이, 성별, 모습 등에 대해 알고, 자신을 소중히 여기며 가치 있는 존재로 느끼는 내용이다.</td><td rowspan="2">5세 반 유아들이 숨바꼭질을 하려고 모여든다. 유아가 “나는 진짜 잘 숨을 수 있어.” 라고 말하자, 다른 유아들이 “나도 잘 하거든. 나는 몸이 작아서 아무 데나 숨을 수 있어.”, “나도 잘 숨거든!”이라고 말한다. 이때 다른 유아가 “나도 할래.” 하며 다가온다. 먼저 숨바꼭질을 하던 유아가 “너는 늦게 왔으니까 먼저 술래 해!”라고 말한다. 늦게 온 다른 유아는 “그런 게 어딨어! 네가 하기 싫어서 그런 거잖아. 가위바위보로 정해. 나도 술래하기 싫다고!”라고 말한다.</td></tr>
<tr><td>나의 감정을 알고 상황에 맞게 표현한다.</td><td>유아가 자신의 감정에 대해 알고 다양한 상황에서 자신의 감정을 적절하게 표현하는 내용이다.</td></tr>
<tr><td>내가 할 수 있는 것을 스스로 한다.</td><td>유아가 자신이 할 수 있는 일을 알고 자신감을 가지며 자율적으로 실천해 가는 내용이다.</td><td>유아가 등원하자마자 선생님에게 오늘 자신이 도우미인 것을 확인하며 말한다. “저는 도우미 하는 날이 좋아요. 저는 화분에 물 주는 것도 잘하고, 친구들에게 간식을 나눠 주는 것도 잘 할 수 있어요.”라고 말한다. 선생님이 “그럼 오늘의 도우미는 제일 먼저 무엇을 할 생각이야.”라고 웃으며 묻자, “화분에 물 주러 가야지”라고 말하며 물을 뜨러 화장실 쪽으로 간다.</td></tr>
</table>

출처: 교육부 · 보건복지부(2019). 2019 개정 누리과정 해설서. p. 84.

② 더불어 생활하기

유아가 가족의 의미와 소중함을 알며, 친구와 서로 돕고 양보, 배려, 협력하며 사이좋게 지내고, 사람마다 감정, 생각, 행동이 각기 다름을 알고 존중하여, 친구와의 갈등을 여러 가지 긍정적인 방법으로 해결하는 내용이다. 또한 친구와 어른께 예의 바른 태도로 말하고 행동하며, 사회 공동체의 일원으로서 약속과 규칙의 필요성을 알고 지키는 내용이다.

- 목표: 다른 사람과 사이좋게 지낸다.

〈표 6-11〉 더불어 생활하기의 내용 이해 및 유아 경험의 실제

내용	내용이해	유아 경험의 실제
가족의 의미를 알고 화목하게 지낸다.	유아가 자신의 가족 구성원을 알고, 가족과 함께 생활하며, 가족은 서로 돕고 살아간다는 것을 경험하는 내용이다. 가족의 구성원이 다양함을 이해하고 존중하는 내용이다.	4세 유아는 가족과 지냈던 일에 대해 그림을 그리며 웃으면서 말한다. "엄마, 아빠랑 캠핑 갔는데 정말 재미있었어요. 아빠가 밥하고 고기를 구웠고, 엄마는 식탁을 차렸어요. 저는 물컵을 꺼냈어요. 밥을 다 먹고 나서, 같이 공놀이도 하면서 놀았어요."
친구와 서로 도우며 사이좋게 지낸다.	유아가 친구들과 함께 놀이하는 즐거움을 느끼고 친구와 서로 도우며 배려하고 협력하며 더불어 살아가는 내용이다.	유아들이 도화지에 물감을 흘리면서 무늬를 만들고 있다. 4세 수연이가 높은 위치에서 물감을 흘러내리게 하다가 물감이 현우의 팔에 튄다. 현우가 얼굴을 붉히며 "야! 내 팔에 물감이 튀었잖아!"라고 말하자 수연이는 "미안해, 이제 작게 뿌릴게."라고 말하며 아까보다 낮은 위치에서 물감을 흘러내리게 한다.
친구와의 갈등을 긍정적인 방법으로 해결한다.	유아가 친구와 갈등이 생겼을 때 자신의 감정과 생각을 제대로 표현하고, 배려, 양보, 타협 등을 통해 해결하는 내용이다.	유아들이 고무줄뛰기를 하고 있다. 고무줄뛰기를 하고 싶은 유아들이 많아지자 서로 먼저 뛰겠다고 큰 소리로 이야기한다. 5세 유아들이 누가 먼저 할지 순서를 정해야 한다고 말한다. 이때, 우재가 "우리 먼저 온 순서대로 여기 이름을 적으면 되잖아."라고 말하더니 3세 도하 손을 잡아 이끈다. "도하야, 아까 네가 제일 먼저 왔지? 여기에 네 이름적어 봐. 못 적으면 형아가 적어 줄까"라고 말한다.

내용	내용이해	유아 경험의 실제
서로 다른 감정, 생각, 행동을 존중한다.	유아가 다른 사람들의 감정, 생각, 행동에 관심을 갖고 감정, 생각, 행동이 서로 다를 수 있음을 이해하고 존중하는 내용이다.	5세 유아가 '가위바위보'하여 이긴 사람이 한 계단씩 올라가는 놀이를 한다. 먼저 계단을 올라간 두 유아가 계단을 다 오르지 못한 유아를 남겨 두고 미끄럼틀로 뛰어간다. 혼자 남은 유아가 "나 혼자만 여기 있잖아." 하며 울먹이자, 미끄럼틀로 뛰어가던 유아가 되돌아와 친구의 어깨를 두어 번 토닥이며 "같이 가자."라고 말한다. 그리고 손을 잡고 함께 계단을 올라 미끄럼틀 쪽으로 달려간다.
친구와 어른께 예의 바르게 행동한다.	유아가 친구와 어른께 배려, 존중, 공경하는 마음을 담아 예절을 실천하는 내용이다.	실내 놀이를 마친 뒤 5세 반의 몇몇 유아들이 놀이할 때 불편한 점이 있었다고 말한다. 하선이가 "우리끼리 약속 좀 만들어야겠다."라고 말하자 유아들이 매트 위에 모여 앉았고, 진지하게 이야기를 나누며 놀이 약속을 정한다. 다음날, 유아들끼리 정한 약속을 교사는 색종이에 적어 칠판에 붙여 준다. 한 유아는 놀이 약속 옆에 손가락 도장을 찍으며 "내가 지킬 수 있는 약속이 이거야."라고 말한다.
약속과 규칙의 필요성을 알고 지킨다.	유아가 다른 사람과 더불어 살아가기 위해 필요한 약속과 규칙이 있음을 이해하는 내용이다. 상황에 따라 필요한 약속과 규칙을 의논하여 정하고 지키는 내용이다.	

출처: 교육부·보건복지부(2019). 2019 개정 누리과정 해설서. pp. 85-87.

③ 사회에 관심 가지기

유아가 사회 구성원으로서 자신이 사는 지역에 관심을 가지고 탐구하며, 우리나라의 상징, 언어, 문화를 알아 가면서 대한민국 국민으로서 긍지와 자부심을 가지는 내용이다. 그리고 다른 나라의 다양한 문화에 관심을 가지고 존중하는 경험을 담고 있다.

- 목표: 우리가 사는 사회와 다양한 문화에 관심을 가진다.

〈표 6-12〉 사회에 관심 가지기의 내용 이해 및 유아 경험의 실제

<table>
<tr><th>내용</th><th>내용이해</th><th>유아 경험의 실제</th></tr>
<tr><td>내가 살고 있는 곳에 대해 궁금한 것을 알아본다.</td><td>유아가 자주 접하는 가까운 주변 지역과 이웃에 대해 관심을 가지고, 궁금한 것을 알아보며, 지역 구성원으로서 유대감과 소속감을 느끼는 내용이다.</td><td>유아들이 함께 블록으로 동네를 만든다. 유아들은 도서관을 만들면서 이야기를 나눈다. “여기는 도서관! 우리 도서관 가봤지? 우리 동네에 도서관이 있으니까 좋다. 그치”, “응, 선생님한테 내일 또 도서관 가자고 말씀드리자.”</td></tr>
<tr><td>우리나라에 대해 자부심을 가진다.</td><td>유아가 우리나라의 전통에 친숙해지고, 우리나라의 상징, 언어, 문화 등을 경험하면서, 우리나라에 대해 자랑스러운 마음을 가지는 내용이다.</td><td rowspan="2">바깥 놀이터에서 유아들과 선생님이 이야기를 나눈다.
우재: 너희들은 우리나라에서 누가 제일 좋아?
유아들: 이순신 장군! 세종대왕!
교사: 왜 좋아하는데?
시연: 한글을 만들었잖아요. 나는 한글을 진짜 잘 쓰는데, 한번 보세요. (모래 바닥에 나뭇가지로 자신의 이름을 쓴다.)
유아들: 나도 내 이름 써야지, 아! 맞다. 내일 한글날이라 했지.</td></tr>
<tr><td>다양한 문화에 관심을 가진다.</td><td>유아가 다른 나라의 다양한 문화와 생활 양식에 대해 관심을 가지고, 문화의 다양성을 이해하며 존중하는 내용이다.</td></tr>
</table>

출처: 교육부 · 보건복지부(2019). 2019 개정 누리과정 해설서. p. 88.

4. 예술경험

유아는 일상에서 아름다움과 경이감을 느끼고 즐기며 표현하는 풍부한 감성을 가진 존재이다. 예술경험영역은 유아가 자연, 생활, 예술에서 아름다움을 찾아보고 느끼며, 다채롭고 창의적인 방법으로 자신의 경험, 생각, 느낌을 표현해 보고, 다양한 예술 표현을 존중하는 경험과 관련된 내용이다. 교사는 유아가 아름다움을 느끼고 즐기며 창의적으로 표현하는 과정을 통해 풍부한 감수성을 기르도록 돕는다. 또한 유아가 다양한 예술 감상을 통해 상상력을 키우고 예술표현이 가지고 있는 고유의 가치를 존중하도록 지원할 수 있다.

따라서 예술경험영역의 목표와 내용 범주는 유아가 자연, 생활, 예술에서 아름다

움을 느끼고, 음악, 움직임과 춤, 미술, 극놀이 등의 예술에서 자신의 느낌과 생각을 창의적으로 표현하는 과정을 즐기며, 다양한 예술작품을 감상하며 다른 사람의 예술 표현을 존중하는 내용으로 구성하였다.

1) 목표

아름다움과 예술에 관심을 가지고 창의적 표현을 즐긴다.

① 자연과 생활 및 예술에서 아름다움을 느낀다.

② 예술을 통해 창의적으로 표현하는 과정을 즐긴다.

③ 다양한 예술 표현을 존중한다.

2) 내용체계

〈표 6-13〉 예술경험 영역의 내용체계

내용범주	내용
아름다움 찾아보기	자연과 생활에서 아름다움을 느끼고 즐긴다.
	예술적 요소에 관심을 갖고 찾아본다.
창의적으로 표현하기	노래를 즐겨 부른다.
	신체, 사물, 악기로 간단한 소리와 리듬을 만들어 본다.
	신체나 도구를 활용하여 움직임과 춤으로 자유롭게 표현한다.
	다양한 미술 재료와 도구로 자신의 생각과 느낌을 표현한다.
	극놀이로 경험이나 이야기를 표현한다.
예술 감상하기	다양한 예술을 감상하며 상상하기를 즐긴다.
	서로 다른 예술 표현을 존중한다.
	우리나라 전통예술에 관심을 갖고 친숙해진다.

3) 내용범주

① 아름다움 찾아보기

유아가 자연과 생활에서 아름다움을 느끼며 예술적 요소에 관심을 가지고 찾아보는 내용이다.

• 목표: 자연과 생활 및 예술에서 아름다움을 느낀다.

〈표 6-14〉 아름다움 찾아보기의 내용 이해 및 유아 경험의 실제

내용	내용이해	유아 경험의 실제
자연과 생활에서 아름다움을 느끼고 즐긴다.	유아가 자신의 주변에서 만나는 자연, 공간, 사물 등의 아름다움을 풍부하게 느끼며 즐기는 내용이다.	벚꽃이 바람을 타고 눈처럼 휘날린다. 유아들이 "저것 봐! 눈이 오는 것 같아. 분홍색 눈이야. 정말 예쁘다!" 하며 감탄한다. 유아들은 하늘을 향해 고개를 들고 두 팔을 벌리며 흩날리는 벚꽃잎을 맞기도 하고, 바람결에 날아가는 벚꽃잎을 쫓아다니기도 한다. 그리고 땅에 떨어진 벚꽃잎을 조심스럽게 다루며 한 잎 한 잎 줍기도 한다.
예술적 요소에 관심을 갖고 찾아본다.	유아가 주변의 자연과 생활에서 다양한 소리나 리듬 등의 음악적 요소, 색이나 형태 등과 같은 미술적 요소를 발견하고, 사물이나 동식물의 움직임에서 아름다움을 경험하는 내용이다.	유아는 바깥 놀이터에서 스카프를 재빠르게 높이 올렸다 내리기를 반복하며 바람에 스카프를 날려보기도 한다. 스카프가 펄럭이고 날아가는 모습을 보며 "바람 따라 춤추는 것 같아.", "파도같이 움직여." 하며 즐거워한다.

출처: 교육부 · 보건복지부(2019). 2019 개정 누리과정 해설서. p. 94.

② 창의적으로 표현하기

유아가 노래를 즐겨 부르고, 간단한 소리와 리듬을 만들어 보며, 자유롭게 움직이며 춤추고, 다양한 미술 재료와 도구를 활용하여 표현하며, 경험과 이야기를 극놀이로 표현하는 내용이다.

• 목표: 예술을 통해 창의적으로 표현하는 과정을 즐긴다.

〈표 6-15〉 창의적으로 표현하기의 내용 이해 및 유아 경험의 실제

<table>
<tr><th>내용</th><th>내용이해</th><th>유아 경험의 실제</th></tr>
<tr><td>노래를 즐겨 부른다.</td><td>유아가 흥얼거리거나 친구들과 함께 소리와 박자 등을 느끼고 노랫말을 바꾸어 불러 보며 노래 부르기를 즐기는 내용이다.</td><td rowspan="2">유아가 바깥 놀이터의 소꿉놀이 그릇을 모두 뒤집어 펼쳐 놓고 숟가락으로 여기저기 두드린다. 이때 교사가 지나가자, “선생님, 들어보세요. 소리가 모두 달라요. 저는 지금 피아노 치고 있어요.” 하며 최근에 배운 새 노래 ‘유리창에 예쁜 은구슬’을 흥얼거린다. 선생님은 “오! 정말 소리가 다르네. 정말 피아노 치는 것 같네.” 하며 유아의 곁에서 함께 노래한다.</td></tr>
<tr><td>신체, 사물, 악기로 간단한 소리와 리듬을 만들어 본다.</td><td>유아가 자신의 신체, 주변의 사물, 리듬 악기 등을 사용하여 소리와 리듬을 창의적으로 만들어 보는 내용이다.</td></tr>
<tr><td>신체나 도구를 활용하여 움직임과 춤으로 자유롭게 표현한다.</td><td>유아가 자연과 생활에서 발견한 다양한 움직임을 자유롭게 표현하고 나아가 자신의 생각과 느낌을 자신의 신체나 다양한 도구를 활용하여 움직임과 춤으로 표현하는 내용이다.</td><td rowspan="2">유아가 창문 밖으로 나뭇잎이 바람에 날리는 모습을 보며 큰 소리로 “와! 저것 봐. 나뭇잎이 데굴데굴 잘도 굴러가고 있어!”라고 말한다. 잠시 후 유아는 교실에 있는 리본 막대를 들고 동그랗게 흔들면서 “나뭇잎이 동글 동글 굴러가고 굴러가고.”라고 흥얼거린다.</td></tr>
<tr><td>다양한 미술 재료와 도구로 자신의 생각과 느낌을 표현한다.</td><td>유아가 자연과 생활에서 발견한 다양한 재료와 도구를 활용하여 여러 가지 방법으로 표현하는 내용이다. 자신의 경험, 느낌, 생각 등을 창의적으로 표현하는 과정을 즐기는 내용이다.</td></tr>
<tr><td>극놀이로 경험이나 이야기를 표현한다.</td><td>유아가 자신의 경험, 다양한 상황, 이야기를 자유롭게 상상하며 극놀이로 표현하는 과정을 즐기는 내용이다.</td><td>유아가 친구들에게 꿀벌놀이를 하자고 제안한다.
수진: 나는 여왕벌 할래. 너희들은 모두 일벌해. 아이 배고파. 일벌들아 꽃에게 가서 꿀을 가져와.
유찬: (날갯짓하며 교실을 한 바퀴 돌아와 수진이에게 손을 내밀며) 이건 꿀이야. 자, 먹으세요!
승민: 나는 말벌이야. 너희들은 꿀벌이니까 도망가야 돼. 웽웽.
꿀벌 역할을 맡은 두 유아가 “으악!” 하며 달아난다. 이 모습을 보고 있던 희원이와 민이가 “얘들아, 잠깐 기다려봐. 우리가 꿀벌집 만들어 줄게.”라고 말하며 상자, 사인펜, 물감 등을 가지고 모인다.</td></tr>
</table>

출처: 교육부 · 보건복지부(2019). 2019 개정 누리과정 해설서. pp. 95-96.

③ 예술 감상하기

유아가 자신과 또래의 작품뿐만 아니라 다양한 예술을 감상하며 상상하기를 즐기고, 서로 다른 예술 표현을 존중하며, 우리 고유의 전통예술에 친숙해지는 내용이다.

- 목표: 다양한 예술표현을 존중한다.

〈표 6-16〉 예술 감상하기의 내용 이해 및 유아 경험의 실제

<table>
<tr><th>내용</th><th>내용이해</th><th>유아 경험의 실제</th></tr>
<tr><td>다양한 예술을 감상하며 상상하기를 즐긴다.</td><td>유아가 자신과 또래의 작품이나 음악, 춤, 미술작품, 극 등 다양한 예술을 감상하고 자유롭게 상상하기를 즐기는 내용이다.</td><td rowspan="2">유아들이 분홍색 한지를 구기고 찢어서 꾸민 봄꽃 작품을 감상하며 "와! 예쁘다. 어! 이건 어떻게 했지? 이렇게 하니까 진짜 꽃 같다. 꽃 냄새 맡아 보자. 흠, 꼭 봄꽃 요정이 나타날 것같아, 그치" 하며 친구와 마주 보고 웃는다.</td></tr>
<tr><td>서로 다른 예술 표현을 존중한다.</td><td>유아가 자신과 또래의 작품, 음악, 춤, 미술작품, 극 등에 포함된 다양한 표현을 존중하는 내용이다.</td></tr>
<tr><td>우리나라 전통 예술에 관심을 갖고 친숙해진다.</td><td>유아가 우리나라 고유의 전통 음악, 춤, 미술, 건축물, 극 등에 관심을 가지고 전통 예술을 감상하며 우리나라 문화에 친숙해지는 내용이다.</td><td>유아들이 '밀양 아리랑'을 들으며 장구를 자유롭게 두드린다. 한 유아가 "얘들아! 날 좀 보소." 하고 노래를 흥얼거리며 두 손으로 장구를 두드린다. 옆에 있던 유아가 장구를 세운 후 두드리며 "나는 세워서 두드려야지. 2개로도 할 수 있어." 라고 말한다. 그러니까 옆에서 바라보던 유아가 "어? 세워서도 할 수 있네. 그렇게 쳐도 좋은 것 같다."라고 말한다.</td></tr>
</table>

출처: 교육부 · 보건복지부(2019). 2019 개정 누리과정 해설서. p. 97.

5. 자연탐구

유아는 호기심이 넘치는 과학자다. 궁금한 것에 대해 답을 찾기 위해 적극적으로 탐색하고 탐구하며 이를 즐긴다. 자연탐구영역은 유아가 물질, 사물, 자연현상, 동식물 등의 특성과 변화를 수학적, 과학적으로 탐구하는 다양한 경험과 관련된 내용이다. 교사는 유아가 호기심을 가지고 주도적으로 탐구하는 과정을 즐기며, 스스로

궁금증을 해결해 가도록 돕는다. 또한 유아가 주변의 동식물, 생명, 자연환경에 관심을 가지며 생명을 소중히 여기고 사람과 자연이 더불어 살아가는 방법을 실천하도록 지원할 수 있다.

따라서 자연탐구영역의 목표와 내용범주는 유아가 호기심을 가지고 궁금한 것을 적극적으로 탐구하는 과정을 즐기며, 생활 속의 문제를 수학적, 과학적으로 탐구해 보면서, 생명과 자연환경을 존중하는 내용으로 구성하였다.

1) 목표

탐구하는 과정을 즐기고, 자연과 더불어 살아가는 태도를 가진다.

① 일상에서 호기심을 가지고 탐구하는 과정을 즐긴다.

② 생활 속의 문제를 수학적, 과학적으로 탐구한다.

③ 생명과 자연을 존중한다.

2) 내용체계

〈표 6-17〉 자연탐구영역의 내용 체계

내용범주	내용
탐구과정 즐기기	주변 세계와 자연에 대해 지속적으로 호기심을 가진다.
	궁금한 것을 탐구하는 과정에 즐겁게 참여한다.
	탐구과정에서 서로 다른 생각에 관심을 가진다.
생활 속에서 탐구하기	물체의 특성과 변화를 여러 가지 방법으로 탐색한다.
	물체를 세어 수량을 알아본다.
	물체의 위치와 방향, 모양을 알고 구별한다.
	일상에서 길이, 무게 등의 속성을 비교한다.
	주변에서 반복되는 규칙을 찾는다.
	일상에서 모은 자료를 기준에 따라 분류한다.
	도구와 기계에 대해 관심을 가진다.
자연과 더불어 살기	주변의 동식물에 관심을 가진다.
	생명과 자연환경을 소중히 여긴다.
	날씨와 계절의 변화를 생활과 관련 짓는다.

3) 내용범주

① 탐구과정 즐기기

유아가 주변 세계와 자연에 대해 지속적으로 호기심을 가지고, 궁금한 것을 탐구하는 과정에 적극적으로 참여하면서 서로 다른 생각에 관심을 갖는 내용이다.

• 목표: 일상에서 호기심을 가지고 탐구하는 과정을 즐긴다.

〈표 6-18〉 탐구과정 즐기기의 내용 이해 및 유아 경험의 실제

<table>
<tr><th>내용</th><th>내용이해</th><th>유아 경험의 실제</th></tr>
<tr><td>주변 세계와 자연에 대해 지속적으로 호기심을 가진다.</td><td>유아가 물질, 물체, 동식물, 자연현상 등에 호기심을 가지고, 놀이에서 지속적으로 궁금한 것을 찾아가거나 표현하는 내용이다.</td><td rowspan="2">유아들의 모래 구덩이 만들기가 계속되고 있다. 오늘은 유아들이 모래 속으로 물을 붓는다. 한 유아가 "물이 자꾸 없어져."라고 말한다. 옆에 있던 유아들도 함께 "왜 자꾸 없어지지", "땅을 더 파야 해.", "아니야, 빨리 물을 부어야 해."라고 이야기 나누며 물이 스며드는 것에 호기심을 가진다.</td></tr>
<tr><td>궁금한 것을 탐구하는 과정에 즐겁게 참여한다.</td><td>유아가 궁금한 것을 알아보기 위해 관찰, 비교, 분류, 예측, 실험 등의 다양한 탐구과정을 자발적으로 즐기는 내용이다.</td></tr>
<tr><td>탐구과정에서 서로 다른 생각에 관심을 가진다.</td><td>유아가 탐구하는 과정에서 자신의 생각을 또래나 교사와 함께 공유하고, 서로 다른 생각에 관심을 가지는 내용이다.</td><td>어제는 메뚜기를 발견하여 관찰하던 유아들이 오늘은 방아깨비를 이리저리 살펴보며 이야기를 나눈다.
수연: 방아깨비 발밑이 찐득찐득해. 너도 해볼래?
가현: 약간 간지러운데, 찐득해. 풀에 붙으려고 그런가 봐.
규리: 음... 먹이를 잡아먹으려고 그런 거야.
수연: 이거 봐. 찐득한 발로 내 손을 잡으려고 하는 것 같아.</td></tr>
</table>

출처: 교육부 · 보건복지부(2019). 2019 개정 누리과정 해설서. p. 104.

② 생활 속에서 탐구하기

유아가 물체의 특성과 변화를 여러 가지 방법으로 탐색하고, 물체를 세어 수량을 알아보고, 물체의 위치와 방향, 모양을 알고 구별하며, 길이와 무게 등의 속성을 비교하고, 반복되는 규칙을 찾아보고, 모은 자료들을 기준에 따라 분류하며, 도구와 기계에 관심을 가지고 생활 속의 문제를 다양하게 탐구하는 내용이다.

- 목표: 생활 속의 문제를 수학적, 과학적으로 탐구한다.

〈표 6-19〉 생활 속에서 탐구하기의 내용 이해 및 유아 경험의 실제

내용	내용이해	유아 경험의 실제
물체의 특성과 변화를 여러 가지 방법으로 탐색한다.	유아가 주변에서 쉽게 발견할 수 있는 친숙한 물체나 물질의 크기, 모양, 색, 냄새, 소리, 질감과 같은 기본적 특성에 관심을 갖는 내용이다. 나아가 그 물체나 물질을 자르고 섞는 등 다양한 방법으로 변화시켜 보며, 변화되는 특성과 변화되지 않는 특성이 무엇인지 탐색해 보는 내용이다.	우리밀 과자를 만드는 과정에서 유아들은 버터와 계란, 밀가루를 숟가락으로 휘저으며 놀라운 표정으로 말한다. "어? 이것 봐! 반죽이 점점 갈색으로 변하고 있어.", "색깔이 진하게 변한다.", "점점 찐득찐득해지고 있어.", "섞는 게 힘들어. 이제 네가 해 봐."
물체를 세어 수량을 알아본다.	유아가 일상에서 수에 관심을 가지고, 수량을 세어 많고 적음 및 수량의 변화를 알아보는 내용이다.	유아들이 모여 하고 싶은 놀이에 대해 자유롭게 이야기를 나누고 있다. 민지: 야, 우리 같이 놀자. 뭐할까? 현우: 나는 술래잡기. 민지: 나는 꼬마야 줄넘기 할래. 현우: 우리 손들어서 정하자. 술래잡기 하고싶은 사람 손! … 한 명, 두 명, 세 명. 그러면 줄넘기하고 싶은 사람 손! 민지: 똑같잖아. 술래잡기도 3명이고, 줄넘기도 3명이잖아.
물체의 위치와 방향, 모양을 알고 구별한다.	유아가 자신과 물체를 기준으로 앞, 뒤, 옆, 위, 아래 등 공간 안에서 위치와 방향을 알아가는 내용이다. 유아가 주변 환경에서 네모나 세모, 둥근 기둥, 상자 모양 등을 찾고 다양한 모양에서 공통점과 차이점을 알아가는 내용이다.	유아들이 숨바꼭질을 한다. 한 유아가 "선생님, 쉿! 나 여기 밑에 숨어 있다고 말하면 안 돼요."라고 말하곤 미끄럼틀을 올라가는 계단 아래쪽으로 들어가 숨는다. "내 앞에 계단이 있으니까 친구들에게 난 잘 안 들키겠지? 하하"라고 혼잣말을 하며 웃는다.

<table>
<tr><th>내용</th><th>내용이해</th><th>유아 경험의 실제</th></tr>
<tr><td>일상에서 길이, 무게 등의 속성을 비교한다.</td><td>유아가 일상에서 길이나 무게 등 측정 가능한 속성을 알고, 이 속성을 기준으로 물체를 비교하여 순서 지어 보는 내용이다. 이 과정에서 유아는 자신의 신체를 비롯하여 다양한 물체를 활용하고, 다양한 비교 어휘를 사용하면서 순서를 지어보는 내용이다.</td><td>복도에서 5세 수진이가 3세 승우와 4세 민석이를 만난다. 수진이가 “내가 키 재 줄게. 너희 둘이 여기에 서 봐.” 라고 말한다. 승우와 민석이가 등을 마주 대고 서자 수진이는 “니가 좀 더 큰데. 내가 누가 무거운지도 봐 줄게.”하며 두 유아를 차례로 뒤에서 두 팔로 안고 들어 올린다. 수진이는 “너보다 얘가 좀 더 무거워.” 하며 웃는다.</td></tr>
<tr><td>주변에서 반복되는 규칙을 찾는다.</td><td>유아가 생활 주변에서 사물이나 사건의 양상이 일정한 순서로 반복 배열되는 것에 관심을 갖고 즐기며, 반복되는 배열에 숨어 있는 질서와 규칙을 발견하여 다음에 올 것이 무엇인지를 예측하는 내용이다.</td><td rowspan="2">바깥 놀이터에서 유아가 친구들에게 “우리 이 열매 모으자. 개미는 이걸 좋아하거든.” 하며 제안하자, 유아들이 “여기 많다.”라고 말하며 바닥에 떨어진 작은 열매를 줍기 시작한다. 한 유아가 솔방울을 내밀자, “아니야. 솔방울은 너무 커, 좀 작은 게 필요해. 동그랗게 이거랑 똑같이 생긴 것만.” 하고 말한다. 잠시 후 유아들이 주운 열매를 모으고, “이것 봐, 진짜 다 똑같은 열매다.”, “그런데 여기 빨간 건 잘 익은 건가”, “내일 오면 개미가 빨갛게 익은 건 다 먹었겠지”라고 말하며 빨간 열매와 초록 열매를 골라낸다.</td></tr>
<tr><td>일상에서 모은 자료를 기준에 따라 분류한다.</td><td>유아가 일상생활에서 흥미와 관심에 따라 필요한 자료를 다양한 방법으로 모으고, 수집한 자료의 공통점과 차이점을 탐색하며. 이를 하나 또는 그 이상의 다양한 기준(예: 모양, 크기, 색깔 등)에 따라 정리하고 조직해보는 내용이다.</td></tr>
<tr><td>도구와 기계에 대해 관심을 가진다.</td><td>유아가 일상생활에서 사용하는 다양한 도구와 기계에 관심을 가지고 직접 사용해 보면서, 도구와 기계가 우리의 생활에 어떠한 도움을 주는지에 대해 관심을 가지는 내용이다.</td><td>유아들이 선생님과 함께 콩나물무침 요리를 하고 있다. 작은 절구를 보던 한 유아가 “와! 맷돌이다.”라고 말하자, 다른 유아들이 “저건 콩콩 찧는 거야.”, “맷돌이 아니고...?” 하며 선생님을 쳐다본다. 선생님은 “이건 절구인데.”라고 말하자, 유아들이 “오늘 콩나물 무침에 쓰려고요” 하고 묻는다. 선생님은 “그래. 이걸로 깨소금을 만들어 볼까”라고 말하며 절구 안에 깨를 넣는다.</td></tr>
</table>

출처: 교육부 · 보건복지부(2019), 2019 개정 누리과정 해설서. pp. 105-107

③ 자연과 더불어 살기

유아가 주변의 동식물에 대해 관심을 가지고, 생명과 자연환경을 소중히 여기며, 날씨와 계절의 변화를 생활과 관련 짓는 내용이다.

• 목표: 생명과 자연을 존중한다.

〈표 6-20〉 자연과 더불어 살기의 내용 이해 및 유아 경험의 실제

<table>
<tr><th>내용</th><th>내용이해</th><th>유아 경험의 실제</th></tr>
<tr><td>주변의 동식물에 관심을 가진다.</td><td>유아가 등·하원, 산책, 바깥 놀이터, 교실에서 접할 수 있는 동식물을 관찰하거나 직접 길러 보면서, 동식물의 특성에 관심을 가지고 탐구하는 내용이다.</td><td>성민: 저, 도토리 엄청 주웠어요.
교사: 벌써 도토리가 떨어져 있었어.
성민: 네. 다람쥐들이 도토리를 많이 먹으라고 조금만 주웠어요.
교사: 어머! 네가 주워온 도토리를 보니까 정말 가을이 온 걸 알겠구나. 네 말대로 다람쥐들은 맛있는 도토리를 먹는 을이라서 신나겠다.
성민: 저는요. 가을이 제일 좋아요.
교사: 아~ 그렇구나. 왜?
성민: 가을은 진짜 시원하잖아요. 난 더운 날씨가 싫어요.</td></tr>
<tr><td>생명과 자연환경을 소중히 여긴다.</td><td>유아가 동식물뿐만 아니라 동식물이 살아가기에 좋은 환경에 대해 관심을 가지고, 이들을 생명체로서 소중히 여기는 내용이다.</td><td rowspan="2">유아가 개미를 발견하고 모두 놀란다. “야 개미다.”, “여기 봐.”, “으~악”, “무서운 거 아니야.” 한 유아가 “열매 같은 걸 가져가나 봐. 무겁겠다.”, “배가 고픈가 봐.”, “어디로 가지”, “밟지 마.”라고 이야기하며 개미가 지나갈 수 있도록 몸을 옆으로 비키며 개미를 쳐다본다.</td></tr>
<tr><td>날씨와 계절의 변화를 생활과 관련 짓는다.</td><td>유아가 낮과 밤, 날씨, 계절의 변화를 느끼고, 자연의 변화가 자신의 옷차림, 놀이 등 일상생활에 영향을 준다는 것을 이해하고 적절하게 대처하는 내용이다.</td></tr>
</table>

출처: 교육부·보건복지부(2019). 2019 개정 누리과정 해설서. p. 108.

〈표 6-21〉 5개 영역 한눈에 보기

신체운동 · 건강		의사소통		사회관계		예술경험		자연탐구	
신체활동 즐기기	신체를 인식하고 움직인다.	듣기와 말하기	말이나 이야기를 관심있게 듣는다.	나를 알고 존중하기	나를 알고 소중히 여긴다.	아름다움 찾아보기	자연과 생활에서 아름다움을 느끼고 즐긴다.	탐구과정 즐기기	주변 세계와 자연에 대해 지속적으로 호기심을 가진다.
	신체 움직임을 조절한다.		자신의 경험, 느낌, 생각을 말한다.		나의 감정을 알고 상황에 맞게 표현한다.		예술적 요소에 관심을 갖고 찾아본다.		궁금한 것을 탐구하는 과정에 즐겁게 참여한다.
	기초적인 이동운동, 제자리 운동, 도구를 이용한 운동을 한다.		상황에 적절한 단어를 사용하여 말한다.		내가 할 수 있는 것을 스스로 한다.	창의적으로 표현하기	노래를 즐겨 부른다.		탐구과정에서 서로 다른 생각에 관심을 가진다.
	실내·외 신체활동에 자발적으로 참여한다.		상대방이 하는 이야기를 듣고 관련해서 말한다.	더불어 생활하기	가족의 의미를 알고 화목하게 지낸다.		신체, 사물, 악기로 간단한 소리와 리듬을 만들어 본다.	생활 속에서 탐구하기	물체의 특성과 변화를 여러 가지 방법으로 탐색한다.
건강하게 생활하기	자신의 몸과 주변을 깨끗이 한다.		바른 태도로 듣고 말한다.		친구와 서로 도우며 사이좋게 지낸다.		신체나 도구를 활용하여 움직임과 춤으로 자유롭게 표현한다.		물체를 세어 수량을 알아본다.
	몸에 좋은 음식에 관심을 가지고 바른 태도로 즐겁게 먹는다.		고운 말을 사용한다.		친구와의 갈등을 긍정적인 방법으로 해결한다.		다양한 미술 재료와 도구로 자신의 생각과 느낌을 표현한다.		물체의 위치와 방향, 모양을 알고 구별한다.
	하루일과에서 적당한 휴식을 취한다.	읽기와 쓰기에 관심 가지기	말과 글의 관계에 관심을 가진다.		서로 다른 감정, 생각, 행동을 존중한다.		극놀이로 경험이나 이야기를 표현한다.		일상에서 길이, 무게 등의 속성을 비교한다.
	질병을 예방하는 방법을 알고 실천한다.		주변의 상징, 글자 등의 읽기에 관심을 가진다.		친구와 어른께 예의 바르게 행동한다.	예술 감상 하기	다양한 예술을 감상하며 상상하기를 즐긴다.		주변에서 반복되는 규칙을 찾는다.
안전하게 생활하기	일상에서 안전하게 놀이하고 생활한다.		자신의 생각을 글자와 비슷한 형태로 표현한다.		약속과 규칙의 필요성을 알고 지킨다.		서로 다른 예술 표현을 존중한다.		일상에서 모은 자료를 기준에 따라 분류한다.
	TV, 컴퓨터, 스마트폰 등을 바르게 사용한다.	책과 이야기 즐기기	책에 관심을 가지고 상상하기를 즐긴다.	사회에 관심 가지기	내가 살고 있는 곳에 대해 궁금한 것을 알아본다.		우리나라 전통예술에 관심을 갖고 친숙해진다.		도구와 기계에 대해 관심을 가진다.
	교통안전 규칙을 지킨다.		동화, 동시에서 말의 재미를 느낀다.		우리나라에 대해 자부심을 가진다.			자연과 더불어 살기	주변의 동식물에 관심을 가진다.
	안전사고, 화재, 재난, 학대, 유괴 등에 대처하는 방법을 경험한다.		말놀이와 이야기 짓기를 즐긴다.		다양한 문화에 관심을 가진다.				생명과 자연환경을 소중히 여긴다.
									날씨와 계절의 변화를 생활과 관련 짓는다.

제7장
보육과정의 계획 및 운영

1. 보육과정의 계획

영유아놀이 중심 보육과정에서 보육과정을 계획한다는 것은 교사가 영유아의 놀이를 통한 배움을 지원하기 위하여 보육과정내용과 시간을 조직하는 것을 의미한다. 2020년 개정된 제4차 어린이집 표준보육과정에서는 교사가 미리 모든 것을 계획하여 그대로 실행하는 것을 지양하고 실행된 보육과정을 담는 것을 강조하여, 만들어진 보육과정이 아니라 만들어가는 보육과정에 의미를 둔다. 교사는 전체 또는 개별 영유아가 진행하고 있는 놀이에 초점을 두되 영유아가 생활 속에서 경험하고 있는 크고 작은 관심사, 일상생활을 편안하게 유지하기 위하여 필요한 경험, 계절이나 날씨와 같은 자연적인 현상, 기관의 특별한 행사 등을 반영하여 계획할 수 있다.

개정 표준보육과정에서는 계획과 관련하여 각 기관의 지역적 특성이나 철학에 맞게 보육계획의 양식이나 작성 시기, 활용방법을 자율적으로 정하도록 한다. 개정 표준보육과정은 영유아가 경험해야 할 내용을 바탕으로 배움의 통합성 · 융통성 · 자율성을 강조하므로, 기존의 문서양식으로는 담아낼 수 없거나 필요 없는 부분이 생길 수도 있고, 작성 시기가 변경될 수도 있다. 따라서 연간, 월간, 주간, 일일 계획안의 형식이나 분량을 자율적으로 할 수 있으며 통합하거나 선택적으로 활용할 수 있다.

1) 연간 계획

연간 계획은 개정 표준보육과정에서 추구하는 인간상, 기관의 철학, 지역사회의 특성, 개인 수준의 다양성을 고려하여 자율적으로 수립할 수 있다. 연간 계획은 한 학급에서만 공유되는 것이 아니라 기관 전체의 구성원이 공유하는 자료이므로 학급 차원보다는 기관차원에서 수립하고 검토하는 것이 일반적이다. 또한, 연간 계획을 작성할 때는 일 년간의 중요한 경험(예: 기관 적응, 계절, 명절, 그 해의 특별한 국가적 행사, 기관행사, 진급 등)을 미리 염두에 두고 계획하여야 한다. 그리고 영유아에게서 발현되는 놀이 주제가 학기를 진행하는 동안 즉각적으로 반영될 수 있도록 여지를 남기고 연간 계획을 작성한다. 개정 표준보육과정은 영유아와 교사가 함께 '만들어 가는 보육과정'이기 때문에 연간 계획이 수립되었다 하더라도 영유아들의 놀이 경험에 따라 시기와 기간 등이 바뀔 수 있다.

2) 월간, 주간, 일일 계획

월간, 주간, 일일 계획안은 기관과 교사의 필요에 맞게 형식이나 분량이 자율적으로 구성될 수 있다. 월간, 주간과 일일 계획을 모두 수립하여야 하는 것은 아니며 하나만 선택하여 작성할 수도 있다.

개정 표준보육과정은 교사가 영유아의 경험을 미리 조직하기보다 영유아의 놀이를 관찰하고 이를 지원하는 방식을 제안한다. 영유아의 놀이는 교사가 계획한 대로 진행되는 것이 아니라 시시각각 변화하고 교사의 기대 이상으로 심화될 수 있기 때문에 모든 놀이 지원 계획을 미리 수립하기는 어렵다. 교사는 매일 진행된 영유아의 놀이를 기록하고 다음날 지원할 내용을 간단히 계획할 수 있다. 매주 혹은 영유아의 놀이 주제에 맞추어 지원계획을 수립할 수도 있다. 계획안의 양식과 내용, 작성주기는 각 기관의 실정과 철학, 학급의 상황 및 교사의 신념을 고려하여 자율적으로 결정하면 된다.

개정 표준보육과정에서는 연간, 월간, 주간, 일일 계획안을 자율적이고 융통성 있게 작성하도록 하고 있다. 기존의 계획안에 주제, 일과 중의 시간 배치, 5~6개 영역이나 목표, 활동 개요, 준비물 등을 모두 기록하고 있었음에도 불구하고 실행된 보육과정을 충분히 반영하지 못하고 있다면 이를 어떻게 반영할 것인지 고민해 보아야 한다. 기관에 따라서 계획안이라는 문서에 실행과 평가를 동시에 기록하고 있으므로 계획, 기록, 평가를 통합한 양식을 놀이기록과 평가, ○○반 놀이 이야기 등 다양한 명칭으로 부를 수도 있다.

(1) 월간 보육 계획안

월간 보육 계획은 연간 보육 계획을 토대로 한 달간의 지도를 위한 구체적인 지도 방법을 계획하는 것이다. 월간 보육 계획을 수립하기 위해서는 계절의 변화나 반복되는 활동을 중심으로 영유아들의 상황과 발달에 맞추어 계획을 수립한다. 월간 보육 계획안은 연간 보육 계획안보다 더 상세하고 구체적으로 수립해야 하며 매월의 주제와 소주제에 대한 내용이 활동별로 수립되어야 한다.

월간 보육 계획은 매월 셋째 주쯤에 교사협의회를 거쳐 작성하여 월말에 가정으로 배부하는 것이 효과적이다. 가정으로 배부하는 것은 부모들이 가정에서 연계성 있게 지도할 수 있고, 미리 그달의 행사를 알고 준비, 협조하도록 하기 위한 것이다. 또한 교사들은 월간 보육 계획을 바탕으로 교수자료 준비 및 행사를 미리 준비할 수 있게 된다. 견학이나 현장학습 장소는 흔히 여러 보육기관에서 비슷한 시기에 실시하므로 한 달 또는 그 이전에 예약을 해놓고 미리 계획을 세워 두어야 한다.

① 두 개의 놀이 주제를 반영한 예

주제와 유아의 발현된 놀이 주제가 동시에 진행됨					
주		5월 1주	5월 2주	5월 3주	5월 4주
놀이 (바깥 놀이 포함)	봄	• 봄꽃 만들기	• ~~꽃가게 꾸미기~~	• ~~꽃가게 놀이~~	
		• 모형꽃, 화분으로 놀기	• ~~꽃씨 마라카스~~		• ~~티슈로 나비만들기~~
		• 산책사진으로 만든 책	• 씨앗 그림책	• ~~꽃모양 막대인형~~	• 봄의 곤충 그림책
	유아의 흥미에 따라 새로운 주제 "반짝이끈"이 시작되었고 이를 반영함				
	반짝이끈	• 반짝이끈 가지고 나가 놀기 • 반짝이끈 나뭇가지에 묶기 • 반짝이끈으로 만든 도구로 운동하기			
		유아의 흥미에 따라 새로운 주제 "반짝이끈"이 시작되었고 이를 반영함			
활동		• 우리 교실에는 어떤 장난감이 있으면 좋을까? • 상자와 반짝이끈으로 어떻게 놀이할 수 있을까? • 놀이의 진행과정에 따라 문제해결 의견나누기			
		• 동화 '우리 가족' 동화 '봄소풍'			
		• 노래 '봄에 피는 꽃'	• ~~봄꽃 찾아오기 게임하기~~ • 반짝이끈으로 신체 표현하기	• ~~노래 '씨앗이 자라서'~~ • 반짝이끈으로 게임하기	• ~~노래 '개미'~~ • 애벌레 신체 표현하기
필요한 경우 활동을 유아의 놀이를 지원함					
행사일정		5월- 원내 어린이날 행사 / 8일- 원내 어버이날 행사 & 포토존 22일- 원내 손씻기 교육 / 29일- 급식도우미 활동			

출처: 교육부 · 보건복지부(2019). 2019 개정 누리과정 놀이실행자료. p. 120.

(2) 주간 보육 계획안

주간 보육 계획은 월간 보육 계획에 기초를 두고 그 목표를 달성하기 위해 구체적인 내용을 계획하는 것이다. 주간 보육 계획은 1주 동안에 이루어지는 모든 놀이 및 활동을 한눈에 볼 수 있는 세부적인 보육 계획으로 주간 보육 계획을 수립함으로써 다음 주간에 할 모든 활동을 구체적으로 생각하고 미리 준비할 수 있다.

주간 보육 계획을 작성할 때는 간단한 것에서 복잡한 것으로, 구체적인 것에서 추상적인 것으로 나아가도록 단계적인 학습활동을 제공한다. 작성된 주간 보육 계획안은 매주 금요일 귀가 시 가정으로 보내어 보육에 대한 이해와 협조를 구한다. 주간 보육을 운영할 때는 유아의 적극적이고 자발적인 상호작용을 중심으로 여러 가지 교수방법과 매체를 사용하고, 유아의 학습활동 특성에 따른 적절한 평가가 이루어져야 한다. 또한 교육은 전적으로 교사에 의해 이루어지는 것이 아니라 가정과의 연계에 의해 이루어진다는 사실을 알고 가정과의 긴밀한 상호 협조가 이루어져야 한다.

주간 보육 계획안의 작성 양식은 구체적으로 정해진 기준이나 틀은 없으며 각 보육시설에 따라 조금씩 다르게 양식지를 만들어 사용하고 있다. 그러나 일반적으로 그 주에 다루고자 하는 주제와 목표, 실내 · 외 놀이 및 활동, 기본 생활 습관에 관한 보육내용이 자세히 기록되어야 하며 지난 주 보육내용과 다음주 보육내용과의 연계 등을 쉽게 점검해 볼 수 있도록 해야 한다. 또한 영유아의 건강상태, 흥미, 욕구, 발달상태 등을 고려하여 융통성 있게 한 주의 보육계획을 작성해야 하며, 모든 발달영역이 포함되어야 한다.

주간 보육 계획을 작성할 때에 고려해야 할 점은 다음과 같다.

① 매주 금요일 전체 교사회의에서 다음주의 보육 계획을 의논해서 작성한다.

여러 학급이 같은 활동을 동시에 하면 교재 · 교구 및 기구 등을 충분히 확보할 수 없는 경우가 있으므로 학급 간 활동이 중복되지 않도록 사전에 협의할 필요가 있다. 또한 활동에 대한 정보를 나누고 협의하는 가운데 교수 - 학습에 대한 이해를 넓힐 수 있다.

② 통합적 주간 보육 계획안을 작성하고 실행함으로써 영유아의 전인 발달을 도모한다.

사회관계, 의사소통, 자연탐구, 예술경험, 신체운동, 기본생활영역의 활동들이 골고루 안배된 통합적 주간 보육을 세우고 영유아의 전인 발달을 이룰 수 있도록 도와준다.

③ 영유아의 특성과 능력, 보육시설 및 지역사회의 요구를 참조한다.

제시된 주제들은 영유아의 흥미와 발달 특성 및 수준에 적합해야 할 뿐 아니라 지역사회의 실정을 고려하여 실제 놀이 및 활동으로 연결할 수 있고 주제를 실행하는 데 무리가 없어야 하므로 교사는 그에 적합한 주제와 활동을 선정하여 실행할 수 있어야 한다.

기관에서 활용할 수 있는 계획안을 제시하면 다음과 같다.

가. 월간 계획에 기초하여 한 주간 보육과정 운영 실행을 기록하고 평가한 예

<table>
<tr><th colspan="7">월간 계획에 기초하여 한 주간의 누리과정 운영의 실행을 기록하고 평가한 예</th><th></th></tr>
<tr><th colspan="2">기간</th><th colspan="5">5월 2주</th><th></th></tr>
<tr><th colspan="2">요일</th><th>월</th><th>화</th><th>수</th><th>목</th><th>금</th><th></th></tr>
<tr><td rowspan="2">놀이</td><td>봄</td><td colspan="5">• 꽃가게 놀이 확장(조화, 포장지, 끈, 화분, 가위, 테이프, 다양한 종이 등)
꽃가게가 구성되면 자연스럽게 놀이가 진행되도록 지원함. 필요에 따라 놀이그룹 또는 학급전체의 놀이진행상황을 공유하기 위한 이야기 나누기를 진행함.</td><td></td></tr>
<tr><td>반짝이끈</td><td colspan="5">• 그림책〈빨간 끈〉
반짝이끈 놀이의 진행에 따라 적절한 시기에 그림책을 제공함. 그림책에 대한 관심을 많이 가져 활동을 통해 전체 유아와 함께 읽고 반짝이끈 놀이와 연계하였음.
• 반짝이끈과 상자 놀이
반짝이끈 속에 몸을 숨기던 유아들이 이제는 놀잇감을 숨기고 찾기 놀이를 함. 유아들 스스로 놀이 규칙을 만드는 과정을 지원함.
• 반짝이끈과 상자로 상상놀이하기
반짝이끈과 상자를 이용하여 만들고 싶은 것을 만들었고 결과물을 활용하여 상상놀이가 전개됨.</td><td>계획에 없었지만 진행된 놀이의 기록</td></tr>
</table>

<table>
<tr><td rowspan="4">활동</td><td colspan="5">• '이야기나누기'놀이에서 생긴 문제를 어떻게 해결할까?' 갈등상황 해결하기 위해 활동으로 진행</td><td rowspan="4">월 안에서 계획했던 내용을 실제 놀이를 반영하여 융통성 있게 실행</td></tr>
<tr><td colspan="5">• 동화 '빨간 끈' ppt동화로 진행함</td></tr>
<tr><td colspan="5">• 노래'씨앗이 자라서' 꽃가게 놀이 경험과 연계하여 진행함</td></tr>
<tr><td colspan="5">• ~~반짝이끈 게임~~ 진행되지 않음</td></tr>
<tr><td>바깥놀이</td><td colspan="5">• 풀 찧어 소꿉놀이하기/ 반짝이끈 나뭇가지에 묶기</td><td></td></tr>
<tr><td>인성교육</td><td colspan="5">• 친구에게 친절하게 말하기</td><td></td></tr>
<tr><td>일일기록 및 지원</td><td>• 반짝이끈 속성을 이용한 놀이로 전개되기 시작함
• 꽃가게를 열기 위해 꽃다발 만들기에 관심을 가짐.</td><td>• 반짝이끈과 상자를 같이 활용하여 숨기, 보물찾기 놀이를 함.</td><td>• 반짝이끈을 활용하여 상상놀이를 함
• 바깥놀이 동안 풀에 대한 관심을 많이 표현함.</td><td>• 반짝이끈 놀이 공간에 대한 갈등상황이 발생하여 이야기 나누기를 진행.</td><td>• 반짝이끈 정리하기
• 풀에 대한 관심을 교실로 확장해보고자 함.</td><td rowspan="2">일일 및 주간으로 놀이내용과 지원계획에 대해 간단히 기록</td></tr>
<tr><td>주간기록 및 지원</td><td colspan="5">• 반짝이끈으로 놀이하고 정리도 유아가 스스로 할 수 있도록 함. 정리 시 반짝이끈을 비닐에 담아 공이 되었고, 바깥놀이 시 신체활동 소품으로 활용해 보았음. 유아들이 즐겁게 활용하며 놀이하여 반짝이끈 공굴리기 게임 및 바깥놀이 시 자유롭게 공놀이하는 자료로 활용해볼 것임.
• 실내놀이에서 지난 2주간 제공하였던 조화와 유아들이 만든 꽃이 어우러져 꽃가게 놀이로 진행됨. 교사가 놀이를 기본적으로 제공하였지만 유아들 사이에서 자발적으로 가게에 필요한 공간구성과 놀이자료를 스스로 만들기 위해 노력하고 의사소통이 활발하게 일어남.
• 바깥놀이에서 풀을 뜯어 소꿉놀이, 찧기 등이 나타나며 봄의 식물에 대한 탐구와 심미적 감상이 활발하게 이루어짐. 교실에서 풀과 관련된 놀이가 이어질 것으로 예상됨.</td></tr>
</table>

출처: 교육부 · 보건복지부(2019). 2019 개정 누리과정 놀이실행자료. p. 121.

나. 놀이 실행 및 지원을 기록한 예

<table>
<tr><th>주제</th><td>우리 동네</td><th>목표</th><td>내가 살고 있는 곳에 대한 궁금한 것을 알아본다.</td></tr>
<tr><th>요일</th><th colspan="2">실행</th><th>지원</th></tr>
<tr><td>…</td><td colspan="2">..</td><td>…</td></tr>
<tr><td>목</td><td colspan="2">• 교실 한켠에 있는 지도에 대해 관심을 가지고 가장 빨리 가는 길에 대한 대화를 나눔.</td><td>✓인터넷을 활용하여 유아가 지도를 잘 볼 수 있도록 지원함.</td></tr>
<tr><td>금</td><td colspan="2">• 인터넷으로 본 지도를 보며 그림으로 길을 표상함.
• 교실에 있는 종이가 작다고 하면서 점점 더 큰 크기의 종이를 요청함.</td><td>✓더 큰 종이 제공함: 도화지→4절지→전지→전지 이어붙여서 그림 그리기.</td></tr>
<tr><td>월</td><td colspan="2">• 지난주 금요일에 이어 길을 그림으로 표상함. 그림에서 일반도로 뿐 아니라 다양한 길(예: 지하철, 고속도로 등)에 대한 표상이 나타남.
• 종이를 이어 붙이는 것의 불편함과 더불어 이어 붙인 종이 위에 올라가서 그림을 그리자 다시 그릴 공간이 좁아지는 상황이 벌어짐.</td><td>✓문제 해결 방법에 대해 유아들과 토의하였고 복도에 나가서 그림을 그리기로 결정함.
✓종이는 계속 이어 붙이기 어려워 바닥에 그림을 그리면 좋겠으나 바닥을 훼손하면 안 되므로 다음날 교사와 함께 자료실에 가서 바닥에 그리기 적절한 그리기 도구가 있는지 찾아보기로 함.</td></tr>
<tr><td>화</td><td colspan="2">• 자료실에 가서 바닥에 그리고 지우기 적절한 그리기 도구를 찾다가 우연히 테이프를 발견하고 테이프로 길을 만들자고 함.
• 유아가 선택한 자료인 테이프로 유아는 복도에서 길을 만들기 시작함.</td><td>✓교사와 유아가 함께 자료실에 가서 유아가 선택한 자료(절연테이프)를 제공함.
✓교실 외 놀이공간(복도) 활용함.</td></tr>
<tr><td>수</td><td>• 복도에서 이어서 놀이함. 길이 더 길어지고 커짐.
• 색테이프를 요청함.
• 테이프로 벽에도 표상을 시작함.</td><td>노랑-고속도로
파랑-1호선
초록-2호선
빨강-3호선
“아파트는 바닥 X. 서 있잖아..”</td><td>✓벽까지 올라가서 어떻게 다 떼어 정리하나 걱정도 되었지만 유아들의 놀이를 지켜보기로 함.
✓요청에 따라 다양한 색깔의 테이프 추가 제공함.
✓테이프로 만든 길 위에 입체적으로 동네를 구성할까 싶어 종이벽돌블록과 소품 일부를 제시해 보았음.</td></tr>
<tr><td>목</td><td colspan="2">• 제시한 블록, 소품에 관심을 보이지 않음. 오로지 테이프로만 길 만들기에 집중함.</td><td>✓유아가 안전하게 놀이하도록 교사도 전체를 관찰하지만, 평소 놀이하던 공간이 아니고 다른 학급의 유아들도 오가는 공간이므로 안전하게 놀이할 수 있도록 안전에 대해 짧게 이야기를</td></tr>
</table>

	• 복도도 테이프길로 거의 꽉 차고, 멈춰야 되는지 다른 공간으로 길을 확장해도 괜찮은지 묻기 시작함. • 유아들과 토의 후 계단, 강당까지 가기로 함. • 길/미로/경사로 관련 대화가 오감.	나눔. ✓유아들의 의견을 받아들여 복도에서 계단, 강당까지 기관 전체로 이어서 놀이하는 것으로 함.
금	• 테이프로 길 만드는 유아들이 줄어들고, 복도나 계단에서 길 만들기 놀이를 하기보다는 뛰어다니는 유아들이 많아짐. • 테이프를 떼어 정리하는 과정에서 돌돌 말린 테이프가 공처럼 되었고 테이프 공은 다시 유아들에게 새로운 놀잇감으로 보이기 시작함.	✓길 만들기 놀이에 대한 관심이 줄어들었음. ✓정리도 유아와 함께 진행함. 정리하는 과정에서 새로운 놀이자료(테이프 공)를 발견함. ✓테이프 공 활용하여 놀이할 수 있는 방법을 유아들 스스로 창안하기 시작함.

출처: 교육부 · 보건복지부(2019). 2019 개정 누리과정 놀이실행자료. p. 108.

다. 실행된 보육과정과 예상 놀이 주제를 기록한 예

<table>
<tr><td colspan="3">즐거운 새싹반의 한 주 이야기</td><td colspan="3">기간: 20○○.○.○.(월) ~ ○.○.(금)</td></tr>
<tr><td rowspan="3">새싹반 이번 주 경험</td><td rowspan="2">놀이</td><td colspan="4">여러 가지 돌과 흙 탐색하기
광목 흙 인형놀이</td></tr>
<tr><td colspan="4">비 오는 날 산책하기 흙이랑 놀아요 모래놀이 텃밭 가꾸기</td></tr>
<tr><td>활동</td><td colspan="4">함께 놀아요 흙이랑 (동화)
던지면 안돼요(이야기나누기)</td></tr>
<tr><td rowspan="2">이번 주 유아들의 관심</td><td colspan="3">• 흙이 서로 달라요.
• 흙에도 색깔이 있어요.</td><td colspan="2">• 돌은 여러 가지 종류가 있어요.
• 돌로 여러 가지 놀이를 할 수 있어요.</td></tr>
<tr><td colspan="5">• 이번 주가 끝나갈 즈음 우연히 채색한 투명 통을 창가에 올려놓은 유아들이창가로 들오는 빛을 통해 만들어진 무지개를 보며 '빛'에 대해 관심을 갖게 되었음. 유아들은 채색된 통과 그렇지 않은 통을 올려놓고 보는 사람의 눈높이에 따른 빛을 관찰하며 즐거워했음.</td></tr>
<tr><td rowspan="2">다음주 예상 관심과 놀이</td><td colspan="2">• 빛은 예쁜 색깔이 있어요.</td><td colspan="2">• 무지개 빛이 궁금해요.</td><td>• 빛은 왜 다 달라요?</td></tr>
<tr><td colspan="5">• 다음 주에는 새싹반 유아들과 반짝이는 "빛"에 대해 탐색하고 놀이 할 것으로 예상됨. 한 주간 햇살처럼 반짝이는 유아들의 즐거운 시도가 가득하길 기대해 봄.</td></tr>
<tr><td>학부모님과 함께 할 내용</td><td colspan="5">• 집 주변에서 볼 수 있는 흙과 돌에 관심을 가질 수 있도록 학부모님이 함께 놀이해 주실 수 있도록 안내하기
• 흙과 돌과 관련된 재미있는 놀이나 경험을 한 유아가 있다면 클래스팅에 관련 사진과 이야기를 올려주시도록 안내하기, 다른 유아들과 함께 보며 자신의 경험을 즐겁게 나눌 것임에 대해 안내하기
• 흙과 돌, 빛과 관련된 도서 및 자원을 기관으로 보내주시도록 안내하기</td></tr>
</table>

출처: 교육부 · 보건복지부(2019). 2019 개정 누리과정 놀이실행자료. p. 132.

라. 실행된 보육과정을 반영하여 수정한 예

<table>
<tr><td colspan="6">계절, 주제에 따라 놀이환경을 제공해주지만 유아의 놀이 발현에 따라 수시로 계획을 수정함</td></tr>
<tr><td>기간</td><td>2000년 월일 ~ 월 일</td><td>연령</td><td>5세</td><td>담임</td><td></td></tr>
<tr><td>주제</td><td>봄</td><td>소주제</td><td colspan="3">봄의 동식물 + 봄나물</td></tr>
<tr><td>목표</td><td colspan="5">• 봄이 되어 변화하는 동식물의 특성을 탐색한다.
• 동물과 식물을 보살피며 소중히 여기는 마음을 갖는다.</td></tr>
<tr><td>주</td><td>(월)</td><td>(화)</td><td>(수)</td><td>(목)</td><td>(금)</td></tr>
<tr><td>등원 및 맞이하기</td><td colspan="5">• 등원 길에 보이는 봄의 식물에 관심 가지기</td></tr>
<tr><td>놀이</td><td colspan="5">• ~~개구리 연못 만들기~~ → 봄나물 식당 만들기
• ~~꽃가게 놀이~~
• 여러 가지 식물도감
• 식물의 성장과정
• 식물 뿌리 관찰 + 봄나물 즙내기
• ~~봄을 담은 모빌~~ → 폐품과 봄나물로 자유롭게 만들기
• 다양한 악기 소리 탐색</td></tr>
<tr><td>활동</td><td colspan="5">〈이야기 나누기〉
• 봄의 식물
• 봄에 볼 수 있는 동물과 곤충
• ~~동식물의 성장과정~~
→ 봄나물 놀이 마무리에 대한 이야기 나누기 진행
〈동시〉
• ~~호랑나비 하양나비~~
• 꽃장수</td></tr>
<tr><td rowspan="2">바깥놀이</td><td colspan="5">• 개미 등 곤충 찾아보기 • 산책, 식물탐색 • 들풀의 뿌리 관찰</td></tr>
<tr><td colspan="5">• ~~〈대체활동〉 장애물 공굴리기/2인1각 달리기~~</td></tr>
<tr><td>지역사회연계</td><td colspan="5">• 이야기 할머니/우당도서관 북버스
→ 이야기 할머니와 산책하며 풀이름 알아보기</td></tr>
<tr><td>기본생활습관</td><td colspan="5">• 이럴 땐 손을 꼭 씻어요.</td></tr>
<tr><td>안전교육</td><td colspan="5">• 약물오남용 - 약은 정해진 양만 먹어요.</td></tr>
</table>

출처: 교육부 · 보건복지부(2019). 2019 개정 누리과정 놀이실행자료. p. 159.

(3) 일일 보육 계획안

일일 보육 계획은 하루 동안 이루어지는 보육활동을 계획하는 것으로, 그날의 수업을 진행함에 있어 직접적인 참고자료가 되므로 매우 세밀하게, 구체적으로 계획해야 한다. 일일 보육 계획안은 주간 보육 계획안에 기초하여 수립되어지며, 일일 보육 계획안에는 주제, 교육목표, 활동명과 활동에 관한 소요시간, 준비물, 전개 방법, 유의 사항 및 평가 등을 기록하게 된다.

일일 활동 계획 및 운영의 기본 원리는 다음과 같다(교육부, 2001).

① 일일 활동 운영에 영향을 주는 요인들을 고려하여 상황에 적합한 계획을 세운다.

같은 활동이라 할지라도 수업시간, 인적 환경 요인, 물적 환경 요인, 시기 등에 따라서 적합한 활동 형태로 재구성한다.

② 일관성이 있어야 한다.

예를 들어 등원하면 오전놀이 및 활동, 점심식사, 낮잠, 오후놀이 및 활동, 귀가지도 등 일종의 패턴이 있어야 하는 것이다. 일과의 패턴은 영유아로 하여금 무엇을 언제, 어디서, 어떻게 해야 하는가를 알게 하므로, 안정감을 가지고 자신의 행동과 요구를 조절하며, 능동적으로 활동할 수 있게 해 준다. 또한, 일과 활동순서 표를 입구에 걸어 놓아서, 수시로 그날의 활동을 볼 수 있게 해 준다.

③ 영유아의 신체적 욕구나 리듬을 반영해 주어야 한다.

일과 계획 시 간식, 배변, 휴식 등 신체적 욕구를 해결하는 시간을 안배한다. 또한 영유아의 특성상 놀이에 열중하게 되면, 화장실에 가는 것을 잊어버려 실수를 하거나, 신체적으로 지쳐 피곤해지거나, 배가 고파 짜증을 내기 쉽다. 따라서 일과 계획 시에는 영유아의 신체적 욕구나 리듬을 고려한다.

④ 영유아의 흥미와 요구를 반영한다.

보육교사는 자신이 세운 계획에 영유아들이 따라가도록 하기보다는 그들의 요구와 흥미를 반영할 수 있는 기회를 주어 능동적 참여를 이끌어 낼 수 있어야 한다.

놀이시간에 각 흥미영역의 교재 · 교구들은 영유아의 흥미와 요구를 적극 반영하도록 하고, 경험을 풍부하게 하는 활동을 제공하되, 스스로 활동을 선택할 수 있는 기회를 주어야 한다.

⑤ 여러 유형의 상호작용이 일어나도록 한다.

활동 시 교사와 개별 영유아와의 상호작용, 교사와 대 · 소집단 영유아와의 상호작용, 영유아와 영유아 간의 상호작용, 영유아와 교재 · 교구와의 상호작용의 기회가 골고루 제시될 수 있어야 한다.

⑥ 융통성 있게 운영되어야 한다.

영유아의 흥미와 주간 보육 계획안에 의거하여 계획했더라도 교사는 순발력 있게 계획을 수정할 수 있어야 한다. 예를 들어 현장학습을 계획하였는데 비가 온다거나 야외활동을 할 수 없는 경우에는 실내 활동으로 대체하여 융통성 있게 운영한다. 또한 계획한 활동에 전혀 흥미를 보이지 않는다면 다른 활동으로 대체하고, 대단한 흥미를 보인다면 후속 활동은 다음날로 미루고 연장할 수도 있다.

⑦ 활동의 계획과 실행에 대한 평가를 한다.

교사는 활동의 목표가 어느 정도 성취되었는지, 계획대로 실행되는지, 차질이 있다면 무엇 때문인지, 문제점은 무엇인지, 어떤 점이 수정 · 보완되어야 하는지 등에 대하여 반성하고, 반드시 기록으로 남겨 후속 활동 계획에 반영하도록 한다. 일과 계획의 변화를 기록하고 일과 운영을 간단히 평가한 예는 다음과 같다.

가. 3세 바다반 일일 보육 계획안

일자	20**년 *월 *일 *요일	수업일수	○○○/○○○일
일과 시간표	09:00 ~ 등원 09:10 ~ 실내놀이 10:10 ~ 오전간식 10:40 ~ 바깥놀이 ~~11:40 화장실 다녀오기~~12:10 ~ 화장실 다녀오기 ~~11:50 이야기나누기 '주말 지낸 이야기'~~ ~~12:05 점심식사~~12:20 ~ 점심식사 ~~13:05 ~ 동화 '구름'~~ 13:25 ~ 귀가지도 및 하원		
누리과정 운영 평가	• 나뭇가지를 탐색하고, 스카프를 활용하여 놀이하는 시간이 길어져서 바깥놀이 시간을 연장함. • 계획해둔 이야기나누기와 동화 활동은 반드시 진행하지 않아도 되는 활동이라고 판단함. • 점심식사 시간을 여유 있게 계획 해두었기 때문에 식사 시작시간을 늦추어도 무리가 없다고 판단함.		

출처: 교육부 · 보건복지부(2019). 2019 개정 누리과정 놀이실행자료. p. 96.

2. 일과운영

영유아가 하루 동안 시간을 어떻게 보낼 것인가에 대한 내용을 일과라고 한다. 일과는 정해진 시간을 보다 적절하게 활용할 수 있는 기본 틀을 제시해 준다. 하루 일과가 잘 계획되어 있을 경우 영아는 심리적인 안정감을 갖게 되며 보다 다양하고 질 높은 경험을 하게 된다.

보육기관에서 영유아는 등원 시간부터 귀가하는 시간까지 여러 보육활동들로 구성된 일과를 경험하게 된다. 일과는 크게 신체적 요구와 관련된 활동과 영유아의 관심과 흥미를 고려한 교육활동으로 나누어 볼 수 있다. 이 두 활동은 분리되어 있는 것이 아니라 서로 유기적인 관계를 유지하게 되는데, 연령이 어릴수록 전체 일과 중에 신체적 요구와 관련된 교육활동이 길고 중요하며, 연령이 높아질수록 관심과 흥미를 고려한 교육활동이 전체 일과에서 차지하는 비중이 커지게 된다. 교사는 영유아의 발달 수준과 흥미를 고려하여 영유아의 욕구를 가장 잘 충족할 수 있는 일과 계획을 세우도록 해야 한다(김진선 외, 2009).

영유아들이 다음 활동을 예측할 수 있도록 규칙적인 일과를 운영하는 것이 요구된다. 여기서 예측 가능한 일과운영은 시간을 엄격하게 지키는 것을 의미하기 보다는 일과의 일정한 순서에 대한 것으로, 일정한 순서는 영유아가 스스로 자신의 활동을 계획하고 조정할 수 있게 해준다. 하루 일과에 대한 예측성은 영유아로 하여금 정서적 안정감을 제공할 뿐만 아니라 영유아로 하여금 자신이 가치 있고 주변에 영향을 끼칠 수 있다는 느낌을 갖게 해주는데 이는 긍정적 자존감 발달의 첫 단계이다(Miller, 2003).

또한 영유아의 일과를 운영할 때에는 한 가지 활동에 치우치지 않고 영유아의 생리적 욕구와 휴식, 대·소집단 활동과 개별활동, 동적활동과 정적활동, 실내활동과 실외활동, 교사주도와 유아주도 활동이 균형을 이룰 수 있도록 일과를 계획해야 한다. 그리고 영유아의 흥미와 욕구, 관심, 날씨 등의 변수에 따라 융통성 있게 조절하여야 하며, 일과운영에 있어 내용과 유형은 다양하게 변화시켜 영유아가 활동에 흥미를 잃지 않고 기대감과 흥미를 지속적으로 유지할 수 있도록 하여야 한다.

하루 일과의 구성은 보육시설의 환경, 보육교사의 철학, 영유아의 연령과 발달 수준, 교사 대 영유아의 비율 등에 의해 차이를 보이지만 기본적인 활동, 즉 등원, 실내 활동, 정리정돈 및 전이활동, 화장실 다녀오기 및 손 씻기, 대·소집단활동, 간식 및 점심식사, 이 닦기, 낮잠 및 휴식, 실외놀이, 평가 및 귀가 등으로 구성되며 세부적인 내용을 살펴보면 다음과 같다.

1) 등원

어린이집의 하루 일과는 등원으로부터 시작한다. 차량이나 도보로 등원하게 되며, 원장이나 교사는 현관에서 반갑게 맞이한다. 이때 영유아를 부모로부터 인도받는 교사는 영유아의 기분이나 건강상태를 파악하고 환영받는 분위기를 조성하여 부모와 떨어져 하루 종일 생활하는 것에 대하여 영유아가 안정감을 느낄 수 있도록 한다. 그리고 교실에 들어서면 개인 소지품을 스스로 정리하고 다른 친구들이 등원할 때까지 자유선택놀이를 할 수 있도록 지도한다.

출처: 장미어린이집.

2) 실내 · 외 놀이 및 활동

실내 · 외 놀이는 영유아가 자신의 개별적인 발달단계에 적절한 수준의 놀이를 스스로 선택하여 새로운 학습을 경험하게 되는 의미 있는 시간이다.

영유아의 하루 일과 중 놀이는 많은 시간을 차지하며, 스스로 자신의 활동을 선택하는 과정을 통해 주도성을 형성하게 된다. 때문에, 교사는 주제와 관련된 활동을 구성해 주어 영유아들이 자신의 놀이를 선택하여 자유롭게 놀며, 보육교사와 교구, 다른 영유아와 상호작용을 할 수 있는 기회를 가질 수 있도록 도모하여야 한다. 또한 교사는 이 시간에 개별 영유아의 발달 정도와 흥미, 개인차를 관찰하고 놀이가 원활하게 일어날 수 있도록 적절히 개입하여야 한다.

특히, 바깥놀이는 영유아가 마음껏 뛰어놀 수 있는 학습의 장으로, 영유아는 장시간 같은 공간에서 생활하므로 바깥놀이를 일과 중에 적절하게 배치하여 다양한 경험을 할 수 있도록 하는 것이 바람직하다.

놀이와 달리 어린이집에서의 활동이란 교사 또는 유아가 제시한 주제와 관련된 활동에 학급의 영유아가 참여하는 것을 의미한다. 영유아는 흥미 있는 활동이 제공되었을 때 적극적인 참여자가 되고 이를 통해 학습이 일어난다. 영유아가 보이는 흥미에는 발달차이뿐만 아니라 개인차가 존재한다. 교사는 이러한 차이를 고려하여 다양한 활동을 준비함으로써 영유아가 직접 선택할 수 있는 기회를 충분히 제공해야 한다. 그러므로 교사는 세심한 관찰을 통해 영유아의 관심이나 흥미가 무엇인지 파악하고 이에 적합한 활동을 제시하도록 하여야 한다.

혼자서 하는 개별활동과 달리 대집단 활동이란 학급 전체의 유아가 교사와 함께 주제와 관련된 활동을 하는 것을 의미하며, 소집단 활동이란 한 활동에 6명~8명 정도의 영유아가 함께 주제와 관련된 활동을 하는 것을 의미한다.

집단활동은 영유아에게 강한 주의집중을 요구하게 되고, 순서 기다리기, 양보하기, 타인에 대한 배려 등의 사회적 기술을 요구하기 때문에 영유아의 발달에 적합하도록 잘 계획하고 실행해야 한다. 연령이 어릴수록 집단활동보다는 개별활동을 중심으로 일과를 구성하는 것이 바람직하며, 시간 역시 짧게 계획하여 운영하는 것이 바람직하다. 영유아의 활동에 대한 흥미가 낮을 경우에는 계획보다 단축시키고, 반

출처: 장미어린이집

면 흥미가 높은 경우 활동을 좀 더 연장하여 운영하는 것이 바람직하다.

어린이집에서 집단활동으로 이루어지는 활동으로는 이야기 나누기, 동화 · 동시, 음률활동, 신체표현, 게임, 요리 등이 있다.

3) 정리정돈 및 전이활동

정리정돈 및 전이활동은 영유아가 하던 활동을 마무리하고, 다음 활동으로 넘어가기 위한 시간이다. 영유아는 이 시간을 통하여 자신의 활동을 마무리하고 정리정돈하는 습관을 기를 수 있게 되며, 스스로 놀잇감을 정리함으로써 성취감과 자신감, 책임감을 기를 수 있을 뿐 아니라 새로운 활동에 대한 흥미를 얻을 수 있다. 때문에, 자율성과 주도성을 기르도록 스스로 정리할 수 있는 환경으로 구성하는 것이 필요하다. 예를 들면 영유아의 눈높이에 맞는 정리장과 놀잇감을 종류대로 분류해서 넣을 수 있도록 환경을 배려해 주는 것이 요구된다.

보육교사는 영유아에게 정리정돈을 하고 새로운 활동을 하게 됨을 미리 통보함으로써 영유아가 자신이 하던 활동을 마무리하고 다음 활동을 준비할 수 있도록 하는 것이 바람직하다.

출처: 장미어린이집.

4) 화장실 다녀오기 및 손 씻기

화장실 다녀오기와 손 씻기는 일과운영 중 영유아의 생리적 욕구를 자연스럽게 해결하고 규칙적인 배변습관과 신변처리능력 및 기본생활 습관을 길러주는 시간이다.

영유아는 놀이에 몰입하여 생리적 욕구에 적절히 반응하지 못하여 실수를 하는 경우가 종종 있으므로 교사는 영유아의 생리적 욕구를 일과를 계획함에 있어 이를 미리 반영하여 이를 지도하여야 한다. 화장실의 바른 사용 지도법은 노크하기, 줄서기, 옷 내리기, 배변 보기, 신변 처리하기, 옷 입기, 물 내리기, 손 씻기의 순으로 지도한다.

또한 손 씻기는 건강과 직접적인 관련이 있으므로 교사와 영유아 모두 손 씻기를 하루 일과 중 필수적인 일과로 여기고 손을 씻는 것이 바람직하다. 영유아의 경우, 화장실 사용 후뿐만 아니라 간식이나 식사 전, 실외놀이 후, 이 닦기 전 등에는 꼭 손을 씻도록 지도한다. 교사의 경우, 대・소변 지도 후, 기저귀를 갈아준 후, 간식지도 전, 점심식사 전, 실외놀이 후 등에 꼭 손을 씻어 영유아에게 바람직한 모델링을 제공할 뿐 아니라 위생관리를 도모하는 것이 요구된다.

출처: 장미어린이집.

5) 간식 및 점심 식사

영유아는 간식 및 점심식사를 통해서 음식 섭취에 대한 즐거운 경험과 식사 예절, 바른 식습관을 형성하게 된다. 보육시설에서는 보통 1일 1회의 식사와 2회의 간식을 영유아에게 제공하므로 영유아에게 알맞고 영양가 있는 식사와 간식을 안전하고 위생적인 방법으로 준비하여 제공하여야 한다.

영유아는 아직 성장 단계에 있고 성인에 비해 활동성이 매우 높기 때문에 많은 에너지가 요구되는 반면, 위의 크기가 작아 한번에 많은 양의 음식물을 섭취하는 것이 어렵다. 즉, 하루 3회의 식사만으로는 영양이 부족하므로 간식을 통해 에너지를 충족시키는 것이 요구된다. 간식은 1일 총 열량 섭취량의 10~15% 정도를 제공하는 것이 적절하다. 오전 간식은 대략 오전 10시경에 먹게 되는데 이후 점심식사에 영향을 미치지 않는 우유나 주스, 제철과일, 죽, 수프 등이 적당하다. 오후 간식은 대략 3시 30분에서 4시경에 먹게 되는데 집에 가서 저녁을 먹을 때까지의 공복시간과 활동량을 고려하여 다양한 영양소를 섭취할 수 있도록 제공하는 것이 바람직하다.

점심은 영유아의 성장을 위해 필요한 영양을 섭취할 수 있도록 다양한 식품군을 섭취할 수 있도록 식단을 구성하여 제공하는 것이 바람직하다. 그리고 영유아가 소화하기 쉽게 조리되어야 하며, 자극성이 강한 조리방법은 삼가야 한다. 뿐만 아니라 영유아가 즐겁게 식사를 할 수 있도록 식단을 구성할 때는 음식의 색감, 질감, 형태, 맛 등을 고려하여 심미감을 제공하는 것이 바람직하다. 이때 교사는 영유아와 함께 식사를 하며 바르게 식사하는 모습을 보여줌으로써 모델링을 제시하고 영유아가 올바른 식습관을 형성하도록 도움을 줄 수 있다.

간식과 점심을 먹기 전에는 손을 씻도록 지도하고 간식과 점심식사 준비를 도울 수 있도록 하며, 간식과 점심식사를 마친 후 영유아가 자신의 식기를 정리하도록 지도하는 것이 바람직하다.

출처: 장미어린이집.

6) 이 닦기

영유아는 영유아의 치아건강을 위해 식사를 한 후에는 반드시 이를 닦도록 지도한다. 영아의 경우 24개월이 지나면 스스로 이 닦기를 시도할 수 있으며, 유아의 경우 혼자서 이를 닦을 수 있다. 이때 칫솔을 입에 물고 다니면 안전과 위생상 문제가 있을 수 있으므로 이동 시 칫솔을 손에 들고 다니도록 지도한다. 치약은 칫솔의 1/3 정도가 적당하며, 양치질을 할 때는 위아래로 치아의 생긴 모습에 따라 하도록 하며, 양치질이 끝나면 자신의 칫솔과 컵을 깨끗이 씻어 제자리에 정리할 수 있도록 지도한다.

출처: 장미어린이집.

7) 낮잠 및 휴식

영유아의 건강한 생활을 위해 일과 중 규칙적인 낮잠 및 휴식시간을 제공하는 것이 필요하다. 낮잠 및 휴식시간은 영유아가 미리 예측하여 낮잠을 자거나 휴식을 취할 수 있도록 하루 일과 중 하나의 활동으로서 매일 일정한 시간에 이루어질 수 있도록 한다.

낮잠을 자는 경우 영유아가 낮잠을 편안히 잘 수 있도록 화장실을 다녀오기 및 기저귀 갈기 등의 배변지도를 하여 수면 중에 깨지 않도록 하고, 교실의 채광을 조절하여 주고 조용한 음악을 틀어주는 것이 필요하다. 영유아가 낮잠을 자지 않으려 할 경우 억지로 재우기보다는 잠시 누워서 휴식을 취할 수 있도록 한 후 다른 영유아의 수면에 방해가 되지 않는 조용한 활동을 할 수 있도록 지도하는 것이 바람직하다. 낮잠이 깨고 난 후 영유아는 매우 예민하게 반응하므로 교사는 영유아와 언어적 · 신체적 접촉을 통해 안정감을 갖게 하는 것이 필요하다.

영유아의 침구는 가급적 개인용으로 준비하여 주고, 낮잠이나 휴식이 끝나면 자신의 침구류를 스스로 정리하거나 교사의 정리를 돕도록 하는 것이 바람직하다.

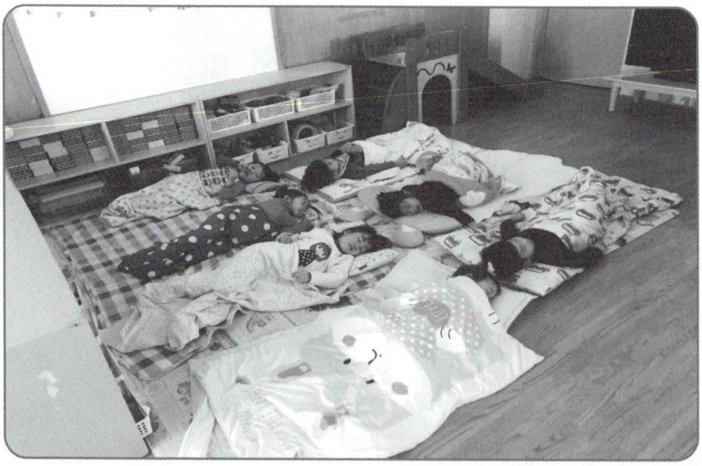

출처: 장미어린이집.

8) 평가 및 귀가지도

평가 및 귀가시간은 하루를 마무리하는 중요한 시간이다. 하루 일과를 마무리 짓는 평가 활동을 통해서 하루 생활을 되돌아보고, 즐거웠던 일, 슬펐던 일, 자신의 경험과 기분을 서로 이야기하고 교환한다. 또한 출석카드나 가정통신문, 교육 계획안 등을 배부하고 내일의 활동에 대한 예고와 함께 귀가지도가 시작된다. 이때 배부물이나 영유아의 개인 소지품을 빠뜨리지 않도록 세심한 지도가 필요하다.

영유아가 개별적인 귀가를 하는 경우 영유아들의 귀가시간이 일정하지 않기 때문에 실내에서 조용한 놀이를 하면서 자연스럽게 귀가할 수 있도록 하며, 교사는 정해진 보호자가 영유아를 데리고 가는지 반드시 확인해야 한다.

출처: 장미어린이집.

제8장

보육과정 운영을 위한 환경의 구성

보육과정 운영에 있어서 발달에 적합한 시설 및 설비 · 교구가 갖추어진 물리적 환경은 인적 요인과 더불어 영유아발달과 보육의 질을 결정짓는 중요한 요인이다. 이러한 적절한 물리적 환경구성은 보육프로그램에 많은 영향을 미치며 효과적인 보육과정 운영 및 발달을 촉진시켜 줄 수 있다. 발달에 적합한 경험 및 학습을 촉진시킬 수 있는 다양한 활동이 이루어지기 위해서는 먼저 교실환경 구성이 쾌적하고 영유아의 흥미와 발달에 맞춰 다양한 경험을 제공할 수 있도록 구성되어야 한다.

바람직한 보육환경이란 다음과 같다.

- 가정과 같이 편안하고 쾌적한 환경
- 영유아의 일상생활이나 다양한 놀이를 적극 격려하도록 계획, 구성된 환경
- 영유아뿐만 아니라 성인인 교사에게도 일하기 편안한 환경

1. 영아를 위한 실내 보육환경의 구성

영아에게 있어서 보육환경이란 단순한 환경 그 자체가 아니라 영아의 성장, 발달에 중요한 영향을 미치는 요소이다. 잘 구성된 환경은 영아의 감각기능과 운동능력에 자극을 주고, 정서적으로 안정감을 주며, 개인적 발달과 사회적 발달을 증진시키게 된다. 영아를 위한 물리적 환경은 예측할 수 있고 자유롭게 선택할 수 있으며 탐색할 수 있는 공간으로 무엇보다 가정과 같이 편안하게 구성하여야 한다. 어린이집에서는 가정에서와 같이 식사하기, 배변하기, 낮잠 자기, 휴식하기 등이 편안하도록 환경을 구성해 주어 정서적인 안정감을 가질 수 있도록 한다.

영아를 위한 보육환경의 구성원리를 살펴보면 다음과 같다.

① 건강을 고려한 보육환경

하루의 대부분을 보육시설에서 보내게 되는 영아들의 경우 신체발달이 느리고 면역력도 약하기 때문에 건강한 생활을 위한 위생설비를 철저히 한다. 예를 들면, 기저귀 갈기 영역, 수유영역, 배변영역, 식품위생, 세탁 및 세면대, 목욕실 및 화장실의 위생적인 공간과 설비들이 마련되어야 한다.

② 친숙하고 편리함을 고려한 보육환경

하루의 대부분을 보육시설에서 보내는 영아들에게 가정과 같이 친숙하고 편리한 보육환경을 구성하여 정서적 안정감을 갖게 하고 보육시설에서의 적응을 돕고 즐겁게 생활하게 한다.

③ 영아의 움직임과 이동성을 고려한 보육환경

영아는 움직임과 이동에 대한 욕구가 강하므로 그들의 욕구를 적극적으로 수용하고 대·소근육 운동을 할 수 있도록 자극하고 지원하는 보육환경 구성이 필요하다.

④ 안전을 고려한 보육환경

영아는 모든 감각을 이용하여 주변 환경을 적극적으로 탐색하고 체험해 봄으로써 성장, 발달해 간다. 따라서 안전한 보육환경에서 탐색할 수 있는 활동과 교재·교구를 제공하여야 한다.

⑤ 소속감을 고려한 보육환경

영아가 어린이집에 소속감을 가지고 생활할 수 있도록 모든 개인 물품에는 이름이나 사진을 붙여주고, 자신의 물품을 자신의 사물함에 보관하게 한다.

⑥ 연령과 발달에 적합한 보육환경

연령과 발달에 따라 영아의 흥미와 욕구가 다르게 나타나므로, 그들의 흥미와 욕구를 충족시킬 수 있도록 연령과 발달에 적합한 교재·교구의 제공 및 영역을 구성해 준다.

1) 0~1세 영아반 실내 보육환경 구성

0~1세 영아반을 위한 흥미영역별 실내 보육환경 구성은 일상생활영역(기저귀 갈기, 화장실, 수유, 낮잠휴식영역), 신체영역, 언어영역, 창의표현영역, 감각·탐색영역 등으로 배치할 수 있다.

(1) 일상생활영역

사물함은 영아의 신체 크기에 맞게 준비하여 스스로 개인 소지품을 정리하게 하고, 영아 개인의 사진이나 가족 사진을 붙여줌으로써 적응을 돕고 보육시설에 소속감을 갖게 한다. 기저귀 갈이대는 물을 쓸 수 있는 곳 가까이에 두고, 주변에 수납장을 두어 기저귀, 물휴지, 종이깔개, 비닐장갑 등을 보관하도록 한다.

낮잠영역은 가능한 한 활동실과 분리하는 것이 좋으나 활동실에서 낮잠을 잘 경우 낮잠용 간이침대나 침구를 이용하고 청결을 유지한다.

기저귀 영역과 개별 사물함 함께 사용

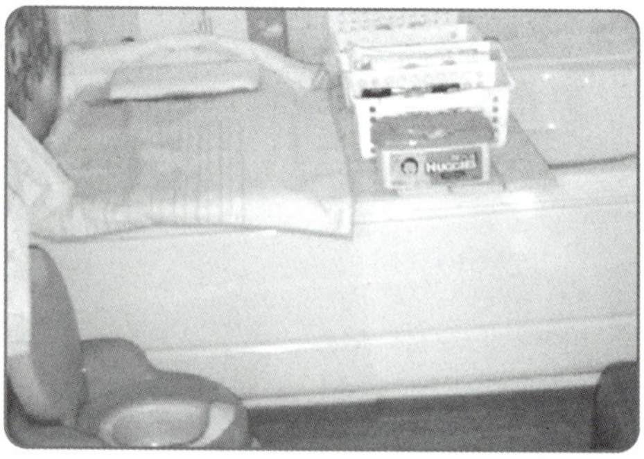

기저귀 영역과 욕조 함께 사용

출처: 중앙보육정보센터(2009). 조력프로그램.

(2) 신체영역

영아들은 움직임에 대한 욕구가 강하므로 움직임을 고려한 대근육 활동영역을 준비해 준다. 그러므로 영아들이 오르고, 내리고, 타고, 밀고, 뛰고, 기어갈 수 있도록 시설, 설비를 갖춘다. 학기 초에는 걷기나 뛰기 등에서 시작하여 점차 다양한 도구를 사용한다.

대근육 활동을 돕기 위해 실내에는 미끄럼틀, 네스팅 브릿지, 텀블링 등을 둔다. 또한 영아들이 활동할 때에 무서워할 수 있으므로 교사가 도와주거나 같이 해준다.

출처: 중앙보육정보센터(2009). 조력프로그램.

(3) 언어영역

영아기에는 스스로 책을 읽기보다 성인이 읽어주는 것에 관심을 보이고 이야기보다는 책 속의 그림이나 재질에 더 많은 관심을 보인다. 그러므로 다양한 종류의 책(예: 평면도서, 반입체·입체도서, 큰 책, 작은 책, 스펀지 책, 헝겊 책, 나무 책, 비닐 책)을 준비하여 영아가 직접 조작하면서 읽어볼 수 있도록 한다.

자료로는 새로운 말이나 단어를 배울 수 있는 카드류나 책들이 좋으며 안락한 느낌이 들도록 쿠션, 쇼파, 안락의자 등을 배치하여 구성한다.

출처: 중앙보육정보센터(2009). 조력프로그램.

(4) 창의표현영역

학기 초에는 영아의 대·소근육, 도구의 안정적 사용 능력 등을 고려하여 종이, 크레용, 색연필 등 도구를 제한적으로 제시하다가 차츰 익숙해지면 다양한 재질의 종이, 물감, 점토, 매직펜 등 자료와 도구를 늘려준다.

일상적으로 비치되는 자료로는 크레용, 색연필, 종이, 긴 종이, 화이트보드, 전지, OHP용지, 셀로판테이프, 폐품류, 풀, 가위 등이 있다.

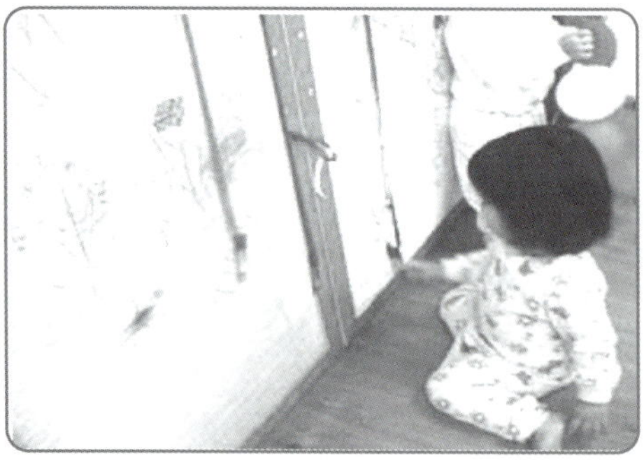

출처: 중앙보육정보센터(2009). 조력프로그램.

(5) 감각 · 탐색영역

영아들은 주변 세계를 끊임없이 탐색하고 경험하면서 지식을 구성한다. 그러므로 충분히 주변 세계를 탐색할 수 있는 자연물이나 놀잇감을 제공해 줄 필요가 있다. 쌓기 놀이는 다양한 종류의 블록류를 이용하여 쌓고, 만들고, 끼우기 등을 주로 하게 되는 영역이다. 쌓기놀이 시 쌓아올린 구성물이 넘어지거나 소음이 발생할 수 있으므로 바닥에는 깔개를 깔아준다. 영아에게 제공하기 좋은 적목류는 플라스틱 적목, 나무 적목, 종이벽돌 블록, 우레탄 블록, 끼우기 블록 등이 적합하고 안전을 고려하여 입에 넣을 정도의 작은 것들은 피하도록 한다.

출처: 중앙보육정보센터(2009). 조력프로그램.

1. 영아반의 영역 구성은 영아의 연령, 발달특성, 보육실의 크기 등을 고려하여 아래와 같이 배치할 수 있다.

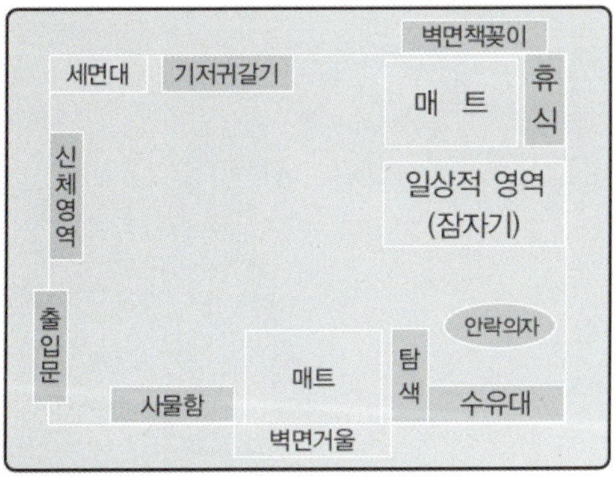

0~1세 영아반의 영역구성 배치의 예

- 0세, 1세 영아반은 일상생활공간(기저귀 갈기, 수유, 잠자기 등)과 놀이공간을 적절히 마련하기
- 흥미영역은 대 · 소근육 활동과 탐색영역(감각놀이) 중심으로 구성하기
- 세면대 또는 화장실 근처에 기저귀 갈기 공간을 구성하고, 기저귀 갈이대와 영아 개인별 기저귀, 물휴지, 로션, 일회용 비닐장갑 등을 바구니별로 담아 보관하기

출처: 중앙보육정보센터(2009). 조력프로그램..

[그림 8-1] 0~1세 영아를 위한 실내 보육환경 구성의 예

2) 2세 영아반 실내 보육환경 구성

2세 영아반을 위한 흥미영역별 실내 보육환경 구성은 낮잠 및 휴식영역, 언어영역, 감각 · 탐색영역, 역할 · 쌓기영역, 미술영역, 대근육영역, 음률영역 등으로 배치할 수 있다.

(1) 낮잠 및 휴식영역

낮잠 및 휴식 공간은 조용하고 안정된 곳으로 배치하고, 가정과 같은 안락함을 느낄 수 있도록 천을 이용하거나 모형집, 작은 공간, 구석진 공간을 휴식공간으로 꾸며준다.

낮잠을 위해서는 개인용 침구를 준비해 주고, 정기적으로 세탁, 소독하여 위생과 청결을 유지한다. 또한 낮잠 시 영아가 안정감을 느끼며 잠들 수 있도록 하고 잠에서 깨어나면 정서적 안정감을 갖도록 언어적 · 신체적 스킨십을 통한 애정 어린 관심을 보인다.

(2) 언어영역

조용하고 밝은 곳으로 배치하고 영아의 발달에 적합하고 주제에 관련된 책을 게시한다. 책을 제시할 때는 표지의 제목과 그림이 단서가 되어 영아로 하여금 흥미를 갖게 한다. 꾸밀 때는 낮은 책장과 소파, 쿠션, 안락의자 등을 배치하여 안락한 느낌이 들도록 구성한다.

(3) 감각 · 탐색영역

감각 · 탐색영역은 듣고, 만지고, 느끼고, 냄새 맡는 등의 감각 활동과 소근육 활동을 통해 눈과 손의 협응을 기르는 영역이다. 주로 자연물이나 모형들, 수 · 과학 개념을 길러주기 위한 자료들을 영아의 눈높이에 맞게 준비해 준다.

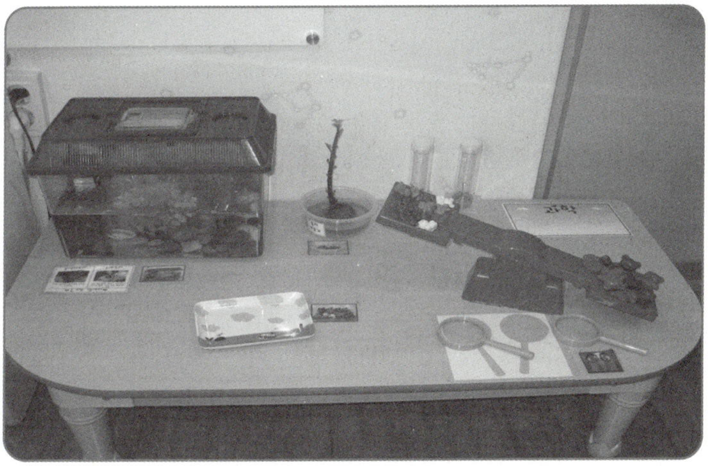

(4) 역할 · 쌓기영역

역할 · 쌓기영역은 역할놀이와 쌓기영역이 통합된 공간이다. 역할놀이는 영아들이 쉽게 접하는 엄마놀이나 아기놀이 등의 가정생활을 흉내 내기 시작하다가 차츰 다양한 상상의 세계를 놀이로 나타내며, 제공되는 소품에 따라 다양해질 수 있다. 소품으로는 프라스틱 놀잇감보다 실물과 유사한 가정용품(예: 냄비, 주걱, 그릇류, 주전자, 찻잔, 헤어드라이어, 전화기 등)을 제공해 주어 상상력과 창의력 발달을 돕는다.

쌓기놀이는 다양한 종류의 블록류를 이용하여 쌓고, 만들고, 끼우기 등을 주로 하게 되는 영역이다. 영아에게 제공하기 좋은 소품으로는 자동차류, 사람 블록, 동물 블록, 레인보우 적목 등이 있다.

(5) 미술영역

영아들의 미술활동은 오감각을 이용한 탐색에서 자연스러운 표현이 이루어져 결과물이 남게 된다. 그리기, 찍기, 꾸미기, 염색하기, 판화활동 등은 바닥에 놓고 할 때와 벽에 붙여 놓고 할 때 느낌이 다르므로 다양한 경험을 해보게 한다. 또한 점토활동, 만들기, 풍선활동도 다양한 자료와 방법으로 해보게 한다. 조형활동을 지도할 때의 유의점으로는 자료를 충분히 탐색하게 하고, 필요한 기술은 가르쳐 준다(예: 가위 잡는 법, 밀대로 밀기, 누르기 등). 준비할 자료는 기본 자료 외에 그리기, 찍기, 꾸미기, 염색하기, 판화활동, 점토활동, 만들기, 풍선활동 등을 할 수 있는 자료를 준비해 주면 된다.

(6) 대근육영역

영아들이 오르고, 내리고, 타고, 밀고, 뛰고, 기어갈 수 있도록 시설, 설비를 갖춘다. 대근육영역은 주로 활동적이고 대그룹활동이 가능한 곳으로 배치한다. 활동을 돕기 위해 넘어지거나 굴러도 다치지 않을 정도의 놀잇감과 낮은 미끄럼틀, 계단오르기, 구르기, 매트 등을 준비해 준다.

(7) 음률영역

영아기는 음악에 맞춰 스스로 몸을 흔들거나 민감하게 반응하는 시기이므로, 다양한 종류의 음악과 소리, 악기를 접할 수 있게 해준다. 영아의 신체 크기에 맞게 악기장을 마련하여 영아 스스로 제시된 악기를 탐색(소리와 사용방법 등)하는 기회를 충분히 가짐으로써 탐색하고 놀이를 정리할 수 있도록 한다. 악기를 정리할 때는 혼자서 할 수 있도록 악기 그림을 붙여주거나 바구니를 준비해 준다.

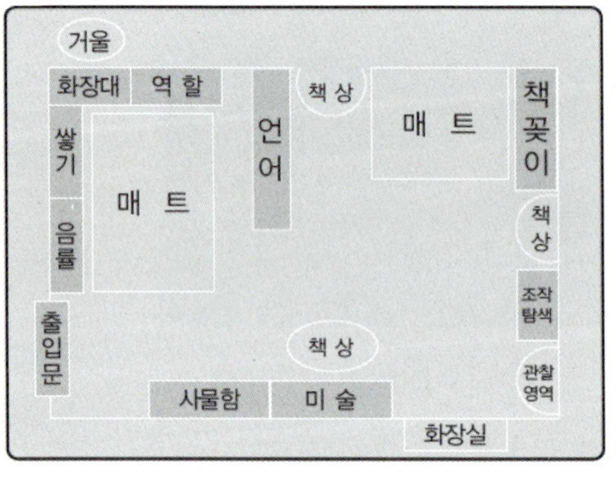

2세 영아반 영역구성 배치의 예

- 2세 영아반의 경우, 몇 개의 영역을 통합하여 구성하기
  - 조작탐색영역(수영역, 조작영역, 과학영역) /표현영역(미술, 음률)
  - 역할 및 쌓기 영역(역할영역, 쌓기영역)
- 기저귀 사용하는 영아가 있는 경우에는 기저귀 갈기 영역을 구성해주기

출처: 중앙보육정보센터(2009). 조력프로그램.

[그림 8-2] 2세 영아를 위한 실내 보육환경 구성의 예

2. 영아를 위한 실외 보육환경의 구성

영아의 연령과 발달단계에 상관없이 영아는 유모차를 타거나 어른들의 도움을 받더라도 매일 주변을 산책하고 실외놀이를 하는 것은 필요하다. 영아를 위한 실외환경에는 휴식을 위한 공간과 놀이를 위한 공간, 복합놀이기구와 자연물(모래놀이장, 물놀이장, 자연환경)이 포함되어야 한다.

① 휴식을 위한 공간

운동장 코너나 나무 그늘진 곳에 쉴 수 있는 의자나 파고라 같은 것을 설치하여 실외놀이를 하다가 쉬고 싶을 때 앉아서 쉴 수 있고, 책 같은 것을 같이 준비해 주어 책보기도 할 수 있게 해 준다.

② 놀이를 위한 공간

놀이를 위한 공간은 뛰고 달리고, 대근육 발달을 돕도록 세발자전거나 여러 가지 끌차, 탈것들, 여러 종류의 공을 준비해 준다. 놀이 후에는 창고 같은 곳에 놀이 도구들을 정리할 수 있도록 이름표를 붙여주거나 커다란 바구니를 준비해 준다.

③ 복합놀이기구

영아용 종합놀이터나 기구는 안전을 고려하여 영아의 신체높이에 맞추어 영아전용 놀이기구를 설치해주고 영역 구분을 해주어 영아가 안정감을 갖고 놀이할 수 있게 해준다. 특히 그네 주위에는 그네 반경을 고려하여 안전막을 설치해주고 미끄럼틀에서는 계단으로 올라가고 미끄럼틀로 내려오게 하여 안전에 유의한다.

④ 자연물(동식물 관찰장, 모래놀이장, 물놀이장)

아이들은 살아 움직이는 것에 관심이 많으므로 실외에 동물사육장이나 식물재배지가 있어 동식물을 관찰하고 기를 수 있는 공간이 있으면 좋다. 동물사육장은 초기 적응을 돕는 데 효과적이다.

모래놀이는 물놀이장 가까운 곳에 설치하여 함께 놀이하면서 상상력과 창의력을 기를 수 있다. 놀이를 즐겁게 하기 위하여 소꿉놀이 세트나 모래놀이 · 물놀이 도구를 제공한다. 놀이가 끝나면 스스로 정리할 수 있도록 공간을 준비해준다.

3. 3~5세 유아를 위한 보육환경의 구성

1) 실내 보육환경의 구성원리

유아를 위한 실내 보육환경의 구성은 유아의 연령, 발달특성, 반의 인원수에 맞추어 공간을 구성한다. 공간 구성 시 일반적으로 흥미영역별로 나누게 되는데 주로 이동성 있는 교구장이나 칸막이, 사물함 등을 이용하여 영역 구성을 하게 된다.

프로스트(Frost)는 흥미영역 공간을 건조하고 조용한 곳, 건조하고 활동적인 곳, 조용하고 물이 있는 곳, 활동적이고 물이 있는 곳으로 구분하였다. 보육실의 환경구성 시 프로스트(Frost)의 환경구성 원리에 기초하여 흥미영역을 배치하면 활동과 활동 간에 독립성을 유지해 줄 수 있게 된다. 즉, 시끄러운 놀이와 조용한 놀이, 움직임이 많은 놀이와 적은 놀이, 물이 사용되는 놀이와 그렇지 않은 놀이들을 분리하여 공간을 배치해야 영유아의 놀이가 서로 방해받지 않고 지속될 수 있다.

	건조한 곳		
조용한 곳	건조하고 조용한 곳 (언어영역, 수영역, 조작영역, 컴퓨터영역)	건조하고 활동적인 곳 (역할놀이영역, 쌓기영역, 음률영역, 대근육활동영역, 목공놀이영역)	동적인 곳
	물이 있고 조용한 곳 (과학영역, 요리영역, 간식영역, 조형영역)	물이 있고 활동적인 곳 (미술영역, 물놀이영역, 모래놀이영역, 손 씻는 곳, 물을 사용하는 과학실험)	
	물이 있는 곳		

[그림 8-3] Frost의 환경구성 원리

2) 실내 보육환경의 구성

3~5세 유아를 위한 실내 보육환경 구성은 유아의 연령, 발달단계, 인원수, 유아의 흥미에 따라 영역이 달라질 수 있다. 여기서는 일반적으로 구성할 수 있는 쌓기놀이영역, 역할놀이영역, 언어영역, 미술영역, 수영역, 과학영역, 조작영역, 음률영역, 컴퓨터영역에 대하여 설명하고자 한다.

(1) 쌓기놀이영역

쌓기놀이영역은 다양한 블록이나 적목 등을 이용하여 여러 형태의 구조물을 만들며 놀이할 수 있도록 구성한다. 교구장은 튼튼하고 견고하며 스스로 꺼내고 정리할 수 있도록 라벨을 붙여 둔다. 바닥에는 쌓아올린 구성물이 넘어지거나 블록, 적목 등으로 소음이 발생하므로 털이 짧고 조밀한 카펫을 깔아 활동 시 발생하는 소음을 방지하도록 한다.

여러 가지 크기와 종류의 블록류, 사람인형, 동물인형, 자동차류 등 활동주제에 따라 관련되는 다양한 소품을 제공함으로써 관심을 고취시킨다.

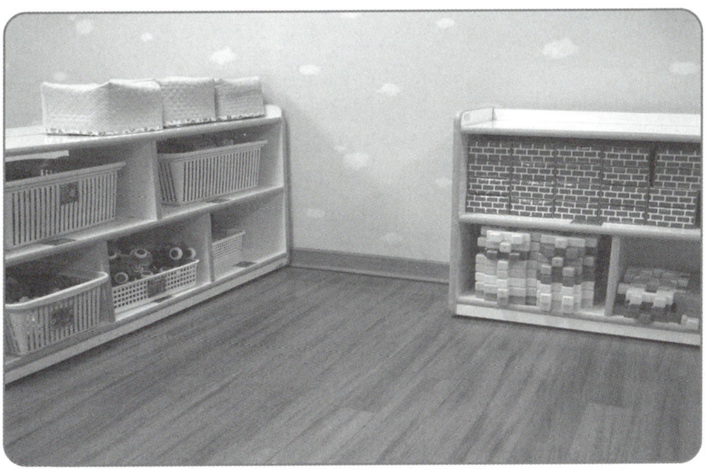

(2) 역할놀이영역

쌓기놀이나 블록영역과 인접하여 배치하고 낮은 선반이나 싱크대, 칸막이 등을 이용하여 영역을 구분짓는다. 역할놀이는 처음에 '엄마 놀이'나 '선생님 놀이' 등 모방놀이에서 시작하여 점차 상상놀이나 극화놀이로 확대해 간다.

주제에 따라 다양한 역할을 해 볼 수 있도록 소품을 교체해 주는 것이 필요하다. 이때 영유아들은 플라스틱 놀이감이나 모형보다는 실물에 가까운 놀이감에 매력을 느끼므로 부엌용품, 빈 화장품 병, 헤어드라이어, 전화기, 다양한 의상, 액서서리, 신발, 가방 등의 실물에 가까운 놀이감을 제공하는 것이 바람직하다. 또한 유아가 놀이에 필요한 소품을 직접 만들어 사용할 수 있도록 지원한다.

(3) 언어영역

밝고 조용한 곳으로 배치하고 안락한 분위기에서 책읽기나 쓰기를 할 수 있도록 의자나 방석을 준비한다. 기본적으로 듣기, 쓰기, 말하기, 읽기를 할 수 있도록 필요한 자료를 준비한다.

읽기를 위한 자료로는 주제와 관련된 동화책이나 동시, 쓰기를 위한 자료로는 다양한 필기구와 종이류, 모양종이 등을 마련한다. 듣기를 위한 자료로는 동화를 들을 수 있는 레코더와 테이프가 있고, 녹음기를 사용하기에 편리한 전기콘센트와 가까운 곳에 배치한다. 책을 비치할 때는 책의 앞면이 잘 보이게 하여 유아가 쉽게 흥미를 갖고 고르도록 한다.

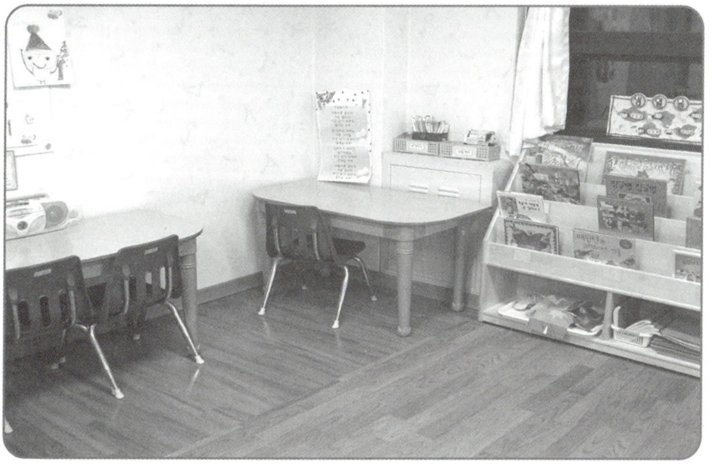

(4) 미술영역

미술영역은 물이 있고 밝은 곳 가까이에 배치하고, 물이나 물감을 사용하다가 쏟았을 때 유아 스스로 처리할 수 있도록 바닥에 비닐장판을 깔아두면 좋다.

정리장에는 그리고 만들고 꾸미기를 할 수 있는 여러 종류와 크기, 모양의 종이류, 재료의 특성에 따른 다양한 접착제, 여러 종류의 점토와 도구, 각종 재활용품들을 종류별로 분류하여 정리해 둔다. 작업용 앞치마나 화판, 작품건조대와 전시대, 닦을 수 있는 도구 등도 준비해 준다.

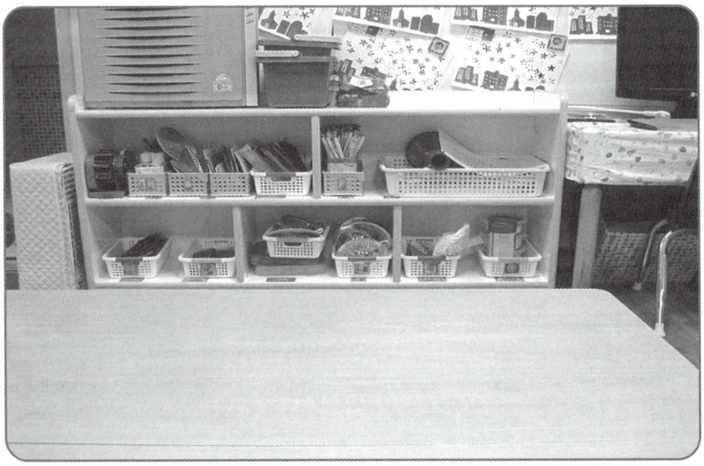

(5) 수영역

수영역은 조용하고 건조한 장소에 배치한다. 수 개념을 발달시켜 주기 위한 다양한 자료(수 이름, 수세기, 수와 양 짝짓기, 기수와 서수, 짝수와 홀수)들과 수 이전 활동을 돕는 구슬, 솔방울, 동전, 막대 등을 준비한다. 그 밖에도 측정활동과 관련된 자료(저울, 온도계, 체중계, 신장계), 분류하기와 서열화하기에 관련된 자료나 다양한 모양의 기하학적 도형들, 카드게임, 패턴활동 자료들을 준비한다.

(6) 과학영역

과학영역은 실내에서도 식물 기르기와 곤충, 동물 기르기가 가능한 밝고 햇볕이 드는 창문 쪽이 좋다. 유아는 물체를 직접 만져보고 관찰·탐색함으로써 물리적 지식을 알게 되고, 관찰하고 탐구하는 동안 비교, 측정, 분류함으로써 탐구하는 방법과 과학적 태도를 기른다. 또한 자연물과 친숙해짐으로써 자연의 변화와 생태를 알게 되고, 자연에 대한 궁금증을 해결해 간다.

탐구하는 방법과 과학적 태도를 길러주기 위한 자료로는 여러 가지 자연물을 바구니에 담아 제공하고, 중고 전자제품들, 기계와 도구, 볼트와 너트 등 과학적 지식을 탐색할 자료들이 필요하다.

(7) 조작영역

조작영역은 주로 끼우기와 구성하기를 통해 눈과 손의 협응력을 길러주는 활동을 하며 수·과학영역과 인접하여 배치한다.

자료로는 퍼즐 맞추기, 구슬 끼우기, 순서 짓기, 1:1 대응, 부분과 전체 알기, 공간관계, 분류하기, 서열화하기, 비교하기 등을 위한 자료를 준비하고, 정리할 때는 쟁반이나 바구니에 담아서 자료가 흩어지지 않도록 한다.

(8) 음률영역

음률영역에서는 여러 가지 악기 소리나 음악으로 인하여 다른 영역이 방해받지 않게 배치한다. 유아들이 여러 가지 악기를 다루고 소리를 탐색하며, 노래 부르고 감상하는 경험을 할 수 있도록 구성한다. 즉 유아들이 가창, 악기 연주, 음악 감상, 신체표현을 할 수 있도록 환경을 구성한다.

기본 자료로는 리듬악기류, 피아노 또는 키보드, 실로폰, 동작을 위한 소품, 노랫말 판이나 악보, 여러 종류의 악기 그림이나 사진 등을 준비해 주고 유아 스스로 꺼내고 정리할 수 있도록 악기 정리장에는 악기 모양을 표시해 준다.

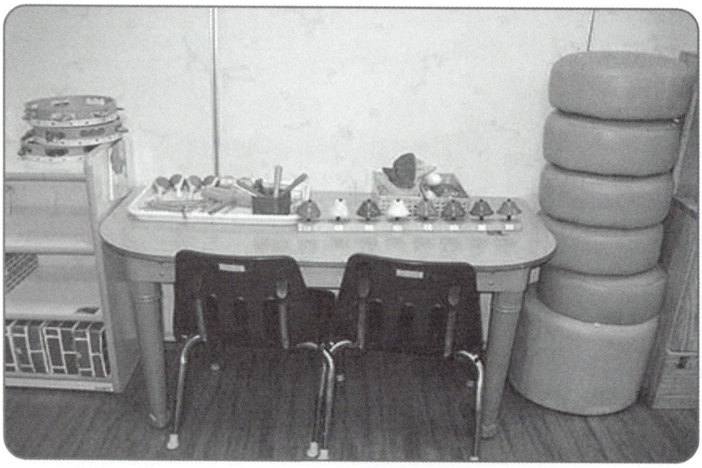

(9) 컴퓨터영역

컴퓨터영역은 언어영역과 같이 조용한 곳으로 두고, 전기콘센트가 가까이 있으며 직사광선을 피하는 곳이 좋다. 프린터는 글자, 그림, 숫자, 사진 등을 인쇄할 수 있는 컬러프린터를 설치하고, 인쇄된 결과물을 가지고 활동할 수 있도록 한다.

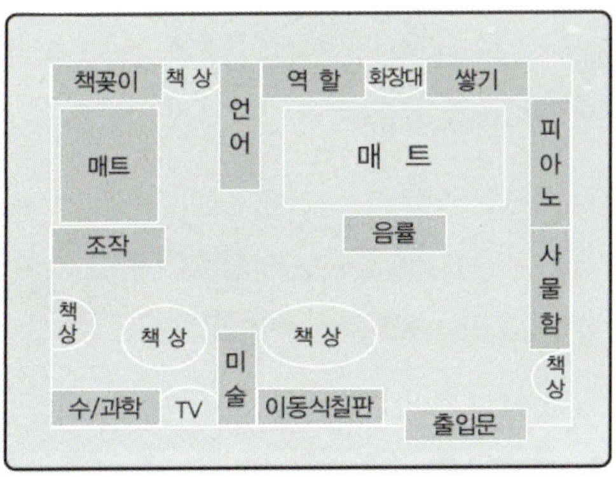

3세 이상 유아반 영역구성 배치의 예

- 보육실이 충분히 넓은 경우
  - 출입문 가까이에 사물함, 역할, 쌓기, 음률영역 구성하기
  - 사물함이나 세면대 가까이에 미술영역 구성하기
  - 가장 조용하고 밝은 곳에 언어영역 구성하기
  - 언어영역 가까이에 수 조작 · 과학영역 구성하기
- 보육실이 좁은 경우
  - 영역을 통합하여 배치하기
  - 조용한 영역 : 언어영역, 수 · 조작 · 과학영역 등
  - 시끄러운 영역 : 미술영역, 역할영역, 쌓기영역, 음률영역 등

출처: 중앙보육정보센터(2009). 조력프로그램.

[그림 8-4] 만 3~5세 유아를 위한 실내 보육환경 구성의 예

3) 실외 보육환경의 구성

유아를 위한 실외 보육환경으로는 신체운동영역, 물놀이영역, 모래놀이영역, 동물사육장, 식물재배지, 휴식 및 조용한 활동영역, 그리고 창고 등이 있다.

(1) 신체운동영역

달리기나 던지기, 복합놀이영역, 미끄럼타기영역, 그네영역, 자전거영역 등 대근육을 사용하는 놀이가 이루어지는 영역이다. 놀이기구를 수시로 점검하여 안전에 유의하고 그네 주변에는 안전봉을 설치한다. 자전거는 세발자전거와 두발자전거를 같이 준비 해주면 좋다.

여러 종류의 공과 라켓, 신체활동을 위한 정글짐, 평행봉들도 준비해 준다.

※ 미끄럼틀 밑에는 충격 흡수 매트나 모래를 충분히 채워 주는 것이 안전함

(2) 물놀이영역

물놀이영역은 수도 시설과 가깝고 배수가 잘되는 곳으로 한다. 물놀이를 위한 다양한 크기의 용기나 빨대, 양동이, 호스, 물뿌리개 등의 물놀이 도구는 사용하고 난 후 물기를 제거하고 제자리에 정리할 수 있도록 한다.

(3) 모래놀이영역

모래놀이영역은 물놀이장과 인접해 있어 두 영역을 아울러 놀이하면 좋다. 더운 날이나 비가 오는 날에도 활동할 수 있도록 차양막이나 지붕이 얹혀져 있으면 좋다.

모래놀이 시 상상력과 창의성을 고취시키기 위한 다양한 놀이 도구를 제공하고, 놀이가 끝나면 가지고 놀던 도구는 물에 흔들어 씻어 모래를 털어 정리한다. 물놀이나 모래놀이 도구를 정리해 둘 수 있는 창고나 실외정리장이 있으면 좋다.

(4) 동물사육장

동물사육장(토끼, 닭, 오리, 사슴 등)은 아침 등원 시나 일과 중 적응에 어려움을 보일 때 동물과 먹이주기, 친구하기를 통해 초기 적응을 도울 수 있는 환경이다.

유아들은 동물을 길러보는 경험을 통해 동물의 특성과 생태를 알 수 있고, 감정이입을 통해 정서를 순화시킨다. 동물사육장 주변에는 안전을 고려하여 망을 설치하고 동물에게 물리지 않도록 유의한다.

(5) 식물재배지

식물재배지는 햇볕이 잘 들고 물 빠짐이 잘 되는 곳으로 한다. 각 반별로 구역을 나누어 다양한 종류의 채소와 씨앗을 심고, 물을 주고 가꾸며 수확함으로써 식물의 성장과정을 알고 이해하는 경험을 가질 수 있도록 한다.

(6) 휴식 및 조용한 활동영역

실외에서 조용하게 이야기를 나누거나 휴식을 취할 수 있는 영역으로 테라스나 정자 등을 조용하고 안락한 독립된 영역으로 구성한다.

(7) 창고나 실외 정리장

실외놀이기구 및 놀잇감을 정리하고 보관할 수 있도록 실외에 있으면 좋다. 놀이기구와 놀잇감을 정리 · 보관할 때에는 유아의 신체 크기에 맞게 선반 등을 준비해 주고, 글씨나 그림으로 표를 붙여주어 스스로 꺼내고 정리하는 데 도움을 준다. 놀이도구들을 담아 정리할 수 있도록 커다란 바구니를 준비해 준다.

4. 놀이 공간 구성

교사는 영유아가 공간에 부여하는 의미를 이해하기 위해 놀이의 전개를 지켜보면서 영유아의 놀이를 방해하는 요소가 무엇인지를 관찰하고, 영유아의 의견을 반영하여 놀이 공간을 구성하고 운영해 나가는 자율성을 가진다. 어린이집에서 환경으로서의 공간은 실내 · 외 공간 뿐만 아니라 영유아가 이용하는 기관 밖의 지역사회 공간까지 포함한다. 영유아들이 살아가는 어린이집은 물리적인 건축물 이상의 의미를 가지며, 내부에서 살아가는 구성원과의 상호작용을 통해 의미를 부여받는 장소이다. 영유아는 놀이를 통해 하나의 공간을 자신들의 놀이에 적합한 공간으로 새로운 목적을 부여하여 사용하기도 하고 놀이할 공간을 스스로 찾아내거나 만들기도 하고, 공간과 공간을 연결하여 새로운 놀이로 확장하기도 한다.

교사는 보육실의 실내 놀이 공간을 어떻게 구성할지, 실외 놀이 공간을 어떻게 활용할지에 대해 고민하여야 한다. 교실에 기존의 영역이 구성되어 있다고 하더라도 학급의 원아 수, 성별의 비율, 영유아들의 전반적인 놀이 성향을 고려하여 적합성을 판단해 보아야 한다. 학기 초에는 놀이자료를 구분하기 위한 기본적인 영역을 구분하고 각 영역이 지나치게 협소해지지 않도록 가구를 배치해 보는 것이 좋다. 또한, 한 번 정한 영역을 한 학기 내내 고정하지 않고 놀이에 따라 즉각적으로 재배치해 주려는 융통성을 발휘하고 실내 · 외 전체 공간을 놀이를 위해 다양하게 활용하려는 노력이 필요하다.

1) 융통성 있는 놀이 공간의 배치

교사는 기관의 교육철학이나 교실의 물리적 구조, 영유아의 연령, 흥미 등에 따라 자율성을 가지고 교실 공간을 구성할 수 있다. 교실 내에 반드시 배치되어야 하는 흥미영역이 정해져 있는 것이 아니므로 영유아의 놀이를 지원할 수 있도록 공간을 융통성 있게 구성한다.

영유아의 놀이에 따라 넓은 공간이 필요하기도 하고 분리된 작은 공간이 필요하기도 하므로 영역의 크기는 무조건 넓게 하는 것이 아니라 영유아의 흥미와 놀이 흐름에 따라 조정하도록 한다. 즉, 확장하거나 축소하기도 하고, 구석진 곳이나 조용한 곳에 옮겨주기도 하고, 놀이가 서로 연결될 수 있도록 가까이에 배치해 주기도 하는 등 융통적으로 구성한다.

2) 놀이 공간의 확보

지나치게 많은 놀잇감, 교구장, 책상과 의자로 가득 찬 교실은 정작 영유아가 놀이할 수 있는 공간이 충분하지 않은 경우가 많다. 모든 흥미영역을 배치하고 놀이 인원수를 제한하거나 공간이 좁아 놀이 결과물을 즉시 치워야 한다면 놀이의 흐름이 중단될 수 있다. 영유아의 놀이를 관찰한 결과 좁은 공간이 놀이를 방해하는 요소라고 판단되었거나, 영유아가 놀이 공간을 넓히고 싶다고 스스로 요구하였을 때, 교사는 놀이를 방해하는 가구와 설비를 치우거나, 영유아에게 관심이 적은 놀잇감을 제거함으로써 충분한 놀이 공간을 만들어 줄 수 있다. 이때 교실에서 꺼낸 자료를 보관할 수 있는 기관 내 여유 공간을 확보하고 동료 교사들과 의논하여 안전이 보장되는 범위에서 놀이 공간을 확장한다.

3) 유아주도 공간 배치

놀이 공간은 모든 구성원의 삶이 반영되는 곳이다. 대부분의 영유아들은 교실의 소유권이 교사에게 있다고 생각한다. 그러나 교사가 영유아의 놀이를 따라가면서 자연스럽게 영유아 스스로 놀이 공간을 배치하거나 변경하도록 지원하다 보면 영유아도 교실이 자신의 공간이라고 생각하게 된다. 다만 어떤 영유아는 조용한 혼자만의 놀이 공간이 필요하거나 공간구성이 지나치게 자주 바뀌는 것을 싫어할 수도 있으므로 다수와 개인의 놀이가 고루 존중되는 교실 문화를 만드는 것이 좋다.

4) 다양한 놀이 공간 확보

영유아는 스스로 찾아낸 공간, 놀이를 하다가 우연히 발견한 공간을 더 좋아하고 애착을 갖는다. 교사는 교실이나 실외 놀이터 외에 복도, 현관 입구, 교실과 교실 사이의 공유 공간, 계단 밑 등도 안전하다면 영유아의 놀이 공간으로 허용할 수 있다. 단, 교사는 각 공간의 위험 요소를 사전에 점검하고, 위험 요소를 치우거나 안전하게 처리한 후 영유아와 함께 안전에 유의할 수 있는 방법 및 공간을 활용할 수 있는 방법에 대해 함께 의논한다. 비상구나 비상계단 등 비상 시 대피경로에 놀잇감이나 자료장을 배치하지 않도록 주의한다.

제9장

보육과정 프로그램

1. 발도르프 프로그램

1919년 독일의 사상가인 루돌프 슈타이너에 의해 처음으로 시작된 발도르프 학교는 슈타이너의 인지학에 근거를 두고 일상적인 생활에서 교사와 어린이들과의 진정한 만남을 바탕으로 하고 있다. 1996년도에 스위스에서 열렸던 세계 교육부 장관들의 회의에서 바람직한 교육의 모델로 선정되었고 유네스코의 지원, 연구대상에 속하게 되었다는 것은 나름대로 그 성과를 인정받았다고 볼 수 있다.

현재 전 세계에 설립되어 있는 발도르프 학교와 유아교육기관들은 인간의 본질적인 성장 및 발달을 교육의 근본으로 삼고 아동기를 보호하는 데 책임감을 지닌 사람들이 그 뜻을 함께 하고 있다.

1) 아동관과 교육목표

슈타이너는 인간의 건강한 성장 · 발달을 7년 주기로 설명하고 있는데, 그 첫 7년 주기에 속한 영유아기에는 세계의 어느 곳에서나 보편적으로 걷고, 말하기를 시작하며, 사고하기, 상상력과 의지력의 발달이 이루어지고 있다. 교사의 과제는 이러한 발달특징을 가진 영유아의 발달단계를 이해하고 영유아가 능동적이고 자발적으로 성장발달해 나갈 수 있도록 지원하는 것이다.

각 단계를 정리하면 다음과 같다(홍지연, 2002).

① 유아기(출생~7세)

행동을 통해 발달하며 신체적인 유기체가 형성되는 단계로 이 시기에 속한 영유아는 주로 활동적인 놀이와 모방을 통해 세상을 배운다.

② 아동기(7~14세)

이 시기에 속한 아동의 학습과 활동을 이루게 하는 원동력은 감성으로 이 시기 아동의 상상력은 발달이나 학습과 밀접한 관계가 있다. 아동의 감성교육을 위하여 예술과 권위자에 의한 교육이 중시된다.

③ 청년기(14~21세)

청년기에 이르면 자신의 자아에 관심을 가지고 자아정체감을 이루게 된다. 이 시기에는 사고의 능력이 발달하여 상상력과 권위에 기초하여 이루어진 이전의 지식을 자신의 논리로 확신을 가지고 말할 수 있게 된다. 교육은 자아를 초월하여 객관적 영역의 지식과 경험으로 이끌어가는 개인적인 발견의 과정이 된다.

2) 발도르프 프로그램의 기본원리

발도르프 교육을 통해 영유아는 조화로운 인간성을 자신의 내면에서 스스로 인식할 수 있게 되어야 한다. 이러한 기본적인 교육의 원리에 따라 보육현장에서는 영유아의 창의적 사고를 위한 리듬, 모방, 본보기 등을 영유아교육원리로 활용하여 영유아의 내면의 세계를 표현하도록 한다. 발도르프의 교육원리를 살펴보면 다음과 같다(김정임, 2003).

(1) 리듬의 원리

인간의 전체적인 삶은 신체적·정신적 리듬을 타고 이루어지므로 인간은 이러한 규칙적인 리듬을 통해 삶의 원리를 배운다. 리듬은 외적으로 보이는 행동뿐만 아니라 인간의 내면에도 전체적으로 영향을 미침으로써 인간의 삶 전체를 형성하는 데 큰 역할을 한다. 즉 일상생활뿐만 아니라 자고 깨어남, 식사와 소화 등 대조적인 것이 이상적인 방법으로 리듬을 타고 이루어지는 것이 바람직하다. 영유아의 경우 아직 다양한 인간의 리듬을 스스로 만들 수 없으므로 반복적인 일상을 제공해 주어야 한다.

(2) 모방과 본보기의 원리

발도르프 교육학에서 생각하는 약 7세까지의 학습의 기본 형태는 본보기와 모방이다. 모방은 성인의 시범적인 행동을 따라 하는 것을 의미하는 것이 아니라 성인과 아이의 내적인 유대를 말한다. 영유아의 모방능력은 영유아의 내면에 있는 자유의 표현이며 이는 영유아가 자기 주변의 인물들 속에서 비교될 수 있는 것을 인지한 경우에만 계발될 수 있는 능력이다. 영유아는 놀이를 통해서 자유를 실천하고자 한다. 영유아가 자유로운 놀이를 통하여 보여줄 때 그것은 성인에게 영향을 미친다. 이러한 의미에서 성인과 영유아는 서로 영향을 주는 상호교류적인 만남이다. 슈타이너는 "교육이란 언제나 교육자 자신이 어린이에게서 배울 때에야 참된 교육이 이루어진다"고 말했다.

(3) 질서의 원리

발도르프 교육에서는 질서를 중요시 여긴다. 영유아는 질서를 통해 주위 환경에 있는 사물을 익히고 인간관계를 알아가면서 세상에 대한 안정감과 신뢰를 쌓는다. 이러한 외부 환경의 질서는 영유아가 새로운 세계를 만들어 갈 수 있는 기본을 형성하게 한다. 발도르프 교육에서는 '하루일과표' 또는 '프로그램'이라는 개념을 사용하지 않는다. 발도르프 교육은 영유아들이 그 나이에 맞게 건강한 생활을 유지함으로써 창의적인 발달과정을 겪을 수 있는 생활의 한 틀을 마련해 주는 것이다. 이러한 생활의 틀은 '질서'를 말하는 것이며, 질서 속에서 영유아들은 주위 사람들과 환경에 대하여 신뢰감을 가질 수 있는 것이다. 이러한 신뢰감을 바탕으로 안정감이 생겨나며 여기서 창의적인 재능이 스스로 형성될 수 있다.

3) 발도르프 프로그램의 교육내용

발도르프 교육활동은 자유놀이와 서클활동의 형태로 이루어지며, 자유놀이시간에는 다양한 예술적 활동을 할 수 있는 기회가 주어진다. 특별히 기념일이나 축제 때는 이에 따른 활동이 주어지며 서클활동시간에는 노래, 손가락놀이, 이미지 게임 등이 이루어진다. 발도르프 교육의 특색 있는 교육내용은 다음과 같다(곽노의, 1999).

(1) 자유놀이

발도르프 유치원 역시 자유놀이시간으로 시작된다. 오전의 자유놀이시간은 한 시간 반에서 두 시간 정도 이루어지는데 영유아들이 아침에 맨 먼저 모여서 그들의 놀이에 어떤 것들이 필요하게 될 것인지 생각하고 교실의 구석구석을 다니며 필요한 물건을 찾아 가지고 온다. 모든 놀이는 꼼꼼히 생각하고 나서 난 후 비로소 시작된다.

(2) 아침모임

자유놀이시간에는 유아들이 혼자서 또는 소그룹으로 자유롭게 행해진다. 발도르프 유치원에서는 언제나 같은 시간적인 리듬으로 이루어지게 되고 어느 정도의 시간이 경과하면 교사의 신호에 의해 유아들은 자유놀이를 끝내고 아침모임을 시작하게 된다. 정리정돈 후에 유아들은 둥글게 모여 노래를 부르거나 율동을 한다. 아침모임은 기도, 금언 또는 노래를 통하여 종교적인 동기를 줄 수 있는 시간이 될 수 있다.

(3) 예술활동

발도르프 유치원에서의 활동은 예술적이고 실천적인 교육의 방향에 따라 구조화되어 있다. 예술활동을 중시하는 것은 이해하고 분류하고 사고하는 '두뇌적인 인간'보다는 움직이고 사물을 만들고 더 예쁘게 하려는 '율동적인 인간', '손발을 가진 인간'의 욕구를 만족시키고 형태화하려는 데 있다.

예술교육은 전문가가 되기 위한 음악이나 회화가 아니다. 인간이 보다 건전하게 자라가는 토양은 색채이며, 빛이며, 음이며, 울림, 리듬이다. 이러한 예술에 잠기면서 글자를 익히며 수의 비밀을 알아내고 동물이나 식물의 영위를 느끼며 인간의 행위를 이해하도록 한다.

(4) 극놀이

발도르프 유치원에서는 교사의 지도하에 이야기와 극놀이가 매일매일 이루어진다. 한 주제에 대한 이야기를 일주일 내내 반복한다. 그렇게 함으로써 공동 체험과 공동 행동이 가능해지고 언어 촉진도 이루어진다. 특히 해의 흐름 속에서 영유아는 수많은 활동들을 배우게 된다.

(5) 수채화 그리기

발도르프 유치원에서의 수채화 그리기는 독특하다. 도화지를 물에 담근 후 일정시간 있다가 꺼내어 천으로 물기를 닦아낸다. 물에 젖은 붓을 물감가루에 찍어 도화지에 그린다. 그러면 물감이 스며들면서 은은한 선을 만들며 각이 진 경계는 나타나지 않게 된다.

(6) 오이뤼트미

발도르프 유치원에서의 활동은 예술적이고 실천적인 교육의 방향에 따라 구조화되어 있다. 오이뤼트미는 단순한 신체표현과는 다른 '몸을 움직이는 놀이' 시간이다. 오이뤼트미는 슈타이너에 의하여 창조된 하나의 예술로서 '볼 수 있는 언어'이고 '볼 수 있는 노래'이다. 발도르프 교육의 가장 근본적인 목적들 중에 하나는 '혼이 있는 신체배양'인데, 오이뤼트미는 이 목적을 실현할 수 있는 가장 큰 가능성을 갖고 있다.

4) 부모와 교사의 협력

발도르프에서의 부모회는 교육기관에 대해 알게 되고 교육적 의문점을 서로 나눌 수 있는 기회가 된다. 부모회에서는 영유아들의 사회적 관계, 축제나 행사 같은 조직적인 문제 등을 함께 의논하게 된다. 일반적으로 발도르프 교육의 교사들은 하나의 '동료협의체'에 의하여 원장, 원감이 따로 없고 종적인 관계가 아닌 평등한 관계에서 모든 일을 의논하고 결정하고 있다.

5) 환경구성 및 놀잇감

'인지학'의 이념은 발도르프 유치원 건물에서부터 찾아볼 수 있다. 보통의 건물이 사각형, 삼각형 모양을 띠게 되는데 발도르프 학교에는 각이 없게 지어져 있다. 지붕도, 교실도, 복도도 모두 곡선으로 구조되어 있다. 자연에는 각이 없고 다양한 곡선인 데서 비롯한 사상이다(곽노의, 1999).

유원장에는 모래밭 그리고 나무로 된 조그만 오막살이 집, 뉘어져 있는 고목 등이 전부이며 구조화된 미끄럼틀, 그네, 정글짐 등은 없다. 놀잇감 역시 완제품으로 만들어진 상품들은 없으며 대부분 자연물이고 꾸밈 없는 원형 그대로의 것들로 꾸며 안정감을 느낄 수 있는 분위기를 제공한다. 완제품은 일정한 형태를 가지고 있어 상상력을 방해한다. 그래서 색연필, 크레용, 물감, 붓과 조소용 점토, 예쁜 의자나 책상, 간단한 장난감들 외에는 상품화된 놀잇감은 없다. 환경구성은 놀이를 통해 창의적이고 다양한 예술적 경험을 하도록 유도한다. 나무토막(원형 그대로)을 다양하게 잘라 놓은 것들, 다양한 형태를 띤 재미있는 모양의 가지와 나무 그루터기, 나뭇잎, 밀짚, 견과류(호두, 밤 등), 씨앗(호박씨, 봉숭아씨 등), 양털(자연채색한), 조개껍데기, 돌, 솔방울 등이 있다, 놀이도구로 만든 숟가락, 그릇, 다리미, 칼, 집 등이 있는데 모두 원목으로 수작업한 것이다. 이렇게 놀잇감들 또한 모두 자연적이고 어린이의 상상력을 자극하고 촉진할 정도로 매우 단순하다.

2. 레지오 에밀리아 프로그램

1) 사회 · 문화 · 역사적 배경

레지오 에밀리아 프로그램은 로리스 말라구찌에 의하여 이탈리아의 레지오 에밀리아 시에서 시작된 3개월에서 6세의 영유아를 대상으로 하는 영유아교육프로그램으로 이탈리아와 레지오 에밀리아 시의 독특한 사회 · 문화 · 역사적 맥락에서 이해될 수 있다. 레지오 에밀리아 교육은 공동생활과 문화의 나눔을 강조하는 지역사회 모델, 확대가족 모델의 교육이라고 볼 수 있다.

2) 이론적 배경

레지오 에밀리아는 듀이의 교육철학, 피아제와 비고츠키의 인식론, 가드너의 다중지능이론, 브론펜브레너의 발달생태학적 접근 등이 그 기저를 이룬다. 또한 지난 30여 년간 영유아와 학령 전기의 유아들을 위한 학교에 유아교육이론과 실제를 발달시켜 왔으며 부모공동조합으로 출발하여 프로젝트 중심의 학습 발현적 교육과정, 다 상징적 교수법, 협동적 상호작용을 통한 학습, 기록화의 교육적 활용 등 교육방법을 계속적으로 개발하고 적용하였다.

3) 아동관

영유아를 어떤 존재로 보는가 하는 교육철학은 레지오 접근법의 근거이기도 하다. 레지오 에밀리아에서 영유아의 이미지는 능력 있고, 호기심 많으며, 풍부한 지식과 잠재력을 가지고 자신을 둘러싼 주위의 세상과 관계를 맺는 데 흥미를 가지고 있는 존재이다. 이들은 태어날 때부터 자신의 생각과 이론이 있다고 생각하기 때문에 교사가 무엇인가를 담아주어야 하는 존재가 아니라고 믿는다. 교사 · 부모를 포함한 또래와의 관계 속에서 주고받음으로써 지식을 구성해 나간다고 생각했다.

또한 교사는 영유아들이 교육적이고 보호적인 공간에서 타인과의 관계를 형성해 나가며 양질의 행복한 삶을 즐기고 유지하도록 도와주어야 한다고 믿는다.

4) 협력자로서의 교사

교사는 영유아의 학습경험을 촉진하는 사람이다. 협력자로서 교사는 영유아의 목소리를 듣고, 기록하고, 새로운 작업에 도전한다. 교사는 영유아들을 주의 깊게 관찰하고 그들의 대화를 경청하며 어떻게 활동하고, 계획하고, 진행할 것인가에 대한 자료로 활용한다. 레지오 에밀리아의 교육체제에서 일하는 사람들은 페다고지스타, 교사, 아뜰리에리스타 등이 있다(이기숙 외, 2008).

(1) 페다고지스타(pedagogista)

교육조정자로서 한 명이 몇 개의 유아교육기관을 담당한다. 이들은 유아교육기관의 전반적인 정책이나 문제를 토론하거나 교사의 현직교육을 계획, 실행하며 직원의 임무 배정, 일의 양과 시간 조정, 유아교육기관 설비의 보수와 신설 등과 같은 운영에 관련된 일을 한다. 또한 현재 진행되는 프로젝트에 참여하거나 자문을 해주어 교사를 지원한다.

(2) 교사

레지오 에밀리아에서는 두 명의 교사가 한 팀으로 한 학습을 3년간 담당한다. 교사는 동반자, 양육자, 안내자의 역할을 수행한다. 교육과정을 결정하고 학습자와 연구자로서의 태도로 교육에 임한다. 교사들 간에는 위계가 없고 서로에게 배우는 협력적인 관계에서 함께 일을 함으로써 공동사회 의식을 함양한다.

(3) 아뜰리에리스타(atelierista)

시각예술을 전공한 교사로 아뜰리에에서 주로 일하며 학습의 담임교사들과 협력하여 영유아들이 자신이 알고 있는 것과 학습한 것을 표현하는 방법을 개발하도록 도와주며 교육과정의 개발과 기록작업을 수행한다.

5) 교육과정 운영 특성

(1) 프로젝트를 통한 발현적 교육과정

레지오 교사들은 영유아들이 흥미를 갖는 프로젝트를 진행할 때 조사하고 싶은 문제나 질문에 자연스럽게 직면하게 된다고 믿는다. 소집단 영유아가 한 가지 주제에 대해 심도 있게 탐색해 나가는 프로젝트 활동은 레지오 접근법의 중요한 학습형태이다. 레지오 에밀리아에서는 미리 계획된 교육과정은 발현적 교육과정이 아니라고 한다. 영유아들은 흥미를 갖는 주제나 대상에 관해 그것을 심도 있게 탐색해 가는 프로젝트를 전개해 가는 가운데 그들이 조사하고 싶은 문제나 질문에 직면하여 자연스럽게 발현적 교육과정이 일어난다고 믿고 있다. 발현적 교육과정에서 계획은 교사가 일반적인 교육의 목표는 세워 놓지만 각 프로젝트나 활동의 세부목표는 미리 세우지 않는다. 발현적 교육과정을 실행하려는 교사들의 중심과제는 교사 관심과 영유아들 관심의 접촉면을 알아보는 것, 영유아들의 경험을 자신의 가족과 공동체에서의 삶에 연결짓는 것 등이다.

(2) 학습을 위한 그리기

레지오 에밀리아의 주요한 특징은 영유아의 그림, 점토, 구조물과 같은 작품이다. 학습과정에서 영유아가 자신의 사고를 가시화하여 재고찰하고 반성하는 기회를 갖기 위해 그리기를 활용한다. 이러한 상징적 표상의 역할을 '학습을 위한 그리기'라고 표현한다. 이는 영유아가 가지고 있는 가설을 표현한 사고과정을 드러낸 표상의 결과이다. 그러므로 학습을 위한 그리기는 영유아의 이해 정도를 알 수 있으며 학습내용의 탐색과 사회적 상호작용을 위한 의사소통의 수단일 뿐만 아니라 학습과정을 재방문하여 반성할 수 있도록 한다.

(3) 상징화 주기

상징화 주기란 일정 기간 동안 한 가지 주제에 대해 언어로 토의하고 그림으로 그리고, 조사한 후 다시 그리고, 탐색하고, 대상물을 복사하여 가정의 모형을 만드는 등의 과정을 거치면서 영유아가 자신의 현재 가설, 아이디어, 이론을 표상하고 재방문하여 재표상, 재재표상해 나가는 것이다. 이는 영유아의 반성적 사고능력을 향상시킬 수 있다.

(4) 다상징화

레지오의 프로젝트에서는 영유아들이 다양한 매체를 사용하여 다상징화한다. 영유아들이 한 가지 상징체계로만 표상할 때 흔히 발견되지 않는 개념들을 다양한 매체를 사용하여 다각도로 표상하게 된다. 영유아는 동일 현상에 대해 다양한 매체를 활용하여 표상과 재표상을 거치면서 자신의 이해의 깊이를 더해가게 된다. 다양한 매체의 활용은 다양한 경험이나 개념을 접하도록 하는 데 목적을 두는 일반적 방식과는 차이가 있다. 매체는 매체마다의 표상적 잠재력이 있기 때문에 표상과정에서 서로 다른 인지적 기능을 불러일으킨다고 하였다.

(5) 의사소통 맥락의 표상을 통한 학습

다양한 매체를 사용한 상징적 표상은 학습과정에서 이루어지는 인지적 · 상징적 표현으로서 사고를 구축해 가는 중요한 요소가 된다. 표상의 목적은 영유아들이 자신의 경험을 반성하고 해석하게 하거나, 기억력을 일깨우거나, 다른 사람과 아이디어를 나누기 위해 사용되는 등 다양하다. 레지오 교사들은 영유아가 자신의 생각을 다른 사람이 이해할 수 있도록 표현하는 의사소통적 맥락의 표상 활동을 강조한다. 의사소통 맥락의 표상은 다른 사람이 잘 이해할 수 있도록 상징이 의사소통의 수단이 되는 상징으로서의 역할을 잘할 수 있도록 표상해야 하기 때문에 메타 상징적 표상이 된다.

(6) 사회적 상호작용의 강조

레지오 교육자들은 영유아를 사회적인 존재로서 상호작용을 원하고 또한 상호작용할 수 있는 존재로 보며 집단의 역할을 중요한 학습과 발달의 기제로 여긴다. 레지오에서는 사회인지적 갈등 요인을 학습의 중요한 기제로 보기 때문에 교사는 영유아들 간의 갈등을 억제하기보다 발전적 토의나 새로운 학습의 계기로 활용한다.

영유아들은 또래 간 상호작용에 참여하여 상징적 · 언어적 의사소통을 통해 서로 간 불일치와 일치를 경험하고, 협상해 나가는 과정에서 영유아 자신에 대한 정체감을 강화하고 개인과 또래집단의 자율성을 증진시키며 학교에 대한 자신감과 소속감을 갖게 된다. 이때 교사는 지식의 일방적인 전달자가 아니라 영유아의 학습이 근접발달영역에서 일어나도록 지원한다.

(7) 기록화(documentation)의 활용

레지오 에밀리아의 특징 가운데 하나인 아틀리에리스타는 학습 프로젝트를 운영하는 교사와 협조하여 영유아의 프로젝트 진행과정을 기록화한다. 이때 기록을 붙인 패널, 부모용 책자, 교사와 다른 교사와의 토론을 적은 노트, 교사일지, 그리고 프로젝트일지가 이 학습 경험의 관점에 대한 기록의 형태로 유용하게 사용된다. 기록을 위하여 포스트-잇, 영유아의 작품을 모아 놓은 폴더, 일화기록, 펜과 메모지, 교실에서 주제 심화 조사, 카메라, 녹음기, 비디오카메라, 사진 복사기, 컴퓨터, 스캐너, 멀티미디어 컴퓨터 시스템 등 다양한 도구를 활용한다. 교사의 기록은 기록으로 끝나지 않고 교실 및 현관, 아뜰리에, 대외적 순회 전시회에 진열하게 된다.

3. 프로젝트 접근법 프로그램

카즈와 차드(Katz & Chard, 1989)는 '프로젝트 접근법'을 설명하면서 이는 '한 명 또는 그 이상의 영유아가 어떤 주제를 깊이 있게 탐구하는 활동'이라고 정의하며 교사 주도의 체계적인 학문적 교수와 전적으로 영유아의 흥미에 의존하는 놀이 중심의 교육을 연결시켜 주는 접근법으로서 프로젝트 접근법이 적당하다고 주장하였다.

즉, 이 접근법은 영유아의 지적 발달과 사회적 발달을 증진시키며 영유아들의 자발적 놀이와 교사에 의한 체계적인 교수를 통합하고 상호 보완해 줌으로써 균형 있는 교육과정을 운영할 수 있다.

프로젝트 접근법은 영유아 스스로 질문하게 하고 해답을 예측함과 동시에 그들의 주위 환경에서 중요한 현상을 인식하도록 하며 목적 달성을 위한 열망과 새로운 기술 습득에 대한 열정을 쏟도록 하는 방법이다.

그 접근법은 활동영역별로 분리된 것이 아니라 프로젝트 활동을 수행하는 과정을 통하여 읽기, 쓰기, 셈하기 등의 지식과 기술을 통합적으로 획득하도록 짜여진 활동이다. 또한 프로젝트 접근법에서는 영유아들이 보육기관에서 경험을 통해 일상생활의 경험과 지역사회에서의 경험들을 연결시키도록 하며 교사, 영유아, 부모와 같이 참여하고 탐색하도록 함으로써 그들의 문화를 함께 공유할 수 있도록 한다.

1) 프로젝트 접근법의 특성

프로젝트란 영유아들의 주의와 시간을 들일 만한 가치가 있는 어떤 주제에 대해 개별 또는 집단으로 지속적이고 깊이 있는 탐구를 하는 것을 의미한다. 교사는 수업 전에 먼저 주제망을 구성하고 프로젝트의 진행과정 속에서 함께 토론을 통해 영유아들의 관심과 흥미에 따라 교사와 영유아가 함께 구체적인 학습내용과 학습방법을 결정하고 조사해야 할 일들을 만들어 낸다. 하나의 프로젝트에서 수행되는 조사는 사회적, 학문적 기술과 다양한 지적인 호기심을 가지고 주제와 관련된 지난 경험들과 지식을 공유하고 토론하는 것, 새로운 자료를 모으고 기록하는 것, 도서관과 인터넷에서 자료를 검색하는 것, 읽기, 쓰기, 측정하기, 스케치하기, 그림 그리기, 모델 만들기, 이야기 창조하기, 연극과 미술을 하기, 주제에 대한 전문가 인터뷰하기 등 다양한 활동을 하게 된다.

강의를 통해 새로운 지식을 습득하게 하는 기존의 방식과 프로젝트 작업이 구별되는 주요 특징들은 ① 학습할 주제를 식별하는 것에 영유아들의 직접적 참여, ② 자기들의 조사로 답을 찾아야 할 문제를 만드는 데 있어 영유아들의 역할, ③ 진행되어감에 따라 조사의 방향이 바뀔 수도 있는 가능성의 열려 있음, ④ 수행된 일의 결과와 그 결과물에 관해 보고하기 위해 준비하고 발표하는 것과 같은 일들에 대해 영유아들이 책임감을 가지는 것 등이다.

프로젝트 수업과 일반적인 수업은 다음 몇 가지 측면에서 다르다.

① 일반 수업은 영유아들이 기본적인 기술을 습득하는 것을 도와주고, 프로젝트

수업에서는 영유아들에게 그 기술들을 의미 있는 관련된 상황들에 적용해 볼 수 있는 기회를 준다.

② 일반 수업에서는 교사가 영유아들의 부족한 부분에 신경을 쓰는데, 프로젝트 수업은 영유아 스스로 자신이 숙달한 것을 적용하고 강화시킬 기회를 준다.

③ 일반 수업에서는 특정한 학습 특징을 가진 개별의 영유아들이 어떻게 특정 기술을 가장 잘 배울 수 있는지에 대한 전문적인 지식에 기초하여 교사가 수업의 차례를 지도하고 조직하는 데 반해 프로젝트 수업에서는 영유아들이 작업 자체와 자신에게 가장 적절한 작업 난이도를 선택한다.

④ 일반적인 교육에서는 교사가 정보와 지식을 제공하는 동안 영유아는 수동적이고 수용적인 위치에 있다. 프로젝트 수업에서는 조사를 계획하고 수행하는 것, 지식과 기술을 적용하는 것, 작업 전체에 걸쳐서 결정을 내리고 선택을 하는 것 등에 영유아가 능동적으로 참여한다.

⑤ 일반 교육에서는 교사가 영유아의 동기부여를 이용해 자신이 만족하거나 영유아가 교사의 기대에 미치게 하려고 하는 데 비해, 프로젝트 수업에서는 영유아가 본래 자기의 프로젝트 작업에 지속적으로 몰두해 있을 수 있을 만큼 동기부여가 된다. 일반 교육에서는 교사가 영유아들의 동기부여를 이용해 자신이 만족하거나 영유아들이 교사의 기대에 미치게 하려고 한다.

2) 교사의 역할

프로젝트 수업에서 교사는 가르친다기보다는 조언을 주는 역할을 한다. 영유아들의 진행 상태를 관찰하고 감독함으로써, 교사는 작업의 진행 상태를 촉진시킨다. 교사는 각각의 영유아가 필요로 할 수 있는 교육활동의 종류를 나타내는 신호들을 식별하기 위해 프로젝트 작업 중인 영유아들에 대해 관찰하고, 각각의 유아들이나 유아들의 집단이 새로운 지식과 기술을 배울 준비가 얼마나 되었는지에 주목한다.

또한 영유아들 사이의 토론에서 제기된 문제의 해답을 찾아내는 작업에 면밀하고 지속적인 주의를 기울이도록 하고 이를 진행하는 것을 돕는 자문역과 리더의 역할을 하게 된다. 또한 교사는 영유아들이 작업 결과물 어떻게 발표하고 표현할 수 있는지에 대해 충고를 하기도 하며, 시간표를 정하여 작업에 속행될 수 있도록 한다. 영유아와 초등학교 단계 모두에서 교사는 작업이 진행됨에 따라 아이들의 경험을 기록하는 데 있어 중요한 역할을 한다(Katz & Chard, 1996).

3) 프로젝트 주제의 선정

주제의 선정은 프로젝트의 성공에 있어 매우 중요하다. 교사들은 주제를 선택할 때 영유아들의 시간과 에너지, 그리고 기관의 자원을 들일 만큼의 가치가 있는지 판단하여야 한다. 게다가 좋은 프로젝트 작업을 지원하기 위해 교사들은 상세한 준비와 조사를 해두어야 한다.

① 영유아들의 관심에 부합하기

교사들은 영유아가 표현하는 혹은 교사가 그렇다고 생각하는 영유아들의 관심사에 기초를 두고 주제를 선정한다. 그러나 영유아가 흥미 있어 한다고 해서 모두 적당한 주제일 수는 없다. 그러므로 교사는 그 관심사들 중 어떤 것이 다룰 만한 가치가 있는지 결정을 하기 위한 기준이 필요하다.

② 영유아들의 관심을 자극하기

주제 선정 시 영유아가 경험해 보지 않는 미지의 대상이나 이국적이고 매혹적인 주제를 선정하기보다는 영유아들 주변에서 쉽게 볼 수 있고 자신들이 경험해 본 일이 오히려 더 흥미를 가질 수 있다. 좋은 프로젝트 수업은 영유아들이 현장조사를 하기 전에 무엇을 발견할 것인지 예측하거나, 영유아가 방문하는 전문가가 줄 답을 예측하거나, 조사 중인 현상과 관련된 가능한 인과에 대해 서로 논의할 때 자기들의 상상력을 발휘하고 강화할 충분한 기회가 주어지는 것이 프로젝트 수업은 다른 많은 방식들로도 영유아들의 상상력을 자극하고 강화시킨다.

③ 경험의 다양성

한 학급에 들어오는 영유아는 개개인의 경험이 다양해서 교사는 모든 영유아에게 친숙할 것이라고 확신하는 주제를 가지고 첫 프로젝트를 시작하는 것이 도움이 될 것이다. 학급이 처음 모여서 시작할 때는 모든 영유아가 한 주제에 대해 자신의 경험을 공유하고, 어느 정도 자신감을 가지고 토론에 참가할 수 있도록 영유아들이 모두 그 주제에 관해 충분한 경험을 가지고 있는 것이 가장 좋다.

④ 문화와 배경의 다양성

프로젝트 접근법은 영유아 집단 내의 문화와 배경의 다양성에 매우 쉽게 접근할 수 있다. 다양성을 가진 집단을 위해 주제를 선정함에 있어 한 가지 염두에 두어야 할 점은, 어떤 주제가 어떤 문화에서는 예민한 문제이며 다른 문화에서는 그렇지 않을 수도 있다는 점이다. 그렇지만 영유아들은 각기 다른 문화와 전통을 구별하는 것이 필요하다. 문화는 영유아의 매일매일의 경험과 환경을 의미하며 전통은 영유아들의 계통과 관련된 역사적이고 대대로 내려오는 특성과 과거의 경험을 말한다.

⑤ 민주사회에의 참여를 준비하기

프로젝트의 주제를 선정함에 있어서 중요한 점은 영유아가 민주사회에 잘 참여할 능력을 쌓아주는 것이다. 이를 위한 주제는 모든 사람이 잘되기 위해 그들에게 행할 수 있는 모든 이해와 지식, 올바른 평가 등이 포함된다. 또한 프로젝트 수업의 장점 중 한 가지는 학급 내에서 민주적인 절차를 통해 구성되는 넓은 경험들을 제공한다는 것이다. 협동, 서로의 생각을 듣고 대응하기, 조직적으로 함께 노력하기, 전체와 개별적 일원들의 다양한 기여, 의견의 차이를 중재하기, 어떻게 문제를 해결하고 과제를 완수할 것인가에 대해 합의하기 등 이 모든 과정은 민주적 삶의 능력을 위한 토대를 제공하는 것이다.

4) 프로젝트 진행과정

일단 프로젝트의 주제가 선정되었으면, 프로젝트 수업의 중심은 그 주제의 어떤 측면을 탐구할 것인지를 토의하고 그것에 관한 작업을 계획, 결과물과 준비되어야 할 보고서의 제시 방식을 영유아와 교사가 함께 결정해야 한다.

교사는 수행되어야 할 작업과 필요한 자원에 대한 몇 가지 기초적인 아이디어를 제공하고 영유아들 의해서 프로젝트는 다음의 세 가지 단계에 따라 계획되고 수행될 수 있다.

① 1단계: 계획 및 준비(시작단계)

프로젝트의 첫 번째 단계에서 교사는 영유아가 연극, 그림, 자신의 경험 보고, 그 주제에 대한 글쓰기 등을 통해 주제와 관련된 자기의 개인적인 경험들과 기억들을 공유하고, 그 주제에 대한 자신의 지식을 검토하도록 한다. 이 초기의 활동 중에 교사는 개개의 영유아와 그 부모들의 특별한 관심사를 알 수 있게 된다. 또한 부모들은 방문할 장소 섭외하기, 전시를 위한 물품 대여하기, 아이들의 인터뷰에 응하기, 필요한 정보에의 접근 제공하기 등을 통해 프로젝트에 참여하도록 유도되어진다.

이 단계에서는 예비 주제망 구성, 브레인스토밍, 유목화, 질문목록, 주제망 구성 등이 이루어진다.

② 2단계: 탐색 및 표상(프로젝트 수행)

두 번째 단계의 주요 목표는 특히, 직접적이고 실제 경험을 통한 새로운 정보의 습득이다. 사용되는 정보의 자료는 일차적일 수도 있고 이차적일 수도 있다. 일차적 자료는 관찰을 위한 건축현장, 공장, 슈퍼마켓 등과 같은 실제 장소와 사건들을 견학할 수 있다. 그 주제에 직접적인 경험이 있는 사람들과 이야기를 나누는 것도 좋은 정보를 제공한다. 책, 관련된 교육용 영화, 비디오테이프, 팸플릿과 같은 정보의 이차적 자료도 조사될 수 있다. 이 단계에서는 견학에 대한 사전준비, 조사, 사후활동 등이 이루어진다.

③ 3단계: 마무리와 전시 및 평가(프로젝트 마무리)

프로젝트의 마지막 단계의 주요 목표는 개인과 그룹 작업을 완료하고 무엇을 배웠는지에 관한 개요와 검토를 마무리짓는 것이다.

영유아들은 자신들이 경험한 프로젝트의 내용으로부터 함께 나눌 것이 무엇인지 계획을 세우기 위한 토론이 그 주제에 대한 흥미가 시들해지기 전에 이루어져야 한다. 프로젝트의 마지막 단계는 오픈 하우스에서 유아들의 작업을 감상하도록 '극놀이, 전시회, 발표회' 등에 외부 방문자를 초대하는 것이나, 유아들의 작업의 전시

일부를 감상하도록 옆 반의 아이들을 초대할 수 있다. 또한 영유아가 기관의 다른 선생님이나 원장 선생님과 자신의 생각을 공유하는 것은 교육적 효과와 함께 영유아의 만족감을 높여 준다.

4. 하이스코프 프로그램

1) 이론적 배경

하이스코프(High/Scope) 커리큘럼은 1962년 와이카트(David P. Waikart)에 의해 미시간 주 입실란티에 있는 Perry 초등학교에서 수행된 3~4세 유아를 위한 프로그램인 High/Scope Perry 취학 전 프로그램으로 시작되었다.

하이스코프 커리큘럼을 사용하는 교사들은 영유아가 능동적으로 배우고 스스로 지식을 쌓아나갈 수 있는 환경을 제공하여야 한다. 영유아들은 개인적인 사고의 상호작용, 물리적 사물과 사건에서 얻는 직접경험 그리고 이러한 경험들에 논리적 사고를 적용시킴으로써 지식을 얻는다. 교사의 역할을 이러한 경험들에 의미를 부여하고 영유아들이 논리적으로 사고할 수 있도록 도와주며 관찰을 통해 영유아들이 이루어가는 발전을 이해하는 것이다.

피아제(Jean Piaget)의 영유아발달이론에 따르면 하이스코프 프로그램은 영유아들을 스스로 계획하고 실행하고 반영하는 행동으로부터 가장 잘 배우는 '능동적인 학습자'로 인식한다.

교사들은 학습환경에서 흥미영역을 계획하고, 영유아들이 자신의 활동들을 계획하고 실행하고 평가하게끔 매일의 일과를 유지하며, 영유아들의 계획을 확장시켜 주며 사물의 이치를 깨닫게 해주는 대화에 참여함으로써 영유아들의 활동에 참여한다. 교사들은 영유아들의 중요한 경험을 쌓고 선택하고 문제를 해결하며 그들의 인지적, 사회적 그리고 신체적 발달에 도움이 되는 여러 가지 활동에 참가하도록 돕는다.

2) 하이스코프 프로그램의 목표

하이스코프 프로그램의 목표는 다음과 같다.

- 영유아의 시간과 에너지를 효율적으로 사용하여 무엇을 어떻게 할 것인지 선택과 결정을 할 수 있는 능력을 길러 준다.
- 각 영유아가 자기 훈련을 하며 책임 있게 스스로 선택한 목표와 과제를 인식하고 수행하여 완성할 수 있는 능력을 길러 준다.
- 다른 영유아와 교사와 함께 계획을 하고, 협력적 노력을 하며, 서로 이끌면서 작업할 수 있는 능력을 길러 준다.
- 영유아의 물체에 관한 지식을 높여주고, 신체적 움직임에서의 안정감을 가질 수 있도록 돕는다.
- 영유아의 사고, 아이디어, 느낌을 표현할 수 있는 능력을 길러주고, 다른 사람과 의사소통을 하기 위해 경험을 말하고, 극화하고, 도식적으로 표상할 수 있는 능력을 길러 준다.
- 다른 사람의 말, 글, 극놀이, 도식적 표상을 이해할 수 있는 능력을 길러 준다.
- 다양한 자료를 사용하여 여러 상황에 추리능력을 적용할 수 있는 능력을 길러 준다.
- 영유아의 창작력, 솔선성, 탐구심, 지식이나 다른 사람의 견해에 개방된 마음을 길러 준다.

3) 프로그램의 내용

(1) 교육내용

하이스코프 교육과정은 주요 경험을 중심으로 구성된다. 주요 경험은 교육내용, 매일의 일과 계획, 개별 유아의 활동 관찰 및 평가, 작업 안내, 교사-부모 상호 교환의 지침이 된다. 하이스코프에서는 주요 경험을 능동적 학습, 언어 사용하기, 경험과 아이디어 표상하기, 분류, 서열화, 수 개념, 공간적 관계, 시간 관계 등의 여덟 개의 카테고리로 조직하였고, 각 카테고리는 다시 세부 카테고리들로 나누어진다.

주요 경험이 하이스코프 교육내용의 핵심이 되므로 감각운동기의 영아, 전조작기의 유아, 유치원과 초등학교 저학년 아동을 위한 교육내용으로 세분화하여 다루고 있다.

(2) 하루의 일과 활동

하이스코프 인지 중심 교육과정의 하루 일과는 전반적으로 다음과 같은 원리에 기초한다.

- 활동시간대가 일관성 있게 제공되어야 한다.
- 일관성 있는 일일 활동시간대 구성은 영유아에게 활동방향을 제시하고 내적 통제력을 발달시키도록 돕는다.
- 매일의 일과는 첫째, 영유아의 능동적 참여와 의사결정에 중점을 두고, 둘째, 교사의 순서적 환경 제시가 가능하도록 구성된다.
- 매일의 일과가 계획-작업-평가의 단계로 이루어져 영유아 자신이 자신의 학습에 책임을 갖게 되도록 한다.
- 매일의 일과 속에서 영유아와 교사 간의 다양한 상호작용 기회가 제공되도록 한다. 즉 영유아의 개별적 작업, 교사와의 개별 활동, 또는 소그룹·대그룹활동, 그리고 다른 영유아와의 작업 기회가 제공되어야 한다.

① 계획시간

계획시간에 교사는 영유아가 자신의 아이디어를 표현할 구조화된 기회를 제공하고 영유아 스스로 의사를 결정하고 결정에 따라 행동할 수 있는 기회를 제공한다. 계획하는 시간은 영유아에게 자신의 생각과 의도를 성인에게 표현하고 결정에 따라 행동하는 한 개인으로서의 자신들을 돌아보게 하는 예상할 수 있는 기회를 계속적으로 제공한다. 영유아들 자신의 계획을 수행하기 전에 교사와 자신의 계획을 의논한다. 이 시간에 영유아들은 자신의 계획을 세우고 확대하며 교사는 영유아들이 어려움이나 도움이 필요한 곳, 영유아들이 도달할 발달 수준이 어느 정도인지를 고려한다.

② 작업시간

작업시간은 영유아들이 계획하기를 끝낸 후의 활동시간을 말한다. 대체로 일상에서 가장 긴 시간이며 영유아가 적극적으로 역할을 수행하는 시간이다. 교사는 작업시간의 활동들을 주도해서는 안 되며 영유아들이 자신의 작업계획을 수행해야 한다. 작업시간 동안 교사의 역할은 우선 영유아들이 어떻게 정보를 수집하고 또래와 상호작용하고 문제를 해결하는지 지켜보며 영유아들의 활동에 개입하여 격려하고 확장시키고 문제해결 상황을 구축할 수 있는 대화에 참여하는 것이다.

③ 정리시간

정리시간은 작업이 끝난 후 계획하고 실행하고 점검하는 일련의 과정에 자연스럽게 녹아 들어 있다. 이 시간 동안 영유아들은 교구와 자료들을 표시된 장소에 갖다 놓고 미완성된 과제를 보관한다. 이 과정은 교실에 질서를 세우고 영유아들이 기본적인 인지능력을 많이 배우고 사용할 수 있는 기회를 제공한다. 영유아들이 도구를 쉽게 사용할 수 있도록 학습환경을 어떻게 만들 것인지가 특히 중요하다.

④ 회상(평가)시간

회상시간은 계획하고 실행하고 평가하는 일련의 과정의 마지막 단계로 영유아들이 자신들이 무엇을 하고 경험했는지에 대해 생각하는 시간이다. 영유아들은 성장수준에 맞는 다양한 방식을 자신들의 작업시간 경험에 대해 말한다. 그들은 활동에 함께 참여했던 또래와 활동에 대해 이야기하고 그들이 부딪혔던 문제들을 생각한다. 회상 전략에는 영유아들이 한 일을 그림으로 그리기, 모델 만들기, 계획 검토하기, 또는 지난 사건들을 회상하며 말하기 등이 포함된다. 회상시간은 계획하고 작업시간의 활동들을 정리하는 시간으로 영유아들이 겪고 생각한 것에 대해 통찰력을 표현할 수 있는 기회를 준다.

(3) 교사의 역할

하이스코프 커리큘럼에서 또 한 가지 중요한 점은 영유아들과 상호작용하는 데 있어서의 교사의 역할이다. 하이스코프 중요경험을 기본 틀로 사용함에 있어 매일 같이 평가하고 계획함으로써 교사들은 영유아와 교실활동에서 얻은 경험을 연구하고 이들의 독특한 능력과 관심을 찾아낼 수 있어야 한다. 교사들은 영유아들이 무엇을 계획하고 적극적으로 작업하여 타당한 수준에 좀 더 도전하도록 그들의 행동을 확장시키는지에 귀를 기울인다. 그러기 위해서는 교사들은 영유아가 정보를 얻을 수 있도록 질문을 하여야 한다. 이러한 질문과 대화방식은 교사와 영유아의 상호작용을 자유롭게 해주고 또래끼리 쓰는 언어모델을 자유롭게 해 준다.

제10장
보육교사의 전문성

보육교사의 전문성이란 영유아에게 양질의 보육 서비스를 제공해 주기 위해 보육교사가 갖추어야 할 지식이나 기술을 말하는 것으로, 충분한 경험을 바탕으로 보육교사로서 특별한 역할을 행하는 것과 더불어 신념과 책임감이 중요하게 작용한다(오연주, 한유미, 2005).

박은혜(2005)는 전문직의 요건에 대해 다음과 같이 제시한 바 있다.

첫째, 전문직은 전문화된 지식과 이를 소화할 수 있는 지적인 능력을 요구한다. 전문화된 지식은 그 직업에 종사하는 사람들만이 배타적으로 공유하는 것이어서 외부인들이 이해하기 어려운 특성이 있고 따라서 상당한 희소가치를 가지고 있다.

둘째, 전문직은 그 직업 종사자에게 자격증을 요구한다. 전문직은 직업에 처음으로 입문하는 과정, 직업에 입문한 뒤에 현직 교육 등에서 상당히 까다로운 조건을 가지고 있기 때문에 그 직업에 종사한다는 것은 상당한 희소가치를 인정받을 수 있다.

셋째, 전문직은 종사자들의 자율성을 최대한 요구한다. 전문직에 종사하는 사람들은 자신이 하는 일에 대하여 외부의 간섭 없이 상당한 자율권을 가지고 의사결정을 할 수 있다.

넷째, 전문직은 그에 상응하는 사회적 지위와 경제적인 보상을 요구한다. 전문직에 종사하는 사람들에게는 그에 상응한 사회적인 지위와 경제적인 보상이 주어지며 사회의 구성원들은 이를 인정하고 받아들인다.

다섯째, 전문직은 고유의 윤리강령을 가지고 있다. 전문직의 특성 가운데 하나는 상당한 의사결정을 요구한다는 것이다. 이러한 의사결정은 경우에 따라 상당한 개인적 가치의 개입을 요구하며 때에 따라서는 중요한 가치끼리 충돌하는 경우가 있다. 전문직은 이러한 상황에서 어떤 결정이 적절한 것인가에 대한 기준을 제시해 줄 수 있는 윤리강령을 가지고 있는 것이 필수적이다.

여섯째, 전문직은 자신들의 권익을 보호할 수 있는 단체를 구성한다. 전문직에 종사하는 사람들은 끊임없이 새로운 지식을 습득하고 자신들이 하는 일의 전문성을 유지하고 또한 자신의 권익을 보호해 줄 수 있는 단체를 필요로 한다.

이상의 내용을 살펴보면, 보육교사는 전문직으로 인정받을 수 있는 요소도 갖추고 있으나 그렇지 않은 요소도 있음을 알 수 있다.

보육교사가 전문직인 이유에 대해 페니(Feeny, 1983)는 첫째, 보육교사들이 영유아들에게 광범위한 지식을 전달하고, 긍정적인 자기 인식을 도우며 다른 사람과 더불어 살며 일한다는 것을 교육하는 점, 둘째, 교사의 권위는 교수경험, 기술, 지식, 헌신과정, 역할 자체로부터 나오며 보육교사들은 역할 수행에 있어서 다른 영역의 교육들과는 달리 발달과 학습을 이해하고 이를 매일 현장에서 적용하고 있다는 점, 셋째, 보육교사들은 영유아를 위한 프로그램을 계획하고 실행할 때 필요한 지식과 기술을 지속적으로 보완해야 한다는 점에서 보육교사직을 전문직이라고 하였다.

영유아기는 모든 발달적 측면에 있어서 기초를 형성하는 시기이며, 인적 환경에 영향을 받기 쉬운 시기이다. 그러나 최근 들어 많은 영유아가 어린이집에서 보내는 시간이 더욱 증가하고 있으며 입소 연령도 다른 기관에 비해 더 어리기 때문에 다른 어떤 교육기관보다 더 전문적인 능력을 갖춘 보육교사가 필요하다. 그러므로 보육교사는 보육의 질을 결정하는 여러 요소 즉, 교사의 질, 교재 ·교구의 질, 어린이집의 물리적 환경, 부모 및 지역사회의 환경 중에서 가장 중요한 요소이다.

따라서 질 높은 보육을 실현하기 위해서는 물리적 환경 조건도 중요하지만 전문성을 갖춘 교사를 배치하는 것이 가장 중요하다.

보육교사의 전문성을 위한 조건은 다음과 같다(권대도 외, 2005).

첫째, 고도의 지적능력을 필요로 한다.

보육교사는 영유아의 연령 및 발달특성에 맞는 보육내용과 활동을 조직할 수 있어야 한다.

둘째, 보육의 사회기여도에 대한 요구의 인식을 전제한다.

보육교사는 영유아를 위한 활동뿐 아니라 지역사회 복지를 위한 포괄적 보육서비스를 실시하여야 한다.

셋째, 장기간의 사전교육과 계속적인 현장교육을 필요로 한다.

보육교사의 자격 강화와 자질 향상을 위한 현직교육, 보수교육 등이 지속적으로 제공되어야 한다.

넷째, 보육활동 전반에 대한 전문가의 자율성이 전제되어야 한다.

자기전문성이 허락하는 범위에서 자유로이 의사결정을 내리고 진단하고 평가하는 것이 허락되어야 한다.

다섯째, 전문직 단체결성이 요구된다.

보육교사도 직업안정과 권익옹호를 위해 전문직 단체결성이 필요하다.

여섯째, 보육교사가 지켜야 할 윤리강령을 제정할 필요가 있다.

보육교사는 보육목적에 부합하는 보육교사의 윤리강령을 스스로 규정하고 충실하려는 노력을 해야 한다.

일곱째, 사회경제적 지위가 보장되어야 한다.

보육교사의 사회·경제적 지위가 향상되어 전문직의 자리를 확보할 것이 요구된다.

이에 본 장에서는 보육교사의 자질과 역할에 대하여 알아보고 보육교사 자격을 취득하기 위한 양성교육과정과 보육교사의 질 향상을 위해 실시되고 있는 보수교육에 대하여 살펴보고자 한다.

1. 보육교사의 역할과 자질

1) 보육교사의 역할

역할이란 사회에서 특정한 지위에 있는 사람들이 의식적으로 수행하고 다른 사람들에 의해서도 인정을 받는 포괄적인 행동양식을 의미한다(곽영우 외, 1997). 보육교사의 역할에 대한 관점은 시대에 따라 조금씩 변해왔다. 보육교사의 역할은 과거의 탁아 개념에서 찾아볼 수 있다. 과거의 탁아는 '아동을 위탁한다'는 의미로 가정에서 정상적으로 양육을 받기 어려운 개별적인 사유가 있는 아동을 위해 하루 중의 일정한 시간 동안 타인에게 보호를 위임하는 것이었다. 이는 주로 보호 중심으로 구빈이나 모성 보호 차원에서 이루어졌기 때문에 제한된 수의 요보호 아동을 위한 복지사업의 의미가 강하였다(한유진, 2009). 이렇듯 초기의 보육교사의 역할에 대한 관점은 어머니의 역할과 다르지 않았다. 따라서 영유아들의 건강과 안전을 돌보아 주는 역할을 보육교사의 주된 역할로 보았다. 하지만 사회적 변화와 이에 따른 보육에 대한 인식 및 가치관의 변화, 보육의 필요성 증대 등으로 인하여 보육교사에 대한 역할에도 많은 변화가 요구되고 있다. 즉 보육교사의 역할은 전통적으로 인식되어 온 보호자나 양육자로서의 역할만이 아닌 영유아의 발달을 촉진시키고 교육하는 전문적이고 적극적인 역할이 요구되고 있다.

보육교사의 구체적인 역할에 대해 학자들마다 다양한 정의를 내리고 있는데 이를 살펴보면 다음과 같다.

사라초(Saracho, 1988)는 보육교사의 역할은 영유아의 보호와 교육을 효과적으로 수행하며 영유아의 성장과 발달을 도모하는 것이라고 하였고, 보육교사의 역할을 의사결정자, 교육과정 설계자, 교수조직자, 진단자, 학습운영자, 상담가/조언가의 6가지로 설명하였다.

① 의사결정자(decision maker)

보육교사는 영유아를 위한 프로그램을 설계하고 발전시키는 의사결정자로서 영유아 보육에 대한 모든 것을 다른 사람에게 의존하지 않고 스스로 결정해야 한다.

② **교육과정 설계자**(curriculum designer)

교육과정 설계자로서 보육교사는 공동체적인 교육적 관점에 관련된 학습과정을 구성하고 설계하여 학습과정에 적용할 수 있어야 한다.

③ **교수조직자**(organizer of instruction)

보육교사는 교육적 목적에 관련된 활동과 학습에 필요한 자원을 점검하여 이를 유기적으로 조직하여야 한다.

④ **진단자**(diagnostician)

보육교사는 영유아의 현재 발달 정도를 알고 필요한 교육을 제공하여야 한다. 이를 위해 교수전략을 평가하고 관할하여 영유아에게 적절한 교육을 적용할 수 있어야 한다.

⑤ **교육운영자**(manage of learning)

보육교사는 영유아에게 이용 가능한 교육적 경험을 구성하고 영유아들에게 적합한 교육과정을 제공하여야 한다.

⑥ **상담가/조언가**(counselor/advisor)

보육교사는 영유아가 자신의 감정을 이해하고 긍정적으로 자신을 인식할 수 있도록 도와주어야 하며, 영유아의 건강한 발달이 이루어질 수 있도록 노력해야 한다.

잘롱고와 아이젠버그(Jalongo & Isenberg, 2000)는 보육교사의 역할에 대해 반성적 사고를 하는 실천인, 영유아들의 권리 옹호자, 아동발달 전문가, 학습의 촉진자, 학습환경의 구성자, 교육과정 개발자, 교육활동 계획자, 평가자, 역할 모델, 부모 교육자, 성장하는 전문인, 정보관리자의 12가지로 나누어 설명하고 있다(박은혜, 2005).

① **반성적 사고를 하는 실천인**(the reflective practitioner)

보육교사는 여러 가지 교육적인 문제에 대하여 심사숙고하고 윤리적인 의사결정을 할 수 있는 반성적 사고능력을 가진 실천인이다.

② **영유아들의 권리 옹호자**(the child advocate)

보육교사는 유아 중심의 교육과정을 운영하고 영유아들의 권리를 위해 노력하는 행동인이다.

③ **아동발달 전문가**(the child development specialist)

보육교사는 유아의 성장과 발달에 대한 전문적인 지식을 바탕으로 영유아가 전인적인 인격체로 성장하는 데 필요한 도움을 주는 사람이다.

④ **학습의 촉진자**(the facilitator of learning)

보육교사는 영유아들의 발달을 위하여 적절한 비계설정을 하는 사람이다.

⑤ **교육환경의 구성자**(the environment designer)

보육교사는 영유아들의 발달을 위하여 안전하고, 건강하며 발달에 적합한 물리적 환경을 구성하는 사람이다.

⑥ **교육과정 개발자**(the curriculum developer)

보육교사는 영유아, 부모, 지역사회의 독특한 요구에 따라 교육과정을 개발하는 사람이다.

⑦ **교육활동 계획자**(the educational planner)

보육교사는 개발된 교육과정을 영유아의 흥미와 요구에 따라 적절하게 진행하는 역할을 하는 사람이다.

⑧ **평가자**(evaluator)

보육교사는 영유아의 성장과 발달을 평가하고 교육프로그램의 효과를 알아보는 평가자의 역할을 한다.

⑨ **역할 모델**(the role model)

보육교사는 영유아들의 생활을 지도하며 문제해결 등의 시범을 보인다.

⑩ **부모 교육자**(the family resource)

보육교사는 부모들과의 신뢰로운 관계 형성을 통하여 도움을 주고받으며 지역 사회와의 연계를 만들어가는 역할을 한다.

⑪ **성장하는 전문인**(the emerging professional)

보육교사는 자신의 전문성 신장을 위하여 끊임없이 노력하는 사람이다.

⑫ **정보관리자**(the manager of resources)

보육교사는 영유아와 그 가족을 지원하기 위해 필요한 모든 자료를 정리하고 이를 활용하는 정보의 관리자이다.

윤혜경(2003)은 보육교사의 역할을 양육자로서의 역할, 생활지도 및 건강, 안전 관리자로서의 역할, 보육프로그램 구성자로서의 역할, 지역사회와 교류 및 부모교육 담당자로서의 역할, 보육프로그램 평가자로서의 역할 등 다섯 가지로 나누어 설명하고 있다.

① 양육자로서의 역할

부모와 같이 다양한 양육적 역할을 담당한다.

② 생활지도 및 건강, 안전 관리자로서의 역할

영유아의 생활문제를 정확하게 파악하고 해결하며 건강과 안전을 관리하는 역할을 한다.

③ 보육프로그램 구성자로서의 역할

영유아의 연령과 발달단계에 맞는 보육프로그램을 계획하고 운영한다.

④ 지역사회와 교류 및 부모교육 담당자로서의 역할

영유아와 가족 지역사회 복지에 기여하며, 영유아 발달에 대한 이해 및 상호작용하는 법에 대하여 부모교육을 담당한다.

⑤ 보육프로그램 평가자로서의 역할

학급운영평가, 영유아·발달평가, 보육프로그램 운영평가 등을 주기적으로 관찰하고 평가한다.

위의 학자들이 제시한 보육교사들의 역할을 요약해 보면, 결국 보육교사란 다양한 측면에서 영유아들을 지원하고 교육을 계획하며, 이를 실천하고 그 결과까지 평가하는 역할을 수행하는 사람이다. 나아가 지역사회와의 연계 및 부모교육까지 담당하는 역할을 수행해야 한다. 즉, 영유아를 가정에서와 같이 편안하게 보호 · 양육하는 대리모의 역할과 교육적인 환경을 계획하고 학습자료를 준비하며, 교육목표 달성을 위해 적절한 교육활동을 선정하고 실시하는 것, 적절한 교수방법 및 매체를 선택하는 것, 영유아들의 관찰 및 평가, 부모면담 및 상담 등이 보육교사의 주된 역할인 것이다.

2) 보육교사의 자질

교사의 자질이란 교사가 갖추어야 할 개인적 특성 및 교직에 대한 태도를 의미한다. 교사의 자질은 그 사회의 교육에 대한 가치와 교사의 역할에 대한 기대에 따라서 달라지기 때문에 한 마디로 정의내리기는 어렵지만 보육교사에게 필요한 자질을 개인적 자질과 전문적 자질로 구분하여 살펴볼 수 있다.

(1) 개인적 자질

보육교사의 개인적 자질이란 교사 개개인의 인성과 관련된 특성을 의미한다. 영유아를 돌보고 가르치는 일은 인간적인 관계에서부터 시작되므로, 보육교사는 신체적 · 정신적으로 건강하고 원만한 인성을 소유한 사람이어야 한다.

이기숙(2007)은 보육교사가 지녀야 할 개인적 자질로 신체 및 정신적 건강, 온정적인 성품, 인간과 생명에 대한 존엄성, 성실하고 열정적인 태도 등을 지녀야 한다고 하였다. 김옥련과 박찬옥(1990)은 보육교사의 개인적 자질로 인간에 대한 따뜻함, 민감성, 신축성, 정직성, 성실성, 솔직성, 유머감각, 개인차의 수용, 건강, 활동력, 동정심, 자기수용, 정서적 안정감, 노력, 지속력, 창의성을, 이현섭(2006)은 교사의 인간에 대한 애정과 따뜻함, 신뢰, 모든 어려움에 대한 이해와 공감, 밝고 희망적인 인간성, 원만한 인간관계 기술, 신체적 건강, 효율적인 의사소통 능력, 통찰력, 판단력, 주의력을 들고 있다. 이은화(1995)는 영유아에 대한 사랑, 인간에 대한 사랑, 성실성, 봉사성, 원만한 인간관계, 사려성, 자발성, 도덕성을 보육교사가 갖추어야 할 개인적 자질로 들고 있다.

보육교사의 자질이 어떠해야 하는지에 대해서는 한마디로 정의할 수는 없으나 이상의 정의를 토대로 개인적 자질을 정리해 보면 보육교사가 갖추어야 할 개인적 자질은 다음과 같이 정리해 볼 수 있다.

- 보육교사는 인간에 대한 사랑을 가진 사람이어야 한다.
- 보육교사는 유아를 사랑해야 한다.
- 보육교사는 인간과 생명에 대한 존엄성을 가진 사람이어야 한다.
- 보육교사는 온정적인 성품과 따뜻함을 가진 사람이어야 한다.
- 보육교사는 인간에 대한 신뢰를 가진 사람이어야 한다.
- 보육교사는 정직하고 솔직하며 도덕성을 가진 사람이어야 한다.
- 보육교사는 신체적으로 건강한 사람이어야 한다.
- 보육교사는 정신적으로 건강한 사람이어야 한다.
- 보육교사는 정서적인 안정감을 지닌 사람이어야 한다.
- 보육교사는 자기 자신과 타인을 수용할 수 있어야 한다.

- 보육교사는 원만한 인간관계 기술을 가진 사람이어야 한다.
- 보육교사는 통찰력을 가진 사람이어야 한다.
- 보육교사는 판단력이 정확해야 한다.
- 보육교사는 성실하고 열성적인 태도를 가지고 있어야 한다.
- 보육교사는 창의성을 가진 사람이어야 한다.
- 보육교사는 유머감각을 지닌 사람이어야 한다.
- 보육교사는 영유아에 대한 민감성을 지닌 사람이어야 한다.
- 보육교사는 효율적인 의사소통 능력을 지닌 사람이어야 한다.
- 보육교사는 활동성과 자발성을 지닌 사람이어야 한다.
- 보육교사는 융통성을 지닌 사람이어야 한다.
- 보육교사는 끊임없이 노력하는 사람이어야 한다.

(2) 전문적 자질

바람직한 교사가 되기 위해서는 인성과 신체적 · 정신적 건강이 필요하지만 이것이 충분조건은 아니다. 즉, 개인적으로 교사가 될 자질을 갖추었다고 해서 반드시 바람직한 교사가 되는 것은 아니다. 전문적 자질이란 교사로서의 역할을 다하기 위해 갖추어야 할 전문적 지식과 능력을 말한다. 보육교사의 전문적 자질은 기질에 영향을 받는 개인적 자질과는 달리 후천적으로 학습을 통하여 습득이 가능하며 주로 교직 수행과 관련된 특성으로 볼 수 있다.

보육교사의 전문적 자질은 여러 가지 측면에서 규정될 수 있으나 크게 영유아와 보육에 대한 전문적인 지식과 보육과정을 구성하고 실천하는 능력, 영유아의 흥미와 동기를 충족시켜 자발적으로 학습에 참여토록 하는 교수기술, 그리고 교직에 대한 사명감 4가지로 구분될 수 있다.

① 전문적 지식

보육교사는 영유아의 성장 발달과 보육에 대한 전문적인 지식을 가지고 있어야 한다. 즉, 영유아의 연령별 발달특성과 보육과정, 교수-학습방법 및 평가 등 폭넓고도 정확한 지식을 가지고 있어야 한다.

② 교직 수행에 관한 능력

보육교사의 가장 중요한 역할 중의 하나는 보육계획 및 운영이다. 연간 보육과정을 계획하고 운영·평가하는 과정을 통해 교사로서의 능력을 발휘해야 한다.

③ 교수 기술

보육교사의 보육과정 운영은 영유아의 자발적이고 능동적인 참여를 통해 가능해진다. 그러므로 보육교사는 영유아가 활동에 자발적이고 능동적으로 참여할 수 있도록 동기 유발을 통해 흥미를 일깨우고, 영유아의 특성상 주의집중시간이 짧으므로 주의집중이나 전이활동을 통해 영유아들을 학습에 자발적으로 참여하도록 유도할 수 있어야 한다. 또한 주제에 맞는 흥미영역별 환경 구성이나 교재·교구의 제공 등도 필요하며, 영유아들을 평가하고 관찰, 기록하는 기술도 가지고 있어야 한다.

④ 교직에 대한 사명감

교직에 대한 사명감이란 교사로서 교직에 대해 어떠한 태도를 갖느냐 하는 것이다. 교사가 갖는 교직에 대한 태도는 교육의 효과를 높여주고 교사 자신에게도 힘을 갖게 해 준다. 따라서 보육교사의 교직에 대한 신념과 열정, 교육철학은 영유아들에게 많은 영향을 미치게 된다.

2. 보육교사 양성체제 및 보수교육

1) 보육교사 양성체제

우리나라는 2004년 1월 30일 개정된 「영유아보육법」에 준하여 2005년 1월 30일부터 보육교사 국가자격제도가 도입되었다. 이후부터 여성부가 보육교사의 신청을 받아 이에 자격 유무를 검정·확인하여 국가자격증을 발급하고 자격증 발급상황을 관리 해오고 있다. 여성부는 2005년 4월 22일 한국여성개발원 내에 보육교사자격관리사무국(2006년 12월 18일 보육자격관리사무국으로 명칭 변경)을 개소하고 본격적인 업무에 들어갔다. 이 업무는 2005년 1월 당시에는 여성부가 이를 담당하였으나 2005년 6월 여성부의 명칭이 여성가족부로 변경되었다.

2005년 4월부터는 보육교사 자격증 교부를 개시하였고, 2006년 12월부터는 보육시설장 자격증을 교부하기 시작하였다. 2008년 2월부터 보육교사 자격증을 담당하던 부처가 여성가족부에서 보건복지가족부로 이관되었으며, 2010년 2월부터는 보건복지가족부(2010년 3월부터 보건복지부로 명칭 변경)가 재단법인 한국보육진흥원에 보육교사 자격검정 및 자격증교부 업무를 이관함으로써 보육자격관리사무국에서 담당하던 보육교사 자격증과 관련한 업무는 2022년 현재 재단법인 한국보육진흥원에서 담당하고 있다.

이를 정리하면 다음의 〈표 10-1〉과 같다.

〈표 10-1〉 보육교사 자격증 담당부처 및 위탁기관의 변화

연도	연혁	위탁기관	담당부처
2004	01. 「영유아보육법」 개정		
2005	01. 보육교사국가자격제도 도입		여성부
	04. 한국여성개발원에 업무 위탁	한국여성개발원	여성부
	04. 보육교사 자격증 교부 개시	한국여성개발원 보육교사자격관리사무국	여성부
	06. 담당부처명 변경 (여성부→여성가족부)	한국여성개발원 보육교사자격관리사무국	여성가족부

연도	연혁	위탁기관	담당부처
2006	12. 보육시설장 자격증 교부 개시	한국여성개발원 보육교사자격관리사무국	여성가족부
	12. 사무국 명칭 변경(보육교사자격관리사무국 → 보육자격관리사무국)	한국여성개발원 보육자격관리사무국	여성가족부
2007	01. 위탁기관 변경 (한국여성개발원 → 육아정책개발센터)	육아정책개발센터 보육자격관리사무국	여성가족부
2008	02. 담당부처 이관 (여성가족부 → 보건복지가족부)	육아정책개발센터 보육자격관리사무국	보건복지 가족부
2010	02. 위탁기관 변경 (육아정책개발센터 → 한국보육진흥원)	한국보육진흥원 보육인력 개발국	보건복지 가족부
	03. 담당부처명 변경 (보건복지가족부 → 보건복지부)	한국보육진흥원 보육인력 개발국	보건복지부
2017	07. 담당부서명 변경 (보육인력개발국-〉 교직원지원국)	한국보육진흥원 교직원지원국	보건복지부

보육교사 자격검정 기준 및 구비서류는 2005년 1월 30일부터 시행된 「영유아보육법」(2004년 1월 개정) 제21조에 근거하며, 2005년 1월 30일 이후(「영유아보육법 시행령」 제21조 【별표1】) 보육교사 자격을 갖춘 자의 보육교사 자격증 발급을 위한 구비서류는 〈표 10-2〉와 같다.

〈표 10-2〉 보육교사 자격증 발급을 위한 구비서류

자격기준		구비서류
1급	1. 보육교사 2급 자격을 취득한 후 3년 이상의 보육업무 경력이 있는 사람으로서 보건복지부장관이 정하는 승급교육을 받은 사람	① 보육교사 2급 자격증 사본 ② 경력증명서 원본 ③ 1승급교육 수료증명서 원본 또는 수료증 사본 ④ 사진파일(인터넷 신청 시 사진등록) ⑤ 자격증 발급신청서(인터넷 신청 후 출력)
	2. 보육교사 2급 자격을 취득한 후 보육관련 대학원에서 석사학위 이상을 취득하고 1년 이상 보육경력이 있는 사람으로서 보건복지부장관이 정하는 승급교육을 받은 사람	① 보육교사 2급 자격증 사본 ② 보육관련 석사학위증명서 원본 ③ 경력증명서 원본 ④ 승급교육 수료증명서 원본 또는 수료증 사본

<table>
<tr><th colspan="2">자격기준</th><th>구비서류</th></tr>
<tr><td rowspan="2"></td><td></td><td>⑤ 사진파일(인터넷 신청 시 사진등록)
⑥ 자격증 발급신청서(인터넷 신청 후 출력)</td></tr>
<tr><td colspan="2">※ 보육관련 대학원
가. 학과(전공) 및 학위명에 '보육, (영)유아, 아동'의 단어가 포함된 대학원
나. 가의 경우가 해당되지 않을 경우 보육관련 교과목 이수기준으로 인정
(보육관련 교과목 최소 15학점 이상 이수하고 석사 학위를 취득한 경우 인정)</td></tr>
<tr><td rowspan="3">2
급</td><td>1. 전문대학 또는 이와 같은 수준 이상의 학교에서 보건복지부령으로 정하는 보육관련 교과목 및 학점을 이수하고 졸업한 사람</td><td>① 보육관련 교과목 및 학점을 이수하고 졸업한 학교의 졸업증명서 원본
② 보육관련 교과목 및 학점을 이수하고 졸업한 학교의 성적증명서 원본
③ 보육실습확인서 원본
④ 사진파일(인터넷 신청 시 사진등록)
⑤ 자격증 발급신청서(인터넷 신청 후 출력)</td></tr>
<tr><td>2. 보육교사 3급 자격을 취득한 후 2년 이상의 보육업무 경력이 있는 사람으로서 보건복지부장관이 정하는 승급교육을 받은 사람</td><td>① 보육교사 3급 자격증 사본
② 보육업무 2년 이상 경력증명서 원본
③ 승급교육 수료증명서 원본 또는 승급교육 수료증 사본
④ 사진파일(인터넷 신청 시 사진 등록)
⑤ 자격증 발급신청서(인터넷 신청 후 출력)</td></tr>
<tr><td colspan="2">※ 학점은행제로 보육관련 교과목 및 학점(17과목 51학점-보육실습 포함)을 이수하여 학위를 취득하는 경우 반드시 학위취득 이후에 보육교사 자격증을 신청해야 함
※ 전문대학 또는 이와 같은 수준 이상의 학교에서 보육관련 교과목과 학점 중 일부를 이수하고 전문학사학위 이상을 취득한 경우, 이후 대학(교) 또는 학점은행제에서 나머지 교과목과 학점을 이수하고 반드시 전문학사학위 이상을 다시 취득해야 함</td></tr>
<tr><td>3
급</td><td>고등학교 또는 이와 같은 수준 이상의 학교를 졸업한 사람으로서 보건복지부령으로 정하는 교육훈련시설에서 정해진 교육과정을 수료한 사람</td><td>① 졸업증명서 원본(양성교육과정 수료이전)
② 교육훈련시설 수료증 원본
③ 교육훈련시설 성적증명서 원본
④ 보육실습확인서 원본
⑤ 사진파일(인터넷 신청 시 사진 등록)
⑥ 자격증 발급신청서(인터넷 신청 후 출력)</td></tr>
</table>

※ 보육업무 경력

가. 다음의 어느 하나에 해당하는 경력

1) 어린이집에서 어린이집의 원장, 보육교사, 특수교사 또는 치료사로 근무한 경력
2) 육아종합지원센터에서 육아종합지원센터의 장, 보육전문요원, 특수교사, 대체교사 또는 일시보육 담당 보육교사로 근무한 경력
3) 영유아보육법 제26조의2 제2항에 따른 일시보육서비스지정기관에서 기관의 장 또

자격기준	구비서류
는 일시보육 담당 보육교사로 근무한 경력 나. 『유아교육법』에 따른 교육과정과 방과 후 과정을 운영하는 유치원에서 원장, 원감, 수석교사 또는 교사로 근무한 경력 *『유아교육법』 제20조 규정에 따라 교원(원장, 원감, 수석교사, 교사)으로 근무한 경력만 해당되며 같은 법 제23조에 의한 강사, 기간제 교사, 명예교사 등으로 근무한 경력은 해당하지 않음 * 자격취득 및 승급을 위한 경력으로, 호봉인정 근무경력과는 다른 개념임 *『남녀고용평등과 일·가정 양립 지원에 관한 법률』에 따른 육아휴직 기간, 『근로기준법』『산업재해보상보험법』에 따른 업무상 재해로 인한 병가기간(1개월 이상)은 보육교사 승급을 위한 경력기간에 산입하지 않음	

출처: 보육교직원 국가자격증(http://chrd.childcare.go.kr/)

2) 보육교사의 자격을 위한 양성교육과정

보육교사 자격을 위한 양성교육과정으로 대학에서 이수하여야 할 교과목 및 학점 일반과 교육훈련 시설의 교육과정에 대하여 알아보면 다음과 같다.

(1) 대학에서 이수하여야 할 교과목 및 학점

보육교사 자격 취득을 위해 대학 등에서 이수하여야 할 교과목 및 학점은 〈표 10-3〉과 같다.

〈표 10-3〉 대학 등에서 이수하여야 할 교과목 및 학점

구분		교과목	이수과목(학점)
교사 인성 영역	필수 교과목	보육교사(인성)론, 아동권리와 복지	2과목 (6학점)
보육 지식과 기술 영역	필수 교과목	보육학개론, 보육과정, 영유아발달, 영유아교수방법론, 놀이지도, 언어지도, 아동음악(또는 아동동작, 아동미술), 아동수학지도(또는 아동과학지도), 아동안전관리(또는 아동생활지도)	9과목 (27학점)
	선택 교과목	아동건강교육, 영유아 사회정서지도, 아동문학교육, 아동 상담론, 장애아 지도, 특수아동 이해, 어린이집 운영관리, 영유아 보육프로그램 개발과 평가, 보육정책론, 정신건강론, 인간	4과목 (12학점) 이상

		행동과 사회환경, 아동간호학, 아동영양학, 부모교육론, 가족복지론, 가족관계론, 지역사회복지론	
보육 실무 영역	필수 교과목	아동관찰 및 행동연구, 보육실습	2과목 (6학점)
전체		17과목 51학점 이상	

※ 각 과목은 3학점을 기준으로 하며 최소 2학점 이상이어야 함

※ 상기 교과목 이외에 교과목 명칭이 동일하지 아니하더라도 교과내용이 동일하다고 인정받고자 하는 경우, 동일 교과목 심의를 보육교직원 자격검정위원회로 요청하여 동일 과목으로 인정받아야 하며, 심의절차는 자격검정위원회 운영규정에 따름. 단, 심의결과는 당해 대학에만 인정되고, 타 대학은 미적용(당해 사건에 개별적 효력만 인정)

※ 보육실습에 관한 기준

가. 실습 운영: 이론수업과 보육현장실습으로 운영

나. 실습 기간: 6주 240시간(2회에 나누어 실시 가능)

다. 실습 기관

- 정원 15인 이상으로 평가인증을 유지하는 어린이집이나 평가제 평가결과 A,B등급 어린이집
- 방과 후 과정을 운영하는 유치원

라. 실습 지도교사

- 보육교사 1급 또는 유치원 정교사 1급
- 실습 지도교사 1명당 보육실습생 3명 이내 지도

마. 실습 인정시간

- 평일(월요일~금요일) 오전 9시~오후 7시
- 실습시간은 하루에 8시간을 초과할 수 없음

바. 실습의 평가

- 보육실습일지와 실습평가서 작성
- 평가점수 80점 이상

출처: 보건복지부(2022). 2022년도 보육사업안내

위의 표에서 알 수 있듯이 보육교사 자격 취득을 위해 대학 등에서 이수하여야 할 교과목 및 학점을 살펴보면 교사 인성, 보육 지식과 기술, 보육 실무의 3개 영역에 각각 17과목(51학점) 이상을 취득하면 보육교사의 자격을 인정받을 수 있다.

(2) 교육훈련 시설의 교육과정

보육교사 자격 취득을 위해 이수해야 할 교육훈련시설의 교육과정은 〈표 10-4〉와 같다.

〈표 10-4〉 교육훈련시설의 교육과정

영역	교과목(학점)	이수과목(학점)
교사 인성	보육교사(인성)론(3학점), 아동권리와 복지(3학점)	2과목(6학점)
보육 지식과 기술	보육학개론(3학점), 보육과정(3학점), 영유아 발달 및 지도(3학점), 아동생활지도(3학점), 영유아 문제행동지도 및 상담(3학점), 특수아동 이해와 지도(3학점), 놀이지도(3학점), 언어지도(3학점), 아동음악과 동작(3학점), 아동미술지도(3학점), 아동수학지도 · 아동과학지도(3학점), 영유아교수방법론(3학점), 교재교구개발(3학점), 부모교육(3학점), 영유아 건강지도(2학점), 영유아 영양지도(2학점), 아동안전관리(3학점), 어린이집 운영관리(3학점)	18과목 (52학점)
보육 실무	아동관찰 및 실습(3학점), 보육실습(4학점)	2과목(7학점)
계	22과목 65학점 이상	

※ 각 교과목당 평가점수가 70점 이상인 경우에만 이수한 것으로 인정한다.
※ 학점당 시간은 15시간을 기준으로 한다.
※ 보육실습은 별표 4 비고 제2호에 따른 보육실습에 관한 기준을 준용한다.

출처: 보건복지부(2022). 2022년도 보육사업안내.

위의 표에서 알 수 있듯이 보육교사 자격 취득을 위한 교육과정의 영역으로는 교사 인성, 보육 지식과 기술, 보육실무의 3영역에서 22과목(65학점) 이상을 취득해야 보육교사 자격을 인정받을 수 있다.

3) 보육교사 보수교육

보수교육이란 그 직종에 종사하는 사람에게 직업에 관한 새로운 정보나 지식, 기술을 터득시키고 직종 종사자로서의 자질을 향상시키기 위하여 실시되는 교육이다. 다시 말하면 보수교육이란 일정 자격을 취득하고 관련된 직종에 임용된 보육교사들에게 교육에 대한 전문성을 향상시키기 위하여 자발적 또는 의무적으로 부과되는 각종 훈련이나 교육이다.

Trohanis(1985)는 보수교육의 역할을 다음과 같이 설명하고 있다.

① 새로운 내용의 변화 및 가르치는 기술, 새로운 기술을 교육에 적용시킬 수 있는 기회를 준다.
② 변화하는 지역사회의 요구에 맞는 교육을 할 수 있게 도와준다,
③ 다양한 교육의 대상을 이해하고 그들에 맞는 교육을 할 수 있게 해준다.
④ 전문가로서의 자질 및 소명감을 유지, 개선할 수 있게 한다.
⑤ 자격증 갱신에 도움이 된다.
⑥ 이직을 예방한다.
⑦ 프로그램의 약점을 보완할 수 있다.
⑧ 교육 수행 시의 새로운 문제를 파악하고 해결할 수 있는 능력을 기른다.
⑨ 연구의 결과를 적용할 수 있다.
⑩ 지역, 정부의 요구에 부응하는 교육을 시행한다.
⑪ 변천하는 사회에 적응하고 일상적인 직업 생활에서 벗어나 개인의 발전에 필요한 단체활동을 조장할 수 있게 한다.
⑫ 모든 교원들의 교육 신념 확립과 기념 향상과 협동적으로 문제를 해결해 나가는 태도와 실천력을 기르도록 한다.
⑬ 교사 자신의 지속적이고 지적인 성장과 새로운 사회의 변천에 적절히 대처하는 능력을 기르도록 한다.

이상과 같이 보수교육은 새롭게 변화하는 사회의 요구에 부응하고 교육의 효과를 높이기 위한 지속적이고 지적인 성장을 위해 교사가 계속적으로 받아야 하는 교육이다. 보육교사의 전문성 발달은 교사양성과정에 해당하는 직전교육과 교사가 된 이후의 보수교육에 의해 영향을 받는다.

우리나라는 2004년 12월 31일 「영유아보육법」이 개정되면서 보육교직원의 자질 향상을 위해 보수교육을 실시하도록 법제화하고 있다. 보수교육은 직무교육과 승급교육으로 구분되며, 대학(전문대학을 포함한다)이나 보건복지부령으로 정하는 전문기관에 위탁하여 실시하도록 하고 있다. 보수교육의 내용은 보육기초, 발달 및 지도, 영유아 교육, 영유아의 건강·영양 및 안전, 가족 및 지역사회 협력, 보육사업의 운영에 관한 영역이 포함되도록 하고, 그 구체적인 내용은 보건복지부장관이 정하도

록 되어 있다. 「영유아보육법 시행규칙」(제20조 제4항 【별표 7】)에 명시된 보수교육 실시기준을 살펴보면 그 내용은 다음과 같다.

(1) 직무교육

보육교사가 담당하는 교육 대상자에 따라 일반직무교육과 특별직무교육으로 구분하여 실시하되, 직무교육을 이수하여야 하는 연도에 직무교육을 이수하지 못한 경우에는 그다음 연도 12월 31일까지 이수하게 하여야 하며, 특별직무교육을 이수한 경우에는 일반직무교육을 이수한 것으로 본다.

① 일반직무교육

일반직무교육은 보육교사와 어린이집의 원장 직무교육, 장기미종사자 직무교육으로 구분되는데, 보육교사 직무교육은 현직에 종사하고 있는 보육교사로서 보육업무 경력이 만 2년이 지난 사람과 보육교사 직무교육(승급교육을 포함한다)을 받은 해부터 만 2년이 지난 사람이 대상이 되며, 어린이집 원장 직무교육은 현직에 종사하고 있는 어린이집 원장으로서 보육시설의 장의 직무를 담당한 때부터 만 2년이 지난 사람과 어린이집의 원장 직무교육을 받을 해부터 만 2년이 지난 사람이 그 대상이 된다. 그리고 장기 미종사자 직무교육은 어린이집 원장의 자격 또는 보육교사 자격을 가진 사람으로서 만 2년 이상 보육업무에 종사하지 않다가 다시 그 업무에 종사라는 사람이 대상이 된다. 일반직무교육 시간은 40시간을 원칙으로 한다.

② 특별직무교육

특별직무교육에는 영아보육, 장애아보육, 방과 후 보육이 있으며, 영아보육 직무교육은 영아보육을 담당하고 있는 일반직무교육 대상자와 영아보육을 담당하려는 보육교사 및 어린이집 원장이 그 대상이 된다. 장애아보육 직무교육은 장애아보육을 담당하고 있는 일반직무교육 대상자와 장애아보육을 담당하려는 보육교사 및 어린이집 원장이, 방과 후 보육 직무교육은 방과 후 보육을 담당하고 있는 일반직무교육 대상자와 방과 후 보육을 담당하려는 보육교사 및 어린이집 원장이 그 대상이 된다. 특별직무교육시간은 40시간을 원칙으로 하며, 영아·장애아·방과후 담당 보육교사로 근무하고자 하는 자는 사전에 특별직무교육을받아야 하는 것이 원칙이나, 불가피하게 받지 못한 경우에는 채용 후 6개월 이내에 받아야 한다.

직무교육과정을 정리하면 다음의 〈표 10-5〉와 같다.

〈표 10-5〉 직무교육과정

교육구분			교육대상	교육시간	비고
직무교육	일반 직무 교육	보육 교사	현직에 종사하고 있는 보육교사로서 보육업무 경력이 만 2년을 경과한 자와 보육교사 직무교육(승급교육 포함)받은 해부터 만 2년이 경과한 자	40시간	매 3년마다
		원장	어린이집의 원장의 직무를 담당한 때부터 만 2년이 지난 경우	40시간	매 3년마다
		장기 미종사자 직무 교육	만 2년 이상 보육업무를 수행하지 아니하다가 다시 보육업무를 수행하고자 하는 보육교사 또는 원장 자격 취득자	40시간	이수하고자 하는 자
	특별 직무 교육	영아 보육	영아보육을 담당하고 있는 일반직무교육 대상자와 영아보육을 담당하고자 하는 보육교사 및 어린이집 원장	40시간	이수하고자 하는 자
		장애아 보육	장애아보육을 담당하고 있는 일반직무교육 대상자와 장애아보육을 담당하고자 하는 보육교사 및 어린이집 원장	40시간	이수하고자 하는 자
		방과 후 보육	방과 후 보육을 담당하고 있는 일반직무교육 대상자와 방과 후 보육을 담당하고자 하는 보육교사 및 어린이집 원장	40시간	이수하고자 하는 자
원장사전 직무교육	-		「영유아보육법 시행령」 [별표1] 제1호의 가목부터 라목(일반, 가정, 영아전담, 장애아전담 어린이집 원장)까지 어느 하나의 자격을 취득하고자 하는 자	80시간	이수하고자 하는 자

※ 어린이집에서 특수교사나 치료사로 근무하는 자도 일반·특별직무교육대상으로서 보수 교육을 이수하여야 한다.(일반직무교육이나 특별직무교육 중 선택적으로 이수할 수 있음)
※ 보수교육을 연속하여 3회 이상 받지 아니하는 경우 어린이집 원장 또는 보육교사 자격이 정지될 수 있으므로 보수교육 대상자는 필히 보수교육을 이수하여야 함

출처: 보건복지부(2022). 2022년도 보육사업안내(2). 승급교육

승급교육은 보육교사 2급과 1급 승급교육으로 구분되며, 보육교사 2급은 보육교사 3급 자격 취득 후 보육업무 경력이 만 1년이 지난 사람이 그 대상이 되며, 보육

교사 1급은 보육교사 2급 자격 취득 후 보육업무 경력이 만 2년 이상이 경과한 사람(다만, 석사학위 소지자로서 보육교사 2급 자격을 취득한 경우는 보육업무 경력이 만 6개월이 지난 사람)이 그 대상이 되며, 이수하고자 하는 자에 한하여 실시된다. 그리고 승급교육시간은 80시간을 원칙으로 하며, 승급교육을 받은 사람은 일반직무교육을 이수한 것으로 본다.

보수교육은 해당 교육시간을 모두 출석한 경우에만 이수한 것으로 보며, 본인 또는 배우자의 직계가족의 사망·사고 또는 결혼, 본인의 사고·질병 등으로 인한 결석의 경우에는 교육시간의 최대 10% 범위에서 출석한 것으로 인정하되, 출석 인정을 받기 위해서는 반드시 관련 서류(제적등본, 주민등록등본, 사망신고서, 진단서 등 사유서)를 제출하여야 한다. 그리고 승급교육 대상자 중 평가시험에서 80점 이상을 받지 못한 경우에는 승급교육을 이수한 것으로 인정받을 수 없다.

승급교육과정을 정리하면 다음의 〈표 10-6〉과 같다.

〈표 10-6〉 승급교육과정

승급교육	대 상	시간	비고
1급 승급교육	보육교사 2급의 자격을 취득한 후 보육업무 경력이 만 2년이 경과한 자 및 보육교사 2급의 자격을 취득한 후 보육 관련 대학원에서 석사학위를 취득한 경우 보육업무 경력이 만 6개월이 경과한 자	80시간	이수하고자 하는 자
2급 승급교육	보육교사 3급의 자격을 취득한 후 보육업무 경력이 만 1년이 경과한 자	80시간	이수하고자 하는 자

출처: 보건복지부(2018). 2018년도 보육사업안내.

2004년 12월 31일 개정된 「영유아보육법」 제46조 제3항과 제47조 제3항에는 어린이집 원장과 보육교사가 보수교육을 연속하여 3회 이상 받지 않을 경우 어린이집 원장 및 보육교사의 자격을 정지시킬 수 있다고 명시하고 있다. 이는 국가적인 차원에서 보육교사의 질을 향상시키고자 하는 강력한 의지의 표명이라 할 것이다. 보육교사 또한 보수교육을 통해 교직에 있는 동안 지속적인 발전과 성장을 이룸으로써 영유아에게 보다 나은 보육을 제공할 수 있으며, 교사로서의 전문성을 보다 확고히 할 수 있을 것이다.

제11장

교사 입문과 발달

1. 예비교사의 보육실습

1) 보육실습의 목적

보육실습이란 대학에서 보육관련 교과목을 이수하고 보육교사 자격증을 취득하기 위한 자격요건으로 이수해야 할 교직과정의 한 영역으로서, 대학에서 이론적으로 학습한 것을 보육현장에서의 실제적 교육활동에 참여해 보는 과정을 의미한다. 다시 말하면 보육실습이란 대학 강의실에서 배운 보육 관련 영역을 현장에서 확인하고 적용해 봄으로써, 이론과 실제의 차이를 발견하고 수정 · 보완함으로써 보육교사로서의 자질과 적성을 평가하고 예비교사로서 지도교사의 도움을 받아 현장에 적응해 가는 과정이라고 볼 수 있다.

보육실습의 목적에는 형식적 목적과 실질적 목적의 두 가지가 있다.

첫째, 형식적 목적은 보육교사 자격을 취득하기 위하여 법령이 규정하는 바를 이수하는 것을 의미한다.

둘째, 실질적 목적은 풍부한 교직적 경험의 습득, 교수-학습 기술능력 향상, 교직자가 갖추어야 할 정신의 확립, 교직에 대한 자기이해와 자기평가를 말한다.

또한, 보육실습은 실제 현장에서 이루어지는 실습 중에서도 가장 실제적이며, 전문가를 교육하고 연구하는 과정이며, 그 무엇보다도 경험이 중요시된다.

2) 보육실습의 기준

보육실습의 기준을 살펴보면 다음과 같다.

① 보육실습은 이론수업과 보육현장실습으로 운영한다.

② 보육현장실습은 6주 이상 240시간 이상을 원칙으로 하되, 2회에 나누어 실시할 수 있다.

③ 보육교사의 자격을 취득하려는 사람이 보육실습을 신청하는 때에 법적으로 인가받은 정원 15명 이상으로 평가인증을 유지하는 어린이집 또는 교육과정과 방과 후 과정을 운영하는 유치원에서 보육교사 1급 또는 유치원 정교사 1급 자격을 가진 사람이 보육실습을 지도하여야 한다. 이 경우 실습 지도교사 1명당 보육실습생은 3명 이하로 한다.

④ 보육실습은 평일 오전 9시부터 오후 7시 사이에 한 경우에만 인정하며, 보육실습시간은 하루 8시간을 초과할 수 없다.

⑤ 보육실습의 평가는 보건복지부장관이 정하는 보육실습일지와 보육실습 평가서에 근거하여 하되, 평가점수가 80점 이상인 경우에만 보육실습을 이수한 것으로 인정한다.

3) 보육실습을 위한 사전 교육

(1) 보육실습생의 마음가짐

실습생은 소속하는 대학의 학생으로 실습에 임하고 있음을 지각하고, 실습의 목적을 달성하기 위하여 바른 마음가짐과 철저한 자기점검을 해야 한다.

서영숙 외(2006)는 실습생의 마음가짐을 다음과 같이 설명한다.

① 예절과 겸손한 마음을 가진다.

② 반갑게 인사한다.

③ 목적의식을 가진다.

④ 실습학생으로서 입장을 잊지 않도록 한다.

⑤ 사전 허가, 사후 보고를 한다.

⑥ 실습일지는 정확하게 기록한다.

⑦ 말씨에 주의한다.

⑧ 시간을 잘 지킨다.

⑨ 위생관리와 건강관리를 철저히 한다.

⑩ 밝은 웃음으로 대한다.

⑪ 실습생도 '선생님이다'라는 마음가짐을 갖는다.

그 외 실습생의 마음가짐으로는 따뜻한 인간성, 밝고 명랑한 음성과 화술, 때와 장소, 대상에 따른 적절한 어휘의 사용, 윤리적 표준, 신체적 · 정신적 건강, 학습지도를 위한 준비자세 등을 들 수 있다.

(2) 실습생의 용모

실습생의 용모는 현장 · 실습에 맞는 복장과 준비물을 갖추어야 한다. 실습생의 복장으로는 활동하기 쉽고 청결한 복장, 화장 · 긴 머리 · 손톱 등을 단정히 하고 그 외 어린이집에서 알려주는 사전 지시에 따르면 된다.

준비해야 할 준비물로는 기본 준비물(앞치마, 이름표), 필기도구(수첩, 볼펜), 영유아에게 줄 격려의 선물들(여분의 스티커, 도장)이 있다. 그리고 어린이집 방침에 따라 동의를 구하고 카메라, 녹음기 등으로 어린이집의 상황을 저장할 도구들을 준비하면 된다.

(3) 근무시간에 지켜야 할 사항(실습생의 근무요령)

서영숙 외(2006)가 말하는 실습교사의 근무요령을 알아보면 다음과 같다.

① 실습생의 근무요령

- 실습 실시 전에 실습기관을 방문하여 사전지도를 받는다.
- 실습생은 무단으로 결근, 조퇴, 외출, 지각을 해서는 안 되며, 불가피한 경우 사

전에 지도 교사에게 양해를 구해 정식 서류를 제출한다(예: 결근계).

- 출근은 지도교사의 출근시간 20~30분 전에 하며, 출근 즉시 출근부에 날인하고 보육시설 내외 환경 정비와 교수-학습활동 준비에 임한다.
- 퇴근은 가능한 한 지도교사가 전원 퇴근한 20~30분 후에 한다.
- 제반 실습기관의 보육방침을 이해하고, 적극적으로 협력해야 한다.
- 실습시간의 시설, 부품 등을 사용하고자 할 경우에는 소관자의 허락을 받은 다음에 사용하며, 사용 후에는 분명하게 반환한다.
- 간식시간이나 자유놀이시간에는 가급적 영유아들과 함께 지내도록 한다.
- 실습기관의 지시사항을 포함하며 하루의 일과는 자기 스스로 계획하여 생활한다.
- 실습일지는 매일 기록하여 지도교사에게 제출한다.
- 당직근무를 해야 할 때에는 당직자 근무수칙에 따라 근무한다.
- 실습기관을 자기가 근무하는 보육기관이라고 생각하고 봉사해야 한다.
- 실습으로 인하여 기관의 보육이나 그 분위기 조성에 장애가 되는 일이 없도록 노력한다.
- 실습기관의 제반 연구 과제를 종합하여 보고서를 작성, 제출하도록 한다.
- 일체의 사무 처리는 지도교사의 지도를 받아 정확하고 깨끗하게 처리하도록 한다.
- 특정 내용에 관해 선전, 비방을 하지 않는다.
- 실습생 상호 간은 서로 존경하고 협력해 실습의 성과를 최대한 거두도록 노력한다.
- 실습생과 실습생, 실습생과 원아, 실습생과 지도교사 간에는 표준말과 존대어를 사용한다.
- 실습생은 항상 배운다는 자세로 지도교사의 지도를 성실하게 받아들이도록 한다.
- 자기가 담당한 일이나 영유아와의 약속은 신속, 정확하게 지켜야 한다.
- 가능한 한 실습생은 현직교사처럼 단정한 복장을 하여야 한다.
- 명찰을 단다.
- 짙은 화장과 매니큐어 등을 하지 않는다.
- 적당한 비상금을 소지한다.

② 원아와의 관계

- 원아와의 관계는 어디까지나 교육적이어야 한다. 특정한 원아에 대한 편견이나 가정방문 등은 허용되지 않는다.
- 어떤 이유에서든지 원아에게 체벌을 가해서는 안 된다. 체벌 이외의 어떤 벌도 지도교사와 상의하여야 한다.
- 원아들에 대하여 잘 알아야 한다(영유아 성명과 개성 파악, 신체장애 등을 파악).
- 중요한 문제는 지도교사와 상의해야 한다.
- 영유아를 지도할 경우에는 항상 사랑으로 대하고, 각자 원아들의 개성을 존중해야 한다.
- 원아에게 모범이 되는 생활태도를 가져야 한다.

이를 종합해 볼 때, 실습교사는 예비교사로서 품위를 유지하고, 실습기관에 협력하며 실습기간 중 알게 된 기관의 이야기들을 외부로 발설해서는 안 된다. 또한 실습생으로서의 책임과 의무를 성실히 수행하여야 한다.

(4) 보육실습의 계획

보육실습은 정해진 기간 6주 동안 실시되며, 관찰에서부터 실제 수업지도까지 교사로서의 경험을 하게 된다. 보육실습의 절차는 일반적으로 현장실습의 시기와 방법의 결정, 실습생의 현장실습지 배정, 현장보육 실습기관의 설정, 서류 작성 및 발송, 실습생의 사전지도, 실습생의 실습지 사전방문, 현장실습 실시, 지도교수의 실습지 순회 방문, 현장실습의 평가 및 추후 지도로 이루어진다. 일반적으로 실시되는 보육실습 6주간의 계획은 〈표 11-1〉과 같다.

〈표 11-1〉 보육실습 연속형(6주 연속) 실시 내용 예

<table>
<tr><th colspan="2">주</th><th>1일차</th><th>2일차</th><th>3일차</th><th>4일차</th><th>5일차</th></tr>
<tr><td colspan="2">사전방문과 교육</td><td colspan="5">• 사전 방문하여 실습 오리엔테이션을 실시함
• 보육실습 일정과 내용, 준비물, 준비서류 및 기타 유의사항 합의</td></tr>
<tr><td>사전 참여 실습</td><td>1주</td><td colspan="5">• 어린이집의 운영 철학 및 보육서비스 등의 특징 파악
• 어린이집 보육교직원들과 친밀감 형성
• 모든 연령의 반 참여 관찰: 일과운영, 보육환경, 영유아-교사 상호작용 등 영아반과 유아반 고르게 경험(실습기관의 지침에 따라 순서는 융통성 있게 운영)
• 보육실습일지 작성과 지도교사의 평가</td></tr>
<tr><td rowspan="8">보육활동 운영실습</td><td rowspan="2">2주</td><td colspan="5">• 실습 반 영유아와 친밀감 형성하기
• 보조교사로서의 역할 수행하기</td></tr>
<tr><td colspan="2">• 실습 반 관찰(일과운영, 보육환경, 영유아-교사 상호작용 등)</td><td colspan="3">• 3주차 영역별 보육활동 선정 및 계획안 제출과 지도 교사의 평가</td></tr>
<tr><td rowspan="2">3주</td><td></td><td>영역별 보육활동실습</td><td></td><td>영역별 보육활동실습</td><td></td></tr>
<tr><td></td><td>자기평가, 지도교사평가</td><td>영역별 보육활동선정</td><td>자기평가, 지도교사평가</td><td>연계활동 계획안 제출</td></tr>
<tr><td rowspan="2">4주</td><td></td><td>연계활동 실시</td><td></td><td></td><td></td></tr>
<tr><td>연계활동 자료 준비 및 제작</td><td>자기평가, 지도교사 평가</td><td colspan="2">반일(일일)보육 계획 협의</td><td>반일(일일) 보육 계획안 제출</td></tr>
<tr><td rowspan="2">5주</td><td></td><td></td><td>반일(일일) 보육활동 실시</td><td></td><td></td></tr>
<tr><td colspan="2">반일(일일)보육 활동 자료 점검</td><td>자기평가, 지도교사 평가</td><td></td><td></td></tr>
<tr><td>사후 참여 실습</td><td>6주</td><td colspan="3">• 참여 관찰(일과운영, 보육환경, 영유아-교사 상호작용 등)
• 보조교사 역할 수행하기
• 보육 실습일지 작성</td><td>최종 어린이집 실습 평가회 (원장, 지도 교사 등 참여)</td><td>실습일지 및 기타 실습관련 서류 제출</td></tr>
</table>

출처: 한국보육진흥원(2017). 어린이집에서의 보육실습지도.

4) 보육실습의 실제

어린이집에서 실습의 실제는 관찰실습, 참여실습, 수업실습, 실무실습, 보육실습 마무리의 다섯 단계로 이루어진다(손애리 외 5, 2006).

(1) 관찰실습

관찰실습이란 수업실습과 실무실습에 들어가기 전 실습기관, 보육교사, 영유아에 대한 이해와 실제 지도에 필요한 객관적 사실에 대한 자료를 수집하는 활동이다. 관찰실습을 통해 파악해야 할 내용은 다음과 같다.

- 수업활동 시 교사-영유아 간의 상호작용을 이해한다.
- 관찰한 바를 기록하면서 교수 - 학습방법에 대한 기법을 연마한다.
- 담임교사의 교수방법과 영유아 다루는 기술을 알아본다.
- 관찰의 결과는 수업 실제 과정에 기초 자료로 삼는다.
- 영유아를 관찰하고 기록한다.
- 보육교사의 수업활동을 관찰하고 기록한다.
- 실습기관의 물리적 · 인적 환경 및 학급운영 방법을 관찰한다.

(2) 참여실습

참여실습은 수업실습 전 보육활동에 직접 참가하여 보육을 더욱 넓고 깊게 이해하는 것이다. 이 과정에서는 지도교사의 지시에 따라 지도교사 업무의 일부를 맡거나 보조하게 된다.

참가를 통하여 파악해야 할 내용은 다음과 같다.

- 학습 경영에 대한 이해 증진과 학급 담임의 역할을 체험한다.
- 보육기관의 행사와 행사교육에 대한 의의 및 교육적 가치를 발견한다.
- 교사로서 수행해야 할 직무수행 능력을 습득하고 근무부담과 근무조건을 이해한다.
- 영유아의 생활배경, 발달에 대한 이해와 보육내용에 관한 것을 파악한다.
- 환경구성에 참여한다.

- 부모교육 참가 등 보육 전반에 참여하고 돕는다.
- 사무처리 요령과 방법을 익힌다.

(3) 수업실습

수업실습은 관찰실습과 참가실습을 거친 후 실습교사 단독으로 수업을 실시하며 교사로서의 가장 중요한 역할인 교수 경험을 쌓는 것이다.

그 내용을 살펴보면 다음과 같다.

- 보육활동의 계획, 수행, 평가하는 실제 수업을 경험한다.
- 부분수업으로 하루 일과의 일부분을 맡아 수업을 실시한다.
- 연결수업으로 통합적 수업이 가능하게 한다.
- 반나절 또는 종일 수업을 해 봄으로써 수업 장면에서 일어날 수 있는 다양한 상황을 경험한다.

(4) 실무실습

교직에 복무하는 동안 교사로서 담당해야 할 업무를 알아보고 경험하는 과정이다. 예를 들면, 업무분장영역과 관련된 업무나 각종 서식 · 서류 관련 업무를 알아보고 경험하게 된다.

(5) 보육실습 마무리

보육실습 전 과정에서 실습교사 자신과 동료 실습교사의 수업 평가 및 선배 교사들의 연구수업 평가회 등에 참여하고 실습일지의 소감란에 자기반성의 내용을 기록하는 활동이 속한다.

- 끝까지 실습기간이라는 것을 명심한다.
- 장래와 일을 속단하지 않는다.
- 실습 중의 실수에 연연해하지 않는다.
- 자기 성찰 노트를 만들어서 자신의 실습을 점검한다.
- 제출물은 반드시 기일을 지켜야 한다.
- 실습 어린이집, 지도교사, 아이들과의 '실습 끝나는 날'을 맞는 준비를 한다.

보육실습확인서 양식(2017.1.1. 이후 실습 이수자)

보 육 실 습 확 인 서

1. 실습 이수자 기본사항

이 름	생년월일	양성교육기관명

2. 실습기관

실습기관명			실습기관 보육정원	
실습기관 인가 정원			최초인가일	년 월 일
구분	평가제		평가 등급 (평가 주가 시작일)	년 월 일
	평가 인증제		인증유효기간	년 월 일 ~ 년 월 일
주소			연락처	

* 어린이집은 운영형태(가정, 민간, 직장, 국공립 등) 기재, 유치원은 방과후과정 운영 여부 기재

3. 실습 지도교사

이 름	자격 종류	자격번호

* 실습 지도교사는 동일 실습기간 내, 보육실습생을 3명 이내로 지도하였습니까? (예 □/ 아니오 □)

4. 실습 기간

실습기간	년 월 일 ~ 년 월 일(주간)
실습시간	총 시간(매주 월요일~ 금요일까지, 오전 시~ 오후 시)

위 사람은 「영유아보육법시행규칙」 제12조 제1항에 의한 보육실습 기준을 준수하여 보육실습을 충실히 이수하였음을 확인합니다.

년 월 일

어린이집 원장 (서명 또는 인)
학과장 (서명 또는 인)

○ '13. 3. 1. 이후 어린이집에서 보육실습을 이수하는 경우, 「어린이집지원시스템」을 통하여 보육실습 내용 등록 및 제출
○ 보육실습 내용 시스템 미등록자는 첨부서류(① 실습기관 인가증 사본 ② 보육실습 지도교사 자격증 사본) 제출 필수
※ 영유아보육법 제48조에 따라 거짓이나 그 밖의 부정한 방법으로 자격증을 취득한 경우, 보육교직원 자격이 취소될 수 있습니다.

보육실습확인서 작성 방법 및 유의사항

실습 이수자 기본사항	보육실습 이수자의 기본정보를 빠짐없이 기재합니다. 양성교육기관명에는 재학 중인 대학 또는 교육기관명을 기재합니다.
실습기관	2017. 1. 1. 이후 보육실습 이수자는 어린이집 평가 관련 사항을 반드시 기재합니다. (단, 2016.12월 말까지 보육실습 이수자는 평가 관련 사항 제외) 가. 실습기관명: 보육실습을 이수한 어린이집 또는 유치원명을 기재합니다. 나. 기관종류: 어린이집은 운영형태(민간, 가정, 직장, 국공립 등), 유치원은 방과 후 과정 운영 여부를 기재합니다. 다. 실습기관 인가정원: 보육실습 시작일 기준으로 실습기관의 인가받은 정원을 기재합니다. 마. 구분: 보육실습 시작일 기준으로 실습기관이 평가제를 받은 어린이집인 경우 '평가제'에 체크(○). 종전규정에 따라 평가인증을 받은 어린이집인 경우 '평가인증제'에 체크(○)합니다.(유치원은 해당하지 않음) 바. 평가 등급('평가제' 체크 시 작성): 보육실습 시작일 기준으로 어린이집의 평가제 결과 등급(예: A, B)을 기재합니다,(유치원은 해당하지 않음) * 평가 주기 시작일: 보육실습 시작일 기준으로 어린이집이 받은 평가등급의 주기 시작일자를 기재합니다.(유치원은 해당하지 않음) 사. 인증 유효기간('평가인증제' 체크 시 작성): 보육실습 시작일 기준으로 종전 규정에 따라 평가인증을 받은 어린이집의 인증 유효기간을 기재합니다.(유치원은 해당하지 않음) 아. 주소: 실습기관의 주소지를 기재합니다. 자. 연락처: 실습기관의 연락처를 기재합니다.
실습 지도교사	가. 2007년 이후 보육실습 이수자부터는 실습 지도교사의 이름, 자격 종류(보육교사 1급 또는 유치원 정교사 1급 중 택1), 자격번호를 기재합니다. 나. 2013년 3월 1일 이후 보육실습 이수자부터는 실습 지도교사가 동일한 실습 지도기간 내에 실습생을 3명 이내로 지도하였는지 체크합니다. (체크 시 기존「실습 지도교사 1인당 3인 이내의 보육실습생 지도 확인서」 제출 불필요) ※ 실습 지도교사가 2인 이상인 경우 모두 기재함.
실습 기간	가. 총 시간: 1일 실습 시간에 실습 일수를 곱한 시간을 기재합니다. (예: 8시간(1일 실습 시간) X 30일(실습일수) = 240시간) 나. 오전 9시~오후 7시 사이의 시간을 입력합니다. ※ 유의사항 • 실습기간 중 질병으로 인하여 연속실습 불가능한 경우, 결석당일의 진료확인서를 준비하여 자격증 신청 시 제출함.(실습기간 6주 240시간은 준수해야 함) • 실습 중 실습기관 방학 등으로 실습기간 확인이 필요한 경우 '가정통신문(어린이집 직인 필수)등'을 준비하여 자격증 신청시 제출함.
직 인	보육실습확인서 1장에 어린이집 원장, 학과장 직인을 모두 날인해야 합니다. ※ 교육기관별(대학, 보육교사교육원, 평생교육원) 학과장 직인 날인 방법 • 대학: 보육실습 교과목이 개설된 학과의 학과장 직인 날인 • 보육교사교육원: 보육교사교육원장 직인 날인 • 평생교육원: 평생교육원장 직인 날인

2. 교사의 발달 및 관심사

교사는 교직 생활을 통해 끊임없는 성장과 변화의 과정을 거치게 된다. 이러한 교사의 변화는 경력에 따라 일련의 발달단계를 거치며 각 단계마다 독특한 특징이 있는데 그 중요한 특징 중의 하나가 관심사가 달라진다는 것이다. 다시 말하면 교사의 경력 년수에 따라 일련의 발달단계를 거치며 각 단계마다 그들의 관심사가 달라진다는 것이다. 여기서는 이은화, 배소연, 조부경(1995)의 보육교사론에 근거하여 교사발달의 의미가 무엇인지 알아보고, 발달과 함께 논의되는 관심사 이론에 대하여 알아보고자 한다.

1) 교사발달의 의미

'발달'이란 일반적이고 보편적인 패턴을 따라 점진적으로 진보해 가는 긍정적이고 이상적인 변화나 발전을 지칭한다. 따라서 '교사발달'이란 교사가 교직 생활을 통해 일반적이고 보편적인 패턴을 따라 점진적으로 진보해 가는 긍정적이고 이상적인 변화나 발전을 말한다.

'교사발달'은 여러 가지 의미로 사용되고 있는데 Floden(1980)은 '교사발달'을 다음과 같이 세 가지로 분류하고 있다.

첫째, '교직 생활 기간 중에 교사들이 어떻게 발달하고 변화하는가?'라는 문제에 초점을 두고 교사발달이론을 구성하려는 것이다.

둘째, '발달이론 내의 여러 구인들이 교사들 간의 개인적 차이를 설명할 수 있는가?'라는 문제를 탐구하는 것으로서 교사발달을 자아, 도덕성, 인지발달 등에 관한 이론에 대해 교사발달을 설명하고자 하는 것이다.

셋째, '교사의 성장 발달을 어떻게 지원 강화할 것인가?'라는 문제에 초점을 두는 것이다. 다시 말하면 교사발달이란 교직의 전 기간을 통해 교직과 관련된 지식, 기능, 태도 및 전망에 있어서의 긍정적이고 이상적인 변화를 의미한다.

2) 교사발달에 따른 관심사

교사 관심사란 교사들이 그들의 직무와 관련하여 지각하는 흥미, 불안, 요구, 스트레스나 염려 및 좌절, 문제, 기대 등 복합·다원적인 차원의 개념으로서 현재 또는 미래에 중요하다고 고려되어 이들을 긍정적인 방향으로 해결하고자 하는 일종의 자아실현을 위한 한 방법이라고 할 수 있다.

교사관심사 이론은 교사의 발달단계에 따라 각 단계에서 나타나는 주요 관심사를 규명하는 것으로, Fuller(1969)와 Katz(1972)의 이론을 살펴보면 다음과 같다.

(1) Fuller의 관심사 이론

Fuller(1969)는 교사의 근무단계별 관심사가 어디에 있느냐에 따라서 교사 관심사를 교직 이전 단계, 초기 교직 단계, 후기 교직 단계로 구분하여 설명하고 있다.

① 교직 이전 단계: 교직에 대해 특별한 관심이 없는 단계로 교육실습을 통해 처음으로 학생과의 접촉을 경험하거나 교사 지망생이 속하는 단계로서, 가르치는 것 자체에는 관심이 없다.

② 초기 교직 단계: 교사 자신의 자아에 대해 관심을 갖고, 교육 현장에서 자신의 존재와 위치에 대한 관심과 우려를 표한다.

③ 후기 교직 단계: 경험이 많은 교사들에게 해당하고, 교사 자신보다 학생들에 대해 관심을 기울이게 된다. 대체로 초임 교사는 경력이 많은 교사보다 자아관심사를 더 많이 가지고 있으며, 자아관심사가 해결된 이후 학생과 상황에 관심을 보인다.

(2) Katz의 교사발달이론

Katz(1972, 1977, 1985)는 Fuller(1969)의 교사 관심사 이론을 확장하여 교사의 근무 년수에 따라서 교사발달단계를 생존단계, 강화단계, 갱신단계, 성숙단계로 구분하였다.

① 생존단계: 최초 교직 생활 1년간의 시기로 교육현장에서 부딪치는 여러 가지 문제를 원활히 처리해 나갈 수 있을지에 많은 관심과 우려를 표한다. 따라서 이들에게는 지원, 이해, 격려, 확신, 위로 등 심리적 안정과 교실 현장에서 즉각적으로 활용할 수 있는 통찰력이 필요하다.

② 강화단계: 1년 말쯤 되는 때부터 3년 정도의 시기로서 어느 정도 안정감과 자신감을 갖게 되며 다른 업무나 기술을 숙달하고 개별적인 문제를 갖고 있는 영유아의 상황에 초점을 두기 시작한다. 이 시기의 교사도 현장에서의 즉각적인 지원과 특정 영유아 및 개별적 문제를 갖고 있는 영유아에 대한 정보를 제공해 줄 수 있는 동료교사나 전문가와의 정보, 감정교환이 많은 도움이 된다.

③ 갱신단계: 2년에서 5년쯤 되었을 때 무언가 새로운 것을 시도해 보고자 한다. 교사들은 다양한 프로그램에 대한 정보와 도움을 얻고자 하므로, 형식적·비형식적 방식으로 다른 프로그램을 운영하고 있는 동료 교사와의 만남, 전문적 협회 및 모임에의 참석, 전문 서적이나 잡지 보기, 자신의 수업을 비디오 촬영하여 분석하거나 타 학급이나 기관, 시범 프로젝트 방문, 교사센터나 여러 분야의 전문가와 상담하는 것이 많은 도움이 된다.

④ 성숙단계: 일반적으로 5년 이상 되었을 때 도달하는 시기로, 교사가 교사로서의 완전한 자신감과 경험을 갖추게 되는 시기이다. 이 단계의 교사는 교사로서 자신을 인정하고, 세미나, 단체, 학위 프로그램이나 과정, 협의회, 학술지, 폭넓은 독서, 여러 분야 전문가와의 만남 등이 자신들의 발달적 요구를 만족시키는 주요 방법이다.

Fuller(1969)와 Katz(1972)의 이론을 기초로 알 수 있는 것은 교사는 교직생활을 하는 동안 일련의 발달단계를 거치며 각 단계마다 교사의 관심사가 달라진다는 것을 알 수 있다.

제12장 부모교육 프로그램

1. 보육과정에서 부모의 역할

부모역할이란 한 성인의 여러 주된 역할 중 하나로 성인의 다른 역할과 차이가 있다. 부모역할의 특성은 다른 역할과 비교하여 다음과 같이 네 가지로 들고 있다.

첫째, 부모역할에 대한 압력은 남성보다 여성이 사회문화적으로 더 받는다. 남아나 여아는 특정 성역할 놀이를 선호할 것이 기대되는데 영유아기부터 여아는 놀이활동을 통해 부모역할을 하도록 것이 격려된다. 즉, 여아는 인형놀이를 하도록 권장되고 남아는 인형놀이보다는 공격적이며 모험적인 놀이가 격려되며 여아보다 남아의 사회화 경험은 가정 밖에서의 미래의 직업 역할 수행능력 발달의 기초가 된다. 성인이 되어서도 남자는 부모 역할보다는 직업인으로서의 역할이 더 강조된다.

둘째, 부모 이외의 다른 역할을 선택하는 데에는 우리는 어느 정도 자유를 갖는 것에 비해 부모 역할 선택은 항상 자의적인 것은 아니다. 즉, 살아가면서 우리는 언제라도 마음만 먹으면 자신의 직업을 바꿀 수 있다. 그러나 부모가 된다는 것의 기회는 항상 갖고 있는 것이 아니다.

셋째, 부모의 역할은 돌이킬 수 없는 것이다. 일단 임신을 하여 자녀를 출산하면, 자식을 남에게 입양시키기 전에는 부모역할을 피할 수 없는 것이다. 해고를 당하거나 본인 스스로 그만두면 직업인으로서의 역할은 안 할 수도 있으나, 부모역할이란 그만두거나 해고될 성질이 아니다. 설혹 자신이 부모로서 부적합하다고 생각하더라도 그만둘 수 없다.

넷째, 다른 역할에 비해 부모역할을 위한 준비가 부족하다. 부모로서는 부모역할을 위한 준비가 부족한 이유로 부모이기를 위한 구체적 경험의 부족, 성공적인 부모행동을 위한 지도의 부족, 부모로의 과도기가 급작스러운 점이라고 보고 있다.

이외에 우리가 생각해 볼 수 있는 것은 부모 역할에 이상적 모델이 없다는 것이다. 대부분의 역할에는 이상적인 모델이 있다. 그러나 부모 역할은 영유아마다 다르게 작용하므로, 모든 영유아에게 보편적이고 이상적이라고 할 수 있는 모델은 없다.

또한 부모역할이란 총체적 책임을 지는 것이며 사회에서의 대부분의 역할은 어느 한 측면에 대해서만 책임을 지게 되지만 부모는 자녀의 모든 일에 대해 궁극적으로 책임을 지게 된다.

마지막으로 생각할 수 있는 것은 부모역할이란 남녀 두 사람이 한 팀이 되는 것이라는 점이다. 따라서 부부가 행복한 결혼생활을 할 경우 협동하여 자녀를 양육하게 되어 장점이 될 수 있으나, 부부 사이에 문제가 있을 경우 한 팀으로서의 부모역할을 제대로 수행할 수 없게 되어 심각한 장애가 발생하기도 한다.

2. 보육을 위한 부모의 역할

부모가 담당하는 역할은 부모에 따라 다르며 보육을 위하여 부모가 감수해야 할 역할에는 원칙이 있다. 보육을 위한 부모의 역할은 가정 안에서의 역할과 가정 밖에서의 역할로 구분하여 생각해 볼 수 있다.

가정 안에서의 부모의 역할은 단적으로 말하여 교사의 역할이라고 할 수 있다. 자녀를 보호하는 역할만이 아니라 자녀가 발달하는 데 필요한 환경을 구성해 주고, 그들의 호기심을 자극해 주는 교사로서의 역할이 요구된다. 이를 세분해서 보면 다음과 같이 중요한 세 가지 종류의 역할이 기대된다.

첫째, 학습조력자로서의 역할이다.

영유아는 이 시기에 많은 것을 배우게 되며, 그 배움은 어린이집에서만 이루어지는 것이 아니라, 상당한 정도가 가정에서 이루어진다. 이러한 배움이 최대한으로 이루어질 수 있도록 도움을 제공해야 할 부모의 역할이 있다. 그러기 위해서는 계속되는 자녀의 질문에 답변도 해 주어야 하고 책도 읽어 주어야 하며, 놀이를 함께 해주어야 한다.

둘째, 모델로서의 역할이다.

영유아는 사회화 과정에서 자기가 동일시하는 성인을 모델로 받아들이고 그 모델에게서 발견되는 여러 가지 특징을 모방하면서 배우게 된다. 이것을 모방학습이라고 하며, 이러한 학습의 과정에서 부모는 모델로서의 역할을 해야 한다.

셋째, 인생의 안내자로서의 역할이다.

부모에게는 자녀가 장차 긴 인생을 살아가는 데 도움이 되는 태도, 습관, 규범, 예절, 몸가짐 등을 가르쳐야 할 역할이 기대된다. 그래서 세상을 살아가는 데 필요한 지침을 주고 어떻게 살아가는 것이 인생을 바르게 사는 길인가를 보여주고 가르쳐야 한다.

자녀가 어린이집에 취학하고 있는 경우 부모에게는 가정 안에서의 역할만이 아니라 가정 밖에서의 역할도 요구된다.

보육은 어린이집 단독으로 할 수 없는 것이며, 부모의 관여가 반드시 필요하고 이러한 역할을 구체적으로 정리해 보면 다음과 같다.

첫째, 부모회에 참여하여 부모들이 당면하는 여러 가지 교육상의 문제에 대하여 의견을 교환하고, 어린이집에서 부모가 공동으로 해결해야 할 문제를 찾고, 그 문제를 해결하는 과정에서 자신에게 요구되는 역할을 수행해야 한다.

둘째, 부모는 자녀의 발달상황을 고려하여 보육교사와 수시로 정보를 교환하고 협의를 해야 한다. 보육교사는 어린이집에서 영유아의 발달상황을 관찰하게 되고 부모는 주로 가정에서 자녀를 관찰하게 된다. 이렇게 각각 관찰한 결과를 종합하거나 서로의 정보를 교환하면 자녀를 이해하고 지도하는 데 큰 도움을 받을 수 있다. 그러므로 부모와 보육교사가 긴밀한 관계를 유지하는 일은 꼭 필요하다.

셋째, 지역사회에서의 활동이다. 유아의 생활의 장은 크게 나누어 가정, 어린이집 그리고 지역사회이다. 집 근처의 골목이나 놀이터 등이 유아의 생활에 있어서 중요한 터전의 구실을 한다는 것을 쉽게 관찰할 수 있다. 그러므로 지역사회의 환경을 유아의 성장, 발달에 도움을 줄 수 있는 방향으로 조성하는 일은 교육적으로 의미 있는 일이다. 이와 같은 지역사회의 환경 조성은 행정기관에서 담당해 주기도 하지만 그렇다고 행정기관에만 의존할 수 없다. 부모들의 자발적이고 협동적인 노력이 있을 때 지역사회의 활동과 개발은 더욱 촉진될 수 있다. 이와 같은 관점에서 지역사회의 환경 조성을 위한 자율적인 활동에 참여하는 일도 부모의 역할로 기대되는 일이다.

3. 부모교육의 개념

부모교육이란 부모들의 역할과 기능을 보다 효과적으로 충분히 발휘할 수 있도록 그들의 교육적 자질과 소양을 높이기 위해 제공되는 교육이라 할 수 있다.

부모교육에 관한 용어를 살펴보면 가정과 어린이집의 환경 그리고 그 속에서 이루어지는 교육 간의 상호작용 및 연결을 의미하여 흔히 부모교육(parent education), 부모훈련(training), 부모참여(participation)라는 용어를 함께 사용하고 있다.

우리나라에서는 부모교육이라는 용어를 많이 사용하고 있는 반면, 외국에서는 부모개입이라는 용어를 흔히 사용하고 있다. 또한 이러한 부모교육을 위한 프로그램 역시 부모교육 프로그램, 부모훈련 프로그램, 부모참여 프로그램, 부모개입 프로그램 등으로 다양하게 표현되고 있다.

Becker(1971)는 부모교육이란 넓은 의미에서 부모를 대상으로 부모로서의 역할과 행동양식을 교육하는 것으로 정의하였고, Morrison(1993)은 부모개입이 부모의 가능성을 실현하는 과정으로서 그들의 가능성을 발견하도록 돕는 것이라고 하였다.

Grotberg(1993)는 부모교육이란 부모로서의 역할 기능을 원활히 수행할 수 있도록 부모에게 정보나 지식을 전달하거나 기술을 가르치는 것을 말한다. 따라서 부모교육 목적은 기관의 도움 없이 혼자 힘으로 정보 및 서비스를 활용하는 능력을 배양하는 것이다. 부모참여란, 부모가 가족생활에 영향을 주는 특정 프로그램 결정권자로서 전문가와 지식 또는 정보를 교환하여 책무성을 받아들이게 하는 데 있다. 또한 부모지지란 친지로부터의 도움을 비롯하여 교회, 정치 · 사회 내의 각종 학부모회, 지방단체, 아동복지시설, 병원, 교육기관, 기업체, 기타 사회사업기관으로부터의 지원, 지지를 포함한다.

영유아보육에서 부모교육이나 부모참여가 중요시되고 그 필요성이 강조되는 이유는 부모가 자녀를 돌보는 시간이 줄어듦에 따라 부모-자녀의 효과적인 상호작용을 도와줌과 동시에 자녀의 교육과 발달을 위한 부모의 바람직한 가치관, 태도 및 행동이 필수적임을 인지시키기 위해서이다.

따라서 부모가 보육 및 발달에 보다 효율적인 가치관, 의식, 태도, 행동, 교수방법을 가지고 부모로서의 역할 수행을 하기 위해서 보육에 함께 참여하는 것은 매우 중요한 과제이다.

특히 보육에서 부모교육이나 부모참여가 중요시되고, 그 필요성이 요청되는 것은 다음과 같은 몇 가지에서 살펴볼 수 있다.

첫째, 영유아기는 일생을 통해서 사회, 정서, 인지 및 신체적, 발달을 가장 효과적으로 촉진시킬 수 있는 결정적 시기로 영유아기의 경험과 환경 등이 중요하다는 많은 연구 결과들은 부모교육의 중요성을 강조하는 주요한 요인이 되고 있다.

둘째, 현대사회의 특정적인 변화인 산업화, 분업화, 도시화는 가족의 구조와 기능의 변화를 가져왔으며 이로 인하여 가정의 전통적 문화전달 및 교육적 기능이 약화되어 가고 있기 때문에 부모교육이 필요하다.

셋째, 부모의 참여 없이는 보육교육의 효과를 증진시킬 수 없으며, 비록 그 효과가 있다 하더라도 오래 지속되지 않는다는 점이다. 그러므로 보육과 가정교육이 연계되어 보육의 효과를 지속 및 증대시켜야 한다. 따라서 어린이집에서 받는 영유아들의 학습 성과를 오래도록 지속하기 위해서는 그들의 부모가 보육활동에 관심을 가지고 적극적으로 참여할 수 있도록 어린이집에서는 부모들의 교육과 참여를 위한 다양한 프로그램을 개발하고 이를 실천해야 할 것이다.

4. 부모교육의 목적

현대사회의 급속한 성장과 지식 · 정보의 급증 등으로 일어나는 일련의 변화는 가족 및 사회구조에 변화를 초래했고, 이로 인해 가정-부모의 교육적 역할과 기능이 약화됨으로써 가치문화 전달자로서 부모의 가치체계 혼란을 낳아 부모교육의 필요성이 더욱 절실하게 되었다.

영유아기는 사회 ·정서 ·인지 ·신체적 성장이 가장 효과적으로 발달하는 시기로 가정환경은 영유아의 전인적 발달에 큰 영향을 미친다. 또한 어린이집은 영유아가 가정 밖에서 처음 접하게 되는 교육기관이므로 어린이집과 가정과의 상호작용 관계는 영유아의 바른 사회화를 위해 중요하다. 따라서 보육의 효과를 지속시키기 위해서는 영유아 발달 지원체계의 핵심인 부모의 보육에 대한 이해나 참여는 매우 중요하다.

그러므로 부모교육을 통해 부모들에게 보육에 대한 올바른 이해를 증진시키고, 영유아의 발달과 교육에 필요한 적절한 지식 및 기술을 기르도록 도와줌으로써, 자녀의 바람직한 발달은 물론 부모 자신의 자아개발과 바람직한 가정생활의 개선을 도모하여야 한다.

이와 같이 부모교육은 어린이집의 교육철학과 제반 여건에 따라 다양할 수 있겠으나, 실제적 운영 목표를 선정하기 위해서는 무엇보다도 부모교육 대상자의 요구가 파악되어야 하며, 그 결과 목표에 맞는 내용과 실행방법이 구체적으로 제시되어야 한다.

또한 교사는 부모의 참관, 가정통신문, 면담, 가정방문을 통해 부모에게 영유아발달 및 교육, 부모의 이해, 어린이집의 교육방향과 운영 전반에 걸친 정보와 지식을 전달하여 부모의 관심을 유도해야 한다.

이상을 요약하면 부모가 자녀를 이해하고 돕고 지도하는 데 필요한 지식, 능력, 태도 등을 익히도록 도와주기 위한 부모교육의 목적은 다음과 같다.

첫째, 자녀의 발달을 촉진시키기 위한 부모의 역할을 인식하도록 돕는다.

둘째, 자녀의 사회적, 정서적, 인지적, 언어적 및 신체적 발달과 이러한 발달을 증진하는 환경 조성에 관한 지식을 갖도록 돕는다.

셋째, 자녀양육·교육에서 부모가 당면하는 문제들을 해결하는 데 필요한 정보와 기법을 습득하도록 돕는다.

넷째, 어린이집의 교육에 적극적으로 참여하도록 돕는다.

다섯째, 일상생활에 필요한 일반상식을 갖도록 돕는다.

5. 부모교육의 유형 및 내용

부모교육의 내용은 그 시대에 따라, 국가의 교육적 요구에 따라, 부모교육의 목적이나 유형에 따라서 달라질 수 있다.

부모교육으로는 영유아발달 이해에 대한 내용과 영유아의 발달을 도울 수 있는 교육방법, 일상생활에서의 부모 역할, 영유아의 건강·안전·영양관리, 부모의 자질 형성에 관한 내용으로 진행될 수 있으며(이원영, 배소연, 2000), 영유아발달 및 그에 따른 양육 및 교육방법, 세부적으로 보육을 위한 부모의 역할, 영유아의 발달특징과 지도방법, 영유아의 문제행동과 그 지도방법, 자녀와의 대화기법, 가정에서의 학습환경, 어린이집에서의 부모참여, 부모를 위한 일반상식 등으로 세밀화하고, 부모의 발전을 위한 지식과 정보 및 기술 습득과 가정생활 운영에 필요한 지식 및 관련 정보들의 내용을 제공할 수 있다(유안진, 김연진, 1998).

현재 어린이집에서 실행하고 있는 부모교육의 유형과 내용에 대해 알아보면 다음과 같다.

1) 학부모 모임

학부모 모임은 대집단 강의로 많이 이루어지며 부모들에게 동일한 내용을 전달할 수 있어 어린이집에서 많이 사용되어 왔다. 그러나 개별 부모의 요구를 만족시키기 어렵고 대부분 낮시간에 이루어지므로 직장에 다니는 부모들에게 어려움을 주는 등 여러 문제가 지적되어 왔다.

대집단 강의가 성공적으로 이루어지기 위해서는 부모들이 관심을 갖는 주제를 선정하고 적절한 진행으로 이끄는 능력이 있어야 하며 너무 긴 시간을 계획하지 않는 것이 중요하다. 그 대표적인 것이 학기 초 학부모 오리엔테이션이다.

학기 초 학부모 오리엔테이션은 신입 원아의 학부모에게 어린이집 교육방침과 운영을 소개하는 시간이다. 대부분 어린이집 원장을 강사로 하여 대집단 모임을 갖고 각 반에서 교사와 부모가 인사를 나누는 시간을 마련하기도 한다. 대부분 신학기 시작 전에 기관의 사정에 따라 실시하고 이날 어린이집에 대한 안내 책자나 행사계획표 등의 편지를 나누어 주기도 한다.

학부모 모임은 채광이 밝은 곳으로 하며 참석 인원에 따라 좌석을 다양하게 변화시켜서 준비하는 것이 효과적이다.

2) 강연회

강연회는 초빙된 강사가 주제를 가지고 강연하는 내용을 듣는 형태이다. 일정한 주제나 전문분야에 대한 전문가나 관련 인사를 초빙하여 강연을 하므로 전문적인 지식을 들을 수 있어서 선호하는 면도 있으나 강사의 섭외에 어려운 점이 있다. 이러한 단점을 보완하기 위해서는 부모들이 알고자 요구하는 것, 또는 그들의 문제가 무엇인지를 사전에 파악하여 강연회 내용을 결정하되, 연간 계획을 부모들의 의견을 물어 수립하는 것도 바람직하다.

그러나 요즈음은 부모들이 매스컴이나 책을 통해 수많은 정보를 쉽게 접할 수 있고 부모들이 전문가에 의해 일방적으로 전달되는 강의에 흥미를 보이지 않는 등 많은 문제점이 나타나고 있어 강연회의 선호도가 줄어드는 상황이다.

3) 부모면담

부모면담은 교사와 부모의 가장 적극적인 의사소통이라 할 수 있으며 교사와 부모가 인간관계를 돈독히 하는 일에서부터 점차적으로 보육에의 참여로 나가야 한다고 하였는데, 대화를 통해 교사는 영유아의 가정환경을 알 수 있고 부모는 기관에서의 유아의 모습들을 이해할 수 있다는 의미에서 면담은 중요하다.

대부분의 어린이집에서는 교사와 부모가 긍정적인 관계를 형성하고 영유아에 대한 교사의 이해를 돕기 위해 학기 초 면담을 계획하며 자녀에 대한 부모의 이해를 돕기 위해 학기 말에 면담을 계획한다. 특히 영유아가 문제행동을 보일 때, 교사와 부모의 의사소통은 팔수적이다. 부모면담은 개별 면담과 집단 면담으로 나눌 수 있는데 영유아와 부모의 상황, 문제의 유형에 따라 적절하게 선택될 수 있다.

4) 가정통신문

가정통신문은 부모들에게 기관의 여러 가지 사항을 알리기 위해 어린이집에서 가장 많이 사용하고 있는 부모교육의 형태이다. 이것은 부모가 영유아의 경험을 이해하고 도와주는 역할을 하며 교사와 부모 모두 효율적이라고 인식하는 것으로 나타났다. 일반적으로 가정통신을 통해 어린이집의 교육내용과 행사, 부모의 참여사항 특별활동, 어린이집 운영, 가정 협조사항 등을 알게 된다.

1주일에 한 번씩 규칙적으로 보내기도 하고 특별한 행사나 알려야 할 내용이 있을 때 보내기도 한다. 가정통신으로 전달하고자 하는 내용이 방대해짐에 따라 보다 세분화하여 가정과 연계된 부모교육용 유인물을 사용하는 어린이집이 늘어나고 있다.

5) 부모교육용 유인물

유인물은 부모가 어린이집을 이해하는 데 도움을 주고 영유아에게는 어린이집과 일관된 맥락에서 부모가 상호작용할 수 있도록 도와줌으로써 보육의 효과를 높인다. 교육을 가정과의 연계를 통해 부분적으로 실행함으로써 공감대를 형성하고 부모역할을 보다 효율적으로 할 수 있도록 돕는다.

자료를 가정에 보내 부모를 자녀의 보육 과정에 직접 관여하게 하고 이를 통해 부모 스스로가 활동의 가치와 의미를 느낄 수 있도록 돕는다. 예를 들면 주제와 관련하여 관심 있는 것 조사해 오기, 노래나 동시 제공, 가정에서 할 수 있는 놀이 소개 등을 제공하는 것이다.

또한 부모역할이나 자녀와의 대화법, 영유아기 관련 정보들을 유인물 형태로 가정에 보내어 어린이집과 가정이 연계하여 자녀의 발달을 도울 뿐만 아니라 자녀의 문제를 해결함으로써 부모의 자녀에 대한 이해와 양육효능감을 높일 수 있는 내용과 정보를 알려줌으로써 부모교육의 효과를 높일 수 있다.

6) 부모자원 활용 및 부모참여 프로그램

부모자원 활용 및 부모참여는 부모가 자녀의 어린이집에서의 교사의 보조자나 일과 프로그램의 활동들을 자녀와 함께 참여하는 것을 말한다. 보조교사로서의 참여는 교사 대 영유아 비율을 감소시켜, 교사의 업무과다의 문제 해결 및 자녀의 효과적인 교육을 돕는다.

부모는 교사활동을 보조함으로써 교사와의 관계가 향상되고 자신의 성장, 발달은 물론 자녀에 대한 이해 수준이 증진된다. 또 전·현직교사, 의사, 경찰관, 소방관, 우체부, 예술가 등 다양한 직종에 종사하는 부모들을 일일 교사나 강사로 초빙하는 방안도 생각할 수 있다. 또한 교육활동에 필요한 자료 및 교구 등을 부모들이 실제로 참여하여 만들고, 배우고 실습해 봄으로써 자녀들이 무엇을 배우는지, 그 자료들의 교육적 기능과 효과가 무엇인지 이해할 수 있는 좋은 기회를 얻고 어린이집과 가정의 보육의 연계성을 높이는 데에도 크게 도움이 될 수 있다.

7) 수업참관

수업참관은 부모로 하여금 가정과 다른 상황에서 자녀의 행동을 객관적으로 살펴보고 그 차이를 발견하게 하고, 또래 집단에서의 자녀의 발달 정도와 개인차를 식별하고 이해하도록 돕는다. 또한 교사의 지도방법을 배워 가정에서도 일관된 방법으로 지도를 할 수 있도록 돕는다. 요즘은 보육에 대한 아버지들의 관심이 증가하고 있어서 부모가 함께 수업참관을 하여 자녀를 관찰하도록 초대하는 어린이집이 증가하고 있다.

수업참관은 가능한 많은 부모들이 참여할 수 있도록 계획되어야 하며 참관을 보다 교육적으로 이끌어 가기 위해서 참관의 목적, 내용 및 주의사항 등을 미리 인쇄물로 준비해 나누어 주고 이에 대해 질문이나 오리엔테이션을 받은 후 참관하게 하는 것이 바람직하다.

8) 도서 및 장난감 대여

도서 및 장난감 대여는 부모를 보육에 참여시키고 교육시키면서 어린이집과 가정의 원활한 관계와 협조를 목적으로 하는 프로그램이다. 어린이집에서 장난감과 도서관을 만들어 부모들에게 대여를 해주고 부모는 이것을 집으로 가지고 가서 자녀와 사용해 봄으로써 자녀에 대한 이해와 통찰력을 기를 수 있는 방법이다.

9) PET나 STEP 등의 대중화된 부모교육 프로그램

PET(Parent Effectiveness Training)는 고든이 개발한 부모교육이론 및 프로그램으로 부모효율성 훈련 또는 효율적인 부모훈련이라고 하며, 부모-자녀 문제는 일상생활에서 겪게 되는 많은 인간관계의 어려움을 성공적으로 해결할 수 있는 방법이나 기술이 부족하여 생기는 것이므로 부모-자녀 관계를 개선시킬 수 있는 방법과 기술을 훈련시켜야 함을 강조하여 개발하였다.

그리고 STEP(Systematic Training for Parent)프로그램은 딩크메이와 메케이가 개발한 종합적이고 체계적인 부모훈련 프로그램이다. 이 프로그램은 좀 더 훌륭한 부모가 되고자 하는 성인을 위하여 고안된 것으로 주 교재를 한 주에 한 장씩 읽으며 자녀양육 문제를 토의하고 경험담을 나눌 수 있는 내용으로 엮여 있다.

6. 부모교육의 실시현황

부모교육 프로그램과 부모참여 실태에 대하여 학부모 오리엔테이션과 입소유아의 초기 적응을 위한 프로그램은 대부분 어린이집에서 실시하고 있으며 부모는 상담에 가장 많이 참여하고 있었고, 다음으로 부모 오리엔테이션과 부모참여 참관수업의 비율이 높았다.

대체적으로 교사는 부모참여 목적이 보육활동에 도움이 되고 부모 자신도 새로운 면을 발전시킬 수 있는 계기이므로 힘들지만 반드시 필요하다고 인식하고 있었으며 이에 대해 부모도 가능한 참여해서 어린이집과 가정교육이 같이 연계교육할 필요가 있다고 생각한다.

부모참여 프로그램의 효과에 대해서 교사는 부모참여 프로그램 실시로 어린이집과 교사에 대한 인식 변화와 유아의 적응과 안정감의 정도 변화의 효과가 있다고 보았고, 부모의 참여가 가장 높은 상담과 참여수업에서 부모의 인식 변화가 가장 크다고 보고 있었으며, 부모의 인식 변화가 오는 시기도 참여수업 후가 가장 높았다. 또한 프로그램 운영의 가장 효과적인 시간은 평일과 토요일 오후였는데 부모와 교사의 편의를 고려하여 융통성 있게 운영시간을 고려하여야 한다.

그러므로 어린이집 부모가 종일제 직장에 근무하고 있으므로 따로 시간을 배정하여 부모교육을 받기보다는 부모 통신문과 등·하원 시 면담을 통해 자녀를 양육하는 데 필요한 정보를 얻고자 하는데 어린이집에서는 이러한 부모의 요구와 상황을 고려하여 부모교육을 실시하여야 한다.

7. 부모교육을 위한 자녀와의 대화기법

대화는 사람들 간의 모든 문제를 해결할 수 있으며, 갈등해소, 지능개발, 표현력개발, 인간관계 개선 등에 도움이 된다. 특히, 자녀와의 대화에서는 자녀를 한 개인으로 인정해야 하며, 자녀를 성실한 마음으로 대해야 한다. 또한 자녀를 공감적으로 이해해야 하며, 자녀를 최대한으로 수용해야 한다.

자녀와의 대화에서의 문제점은 대화과정에서 상승작용이 일어나면 대화가 중단되며, 심리적인 좌절감을 가져다준다는 것이다. 때문에 효과적인 자녀와의 대화방법이 필요한데, 나의 의사를 전달할 때는 나의 생각이나 감정을 표현해 주는 대화이어야 한다는 점이다. 예를 들어 상대방 의사를 들을 때는 수동적 대화방법과 침묵의 대화방법을 적용하는 방법이 있다. 긍정적으로 응해주는 것은 "응, 그렇구나!", "좀 더 자세히 얘기해 봐", "재미있는 생각이구나" 등 깊이 듣는 대화로 자녀문제를 돕고 적극적인 경청이 필요하다. 문제해결의 대화는 적극적으로 참여, 서로 만족할 수 있는 해결점 찾기, 부모의 사랑을 깨닫게 하고, 부모의 권위나 억압이 덜 필요 등도 있다. 반면, 자녀와 대화할 때 일방적으로 해결책을 제시하는 말투로 명령, 지시로 "공부해라", "숙제해라", "장난감 치워라" "싸우지 마라" 등의 말투는 쓰지 않는 것이 좋다.

자녀와의 바람직한 대화방법은 자녀를 인격체로 존중하는 말하기가 있다. 예를 들어 "네 생각을 들어보자" 등을 통해 공감대를 형성하고, 눈빛, 동작, 표정 등을 살피며, 수용하는 태도로 나의 생각, 감정을 표현하는 것이 중요하다. 즉, "너"가 아니고 "나"를 주어로, 한 번 말하고 두 번 듣고, 학생 및 자녀를 궁지에 몰지 말고, 자기 부정과 타인 부정 대신 타인 긍정, 자기 긍정의 대화로 이어져야 한다.

8. 부모교육의 효과

부모교육을 실시함으로써 얻을 수 있는 효과는 크게 유아에게 나타나는 효과와 참여 부모에게 나타나는 효과, 그리고 수직적 · 수평적 파급 효과로 구분할 수 있다.

1) 영유아에게 나타나는 효과

유아의 언어, 인지적 발달 및 보다 개선된 학문적 성취능력이 보여지고, 유아의 사회 · 정서적 발달이 초래된다.

2) 참여 부모(어머니)에게 나타난 효과

부모교육 프로그램이 어머니의 성장과 변화를 줌으로써 이러한 변화를 통해서 유아의 발달과 성장을 초래한다. 부모는 유아의 발달과 교육을 보다 긍정적으로 인식하게 되고, 부모로서의 역할 인식이 변화되며, 보다 증진된 지식과 기술 및 능력, 적극적인 참여의식, 관심, 태도를 형성하게 되었으며 전반적인 이해 수준과 의식 발달이 초래되어 보다 능력 있고 효과적인 교육자로서의 부모가 될 수 있다. 이러한 부모로서의 역할 인식의 변화는 유아의 발달과 교육에 보다 바람직한 교수행동, 양육태도를 사용하게 되고, 언어적 상호작용 증진, 일반적인 애정적 관계의 개선과 향상 등 전반적으로 유아와의 상호작용 관계에서 양적 · 질적 향상이 초래되어 부모는 아동발달 및 교육에 의미 있는 방법으로 기여하게 된다. 또한 성인으로서, 부모로서 부모 자신의 긍정적 자아개념, 자신감, 긍지, 자아존중감 등이 성취, 증진된다.

3) 수직적 · 수평적 파급 효과

부모참여의 효과는 부모교육 프로그램의 대상 부모와 주변의 가족, 가정환경 및 친구, 이웃, 지역사회, 유아교육기관과 교사에 이르기까지 수평적 파급효과가 초래된다. 가족생활 변화 및 가정기능이 향상되고 가정에서 교육적으로 보다 많은 인지적 자극이 유아에게 제공되며 가정에서의 교육자료 증진과 인지적 가정 환경요인이 증가되는 등 전체적인 가족 구성원 간의 관계 및 가정환경이 개선 · 변화된다.

4) 부모교육 프로그램

유아의 양육에 있어서 부모역할의 중요성은 더 말할 나위도 없다. 그러므로 어린이집에서의 바람직한 보육을 위해서는 부모의 적극적인 참여가 무엇보다 중요하며, 어린이집은 바람직한 부모교육을 통해 부모에게 유아양육에 대한 지식과 기술을 전달하고 바른 양육권을 형성시키며 유아들의 보육에 적극으로 참여하도록 이끌어야 한다.

어린이집의 부모교육에서 다루어야 하는 내용을 살펴보면 다음과 같다.

첫째, 부모역할의 중요성을 인식시킨다. 부모가 자녀의 일차적 교육자라는 사실을 인식시키며, 부모가 유아를 한 인격체로 보고 유아의 의사를 존중할 수 있도록 하고 부모에게 아동기의 중요성에 대해서 인식시킨다.

둘째, 부모에게 유아의 양육에 필요한 지식과 실제를 배울 수 있는 기회를 제공한다. 즉 건강과 영양의 필요성, 주변 환경의 중요성을 인식시키며, 유아를 키우면서 당면하는 문제해결 능력을 길러 준다. 또한 유아와 효과적으로 의사소통하는 방법을 습득하게 한다.

또한 어린이집에서 부모를 위한 프로그램을 계획할 때는 각 어린이집이 갖는 특수한 생활과 부모의 요구 등을 충분히 고려하여, 나름대로 적절한 방법을 채택하여 실시하도록 한다. 즉 학부모들의 교육 정도나 생활 수준은 어떠한지, 주로 종사하고 있는 직업은 어떤 것인지, 근무시간은 몇 시부터 몇 시까지인지, 부모모임을 갖는다면 낼 수 있는 시간은 어느 정도인지, 그 외 어린이집에 대한 요구사항은 무엇인지 등을 고려해야 부모교육이나 참여활동의 내용을 실제적으로 현실성 있게 효과적으로 운영할 수 있다.

「영유아보육법 시행규칙」 제23조에서 부모에 관련된 서비스의 기본 원칙은 보조자 또는 의사결정자로서의 부모참여, 부모교육, 보육과정을 관찰을 통하여 보육시설의 조직과 목표, 철학 등을 이해시켜 보육의 효과를 높이는 것이다.

따라서 부모들이 보육프로그램에 참여하게 되면 보육시설의 정책을 이해할 수 있을 뿐만 아니라, 교사가 그들 자녀를 어떻게 가르치는지 그리고 교사가 문제 사항을 어떻게 긍정적으로 처리하는지를 볼 수 있으며, 보조교사나 자원봉사자의 경험을 바탕으로 하여 가정 내에서 자녀의 학습을 보강할 수 있게 된다.

제13장
보육시설 평가인증제도

1. 평가인증제도의 도입

1) 평가인증제도의 추진 배경

최근 여성의 사회·경제활동이 늘어나고 저출산 문제가 심화되면서 영유아 보육 및 교육에 대한 우리 사회의 관심과 요구가 매우 높아졌다. 특히 결정적 시기인 영유아기에 대한 중요성과 영유아가 미래의 국가경쟁력의 기반이 되는 인적자원이라는 인식을 공유하게 되면서 우리나라뿐만 아니라 세계 여러 나라에서도 영유아의 건강한 성장에 대해 활발하게 관심을 기울이고 재정투자를 하고 있다.

1980년대 이후 우리나라는 경제발전과 더불어 여성의 사회·경제활동 참여가 확대되면서 영유아 보육에 대한 요구가 급속하게 증가하였다. 이에 정부는 1991년 「영유아보육법」을 제정하였고 1995년부터 어린이집 확충계획을 추진하여 어린이집은 양적 측면에서 규모가 매우 빠르게 성장하였다. 그러나 이러한 단기간 내 급속한 어린이집 양적 확충정책의 결과는 영유아에게 바람직한 보육서비스가 제공되고 있는가, 부모의 요구가 충족되고 있는가 등과 같은 심각한 우려와 의문을 제기하게 하였다(보육발전위원회, 2001; 서문희, 이상헌, 임유경, 2000; 양옥승, 2000; 유희정, 1998; 이순형, 이옥경, 1999; 정기원, 오미영, 안현애, 1995). 이는 2004년 「영유아보육법」 전면개정 이전까지 매우 미흡했던 어린이집 설치 기준과 종사자 자격 기준, 신고제 운영 등으로 인해 어린이집 설립이 쉬워 민간시설이 크게 증가하였던 것과 깊은 관계가 있다. 또한 양적 확충에 집중하여 관리감독을 소홀히 하였던 탓에 보육서비스의 질적 수준 저하는 보육 수요자뿐만 아니라 보육현장 스스로도 심각하게 보육서비스 질 개선의 필요성을 느끼는 수준에 이르게 되었다.

이와 같이 어린이집 질적 수준 관리 기제의 필요성이 제기됨에 따라 정부는 보육서비스의 질을 제고하기 위한 정책으로의 전환을 시도하여, 2003년 '어린이집 평가인증제 모형' 개발 및 2004년 「영유아보육법」 제30조에 '어린이집 평가인증'의 법적 근거를 마련하고 2005년 시범운영을 거쳐 2006년도부터 평가인증제도를 본격적으로 확대 시행하기에 이르렀다. 평가인증제도는 인가 후 어린이집이 합리적으로 운영되도록 하기 위해 도입된 질 관리 제도로서, 어린이집이 영유아들에게 양질의 보육서비스를 제공하고 있는지 스스로 점검하고 개선한 후 국가가 객관적으로 평가하여 인증하는 제도이다. 이제까지의 미흡했던 보육서비스의 질을 높이기 위해 시도한 대표적 질 관리 정책이라고 할 수 있다.

이렇게 2006년 본격 시작된 평가인증제도는 일정한 기간을 주기로 하여 점진적으로 보육의 질적 수준을 향상시켜 나갈 수 있도록 중장기적인 계획을 가지고 추진되었다. 이에 따라 제1차 평가인증은 2006년부터 시작되어 2009년까지 완료되었으며, 제2차 평가인증은 개정된 지표를 적용하여 2010년부터 시행되었다. 3차 시행을 위한 지표 개정이 2014년 추진되어 지표(안)가 2014년 11월경 개발되었으나, 2014년 말 국무조정실에 설치된 '유보통합추진단'에서 유보통합 1단계 추진과제 중 하나로 어린이집과 유치원 통합평가체계 구축이 추진됨에 따라 3차 지표(안)는 2차 지표와 병행하여 시범적으로 적용되었다. 어린이집과 유치원의 평가체계 통합은 기관의 다양성을 유지하면서 객관적으로 어린이집과 유치원의 질을 상호 비교할 수 있도록 각각의 평가체계를 바탕으로 평가의 객관성과 일관성을 강화하는 데 목적을 두고 추진되었다. 2015년 시범사업을 거쳐 2016년도 6월 '유치원·어린이집 평가체계 통합방안'이 발표되어 2017년 하반기부터 부처별로 시행되기에 이르렀다.

이제 보육의 발전은 단순한 양적 성장만을 의미하지 않는다. 「영유아보육법」 제정 당시 보호를 필요로 하는 일부 영유아를 대상으로 출발한 보육은 태어난 가정환경에 관계없이 모든 영유아에게 건강하고 행복하게 성장할 권리를 보장하는 개념으로 확대되었다.

특히 저출산 문제가 심각한 우리나라는 최근 부모의 경제활동과 사회참여가 영유아 양육과 양립할 수 있는 적극적인 지원방안을 필요로 하고 있다. 따라서 평가인증제도는 어린이집이 지향해야 하는 바람직한 보육서비스의 실제를 제시하고 질적 수준을 공정하게 평가할 뿐만 아니라, 어린이집을 이용하는 수요자에게 정확하고 유익한 어린이집 선택 기준 정보를 제공하여 보다 효과적인 보육서비스의 질 관리 기제로 작동해야 할 것이다.

2) 평가인증제도의 목적

어린이집에 평가인증제를 실시하는 목적은 보육현장에서 실행되는 보육내용의 질을 관리하는 방법으로 보육현장이 어떻게 운영되고 있는가를 살펴보아 보육서비스의 질적 수준을 높이고자 하는 것이 그 목적이다. 즉, 보육현장에서 제공하고 있는 영유아에 대한 보호 및 교육의 질적 수준을 개선 또는 향상시키기 위한 것이다.

이러한 평가인증제도는 법적 규제의 성격을 갖지는 않지만, 그 결과는 보육서비스의 질이 우수하다는 것을 입증하기 때문에 서비스의 전문성에 대한 공적인 효력을 나타낸다. 또한 보육시설 평가인증제도는 자발성에 기초하므로 보육시설 운영자 스스로가 보육서비스를 개선하고자 하는 의지를 갖는 것이 무엇보다도 중요하다.

서비스가 제공자와 대상자 간의 상호작용의 원리를 통해서 동등하고 협력적인 관계에서 제공되어야 하는 것과 마찬가지로 평가인증과정 또한 서비스의 한 종류로서 평가 자체에 못지않게 중요하다는 기본 원리가 적용된다. 자발적으로 시행하는 평가의 준비과정과 평가과정에서 일어나는 관계자들의 상호작용 속에서 보육서비스의 질이 개선되도록 하는 것이 평가인증제도가 추구하는 진정한 목적인 것이다.

질적 수준의 향상이 평가인증제도의 진정한 목적이라는 것은 평가의 결과(인증 여부의 결정)가 아니라 평가의 과정이 이 제도의 목적 자체임을 의미한다. 이러한 보육시설 평가인증제도는 아동, 보호자, 보육제공자, 정부 모두에 대해서 긍정적으로 활용될 수 있다고 했다.

어린이집 평가인증은 다음과 같은 목적을 가진다.

첫째, 보육서비스의 질적 수준을 향상시켜 영유아가 안전한 보육환경에서 건강하게 양육될 권리를 보장할 수 있도록 한다.

둘째, 어린이집이 보육서비스의 질적 수준을 높이고자 준비하고 노력하는 과정을 통해 원장과 보육교직원의 전문성이 증진되도록 한다.

셋째, 보육서비스의 질적 수준에 대한 정보를 제공하여 부모들이 합리적으로 어린이집을 선택할 수 있도록 한다.

넷째, 보육정책 수립의 주체인 정부가 보육현장을 효율적으로 지원하고 관리하는 체계를 확립한다.

3) 어린이집 평가인증제도 정착

어린이집 평가인증제도 도입 당시부터 현재에 이르기까지 추진되는 과정에서 평가에 대한 부담, 변별력 등에 대한 우려도 적지 않았다. 그러나 1, 2차 시행을 거치면서 평가인증제도가 보육서비스의 질적 수준 향상과 보육교직원의 전문성 향상에 기여하였다는 것에 많은 사람이 인식을 같이 했다.

여러 연구와 조사 결과에서도 평가인증제도의 안정적인 정착과 이로 인한 어린이집의 질적 수준 향상에 대한 긍정적인 평가를 확인할 수 있다. 먼저 평가인증 시행 결과에서 나타난 어린이집의 질적 수준을 살펴보면 2016년 말 기준 전국 어린이집의 약 80%가 인증을 유지하고 있고, 1차 시행 시 평균점수 87점대에서 2차 시행 시 평균점수가 93점대로 나타나 참여한 어린이집의 수준이 지속적으로 향상된 것을 알 수 있다. 이는 대부분의 어린이집에서 평가인증을 반드시 거쳐야 되는 것으로 인식하고 참여하고 있다는 것이며, 평가인증에 대한 이해와 기준을 충족하는 수준이 높아졌다는 것을 의미한다. 실제로 참여한 어린이집을 대상으로 한 설문조사 결과에서도 대부분의 어린이집에서 평가인증을 통해 보육서비스를 한 단계 향상되었다고 보고하였으며 만족도도 높게 나타났다.

또한 많은 지자체에서 평가인증 여부에 따라 어린이집에 대한 지원 및 인센티브를 연계하고 서울형 및 공공형 어린이집 제도의 시행이 평가인증제도를 기반으로 하고 있다. 이는 평가인증제도가 도입 시 목적했던 보육서비스 질 관리 기제로서의 역할, 합리적인 재정집행의 기준 제공 등의 기능을 충실히 하고 있다고 할 수 있는 지점이다.

이처럼 평가인증제도는 제도 도입 이후 약 10여 년 동안 보육서비스의 질적 수준을 높이는 데 기여하고 제도가 성공적으로 안착했다고 평가할 수 있다. 다만 평가의 사각지대에 있는 미참여 어린이집에 대한 질 관리를 위하여 평가제로의 전환 추진이 시급하고, 보육교직원들의 평가 준비를 위한 업무 경감, 평가 후 보육서비스 질 저하에 따른 사후 관리 등은 지속적으로 풀어나가야 할 과제로 남아 있다.

4) 어린이집 평가인증 효과

2005년 평가인증 실시 이후 평가인증에 참여한 어린이집, 보육교사 및 부모를 대상으로 평가인증의 인식, 효과 등에 대한 조사가 지속적으로 실시되었다. 그 결과를 살펴보면 다음과 같다.

평가인증 참여 어린이집에 대한 조사결과, 응답한 어린이집의 88.8%가 평가인증에 참여한 경험에 대해 만족한다고 응답하였으며, 94.0%가 질적 수준 향상에 매우 효과적이었다고 응답하였다. 또한 평가인증 참여 어린이집의 교사들을 대상으로 조사한 결과에서는 평가인증의 필요성에 대한 인식이 증가한 것으로 나타났으며, 대부분의 응답자가 평가인증에 참여한 이후 어린이집의 질적 수준이 '좋아졌다'고 평가하였다. 평가인증 참여과정을 통한 교사의 변화로는 1순위 '업무의 전문성 향상'을, 2순위 '직무에 대한 애정과 만족도 향상'을 꼽았다. 특히 교사들은 평가인증에 참여하면서 좋았던 점으로 '영유아를 위한 환경이 개선된 점'과 '교사 자신을 계발하는 기회'가 되었다는 점을 꼽아 평가인증제도가 영유아를 위한 환경 개선 및 교사의 전문성 향상이라는 목적을 달성하고 있는 것으로 나타났다.

2009년 육아정책연구소에서 실시된 인증 통과 어린이집과 평가인증 진행 중 어린이집, 미인증 어린이집을 대상으로 실시한 조사결과에서는 평가인증제도가 보육서비스의 질적 수준을 높이고 교사와 원장의 자부심과 교사효능감을 높이며 원아모집 등 어린이집 운영에도 긍정적으로 작용한 것으로 나타났다. 조사결과를 요약해

보면 다음과 같다.

첫째, 응답자의 대부분이 평가인증제도가 어린이집 질 관리의 중요한 수단이라는 인식을 하고 있는 것으로 나타났다. 둘째, 전반적으로 미인증 어린이집에 비하여 인증을 통과한 어린이집의 질적 수준이 유의미하게 높게 나타났다. 셋째, 평가인증은 원장이나 교사의 자부심에 긍정적 영향을 미치는 것으로 나타났으며, 특히 인증어린이집과 평가인증 진행 중인 어린이집, 미인증 어린이집 간에 교사효능감의 차이가 뚜렷하게 나타났다. 한편 응답 원장의 약 40%, 응답 보육교사의 60%가 평가인증 통과가 보육아동 모집 등 운영에 도움이 되었다고 응답하여, 평가인증 과정이 보육서비스의 질적 수준 향상뿐만 아니라 어린이집 운영에도 긍정적인 영향이 있는 것으로 나타났다.

이러한 결과는 2009년 육아정책연구소에서 실시한 다른 연구에서도 유사하게 나타났다. 평가인증 참여 이전과 참여 이후의 질적 수준을 비교하여 분석한 결과에 따르면, 질적 수준을 나타내는 현장관찰 점수가 전반적으로 향상되었다. 이러한 상승폭은 통계적으로 평가인증 과정이 어린이집에서 제공하는 서비스 수준과 환경 개선에 유의미하게 작용하였음을 알 수 있었다. 40인 이상 어린이집은 평균점수가 사전관찰 75.3점에서 평가인증 시 89.6점으로, 39인 이하 어린이집에서는 78.1점에서 평가인증 시 90.6점으로 향상되었으며, 각 지표의 하위 영역에서도 대부분의 점수가 향상된 것으로 나타났다.

평가인증의 효과성 및 편익성에 대한 연구도 이루어졌다. 보육관계자, 원장 및 교사, 부모 대상으로 평가인증의 효과성에 대해 조사한 결과 이들 모두 전반적 질적 수준 향상, 환경 개선, 교직원 전문성 향상에서 효과가 있다고 보고하였으며 부모들도 영양·건강·안전, 교육내용, 물리적 환경, 교사 자질에 기본적인 신뢰를 보였다. 또한 평가인증제도 도입으로 보육서비스의 질적 개선이 이루어진 정도를 화폐가치로 환가하여 평가인증제도의 경제성을 평가하였다. 이 연구에 따르면 평가인증제도의 도입에 따른 보육서비스의 질적 개선이 인증을 받은 모든 기관에서 발생하였을 것으로 가정한 경우는 순편익이 1조 1,302억 원으로 편익비가 20배가 넘고, 2009년 이후 민간시설과 가정시설에만 적용할 경우는 순편익이 5,032억 원으로 편익비가 8.5배로 계산되는 등 평가인증은 편익이 높은 사업으로 평가되었다.

평가인증제도가 도입된 이후 국내에서 평가인증 운영체계와 지표, 인증에 대한 인식 및 효과 등에 관한 많은 연구들이 이루어졌다. 평가인증 현장관찰자와 심의위원(학계, 원장, 공무원)을 대상으로 2차 시행을 평가한 결과, 90% 이상이 어린이집 질 관리방안으로 평가인증제도가 효과가 있다고 평가하였고, 60% 이상은 매우 효과가 있다고 평가하였다. 평가인증에 참여한 교사집단이 그렇지 않은 교사집단에 비해 평가인증이 필요하다는 인식이 더 높게 나타났고 개인적 효능감과 직무만족도 또한 비참여집단에 비해 높은 수준을 보였다. 또한 평가인증이 교사의 보육활동 자료 활용과 유아와의 상호작용을 촉진시키는 데 주요한 요인으로 나타나, 평가인증 참여가 교사의 보육과정과 궁극적으로 유아에게 긍정적인 영향을 미칠 수 있다고도 보고되었다. 그 외에도 어린이집에서 가졌던 평가인증제도의 부정적인 시각이 평가인증 참여 후 긍정적으로 변화한 것으로 나타났고, 평가인증 참여가 보육교사의 전문성 발달 수준과 교수효능감에 영향을 미치는 것으로 나타나는 등 다양한 측면에서 평가인증의 효과를 제시하고 있다.

이처럼 평가인증제도는 어린이집의 질 관리에 효과적으로 활용되고 있으며, 보육교직원, 부모, 영유아의 발달에까지 긍정적인 영향을 미치는 것으로 나타났다.

2. 어린이집 평가제

1) 어린이집 평가제 전환

평가인증제도 도입 후 저출산 및 양육부담에 대한 사회적 책임 강화로 보육서비스에 투입되는 재정 규모가 크게 증가하고, 영유아 시기의 중요성 및 아동의 권리에 대한 부모와 사회적인 인식이 높아져 왔다. 반면, 평가인증제도는 어린이집의 자발적 신청에 따라 운영되어 미인증 어린이집으로 인한 질 관리 사각지대가 존재하였으며, 최근 아동권리 보호, 아동학대 예방 등 아동 인권 및 안전관리 강화에 대한 사회적 요구 증가로 전체 어린이집의 평가 참여에 대한 필요성이 제기되었다.

2018년 12월 11일 「영유아보육법」이 개정 공포됨에 따라 2019년 6월 12일부터 어린이집에 평가제가 시행되었다. 평가제 시행은 지금까지 평가인증을 신청한 어린이집에 한하여 추진되어 온 질 관리가 전국 모든 어린이집에 대해 의무적으로 이루어졌다는 점에서 의미가 크다. 이는 전체 어린이집 질 관리를 위하여 단순한 제도 변화로서의 평가 자체에 목적을 두기보다는 평가를 통해 어린이집이 보육의 질적 수준을 향상시키고 유지하게 함으로써 영유아의 안전과 건강, 조화로운 성장과 발달을 도모하여 부모가 믿고 맡길 수 있는 안심 보육환경 조성에 기여할 것으로 기대한다.

2) 평가인증제도 시행 경과 및 평가제 추진 경과

어린이집 평가인증제도는 2003년부터 지표 및 운영체계가 개발되어 2년여에 걸쳐 시행 준비가 이루어졌으며, 2005년 시범운영을 거쳐 2006년부터 본격적으로 확대, 실시되었다. 2009년까지의 제1차 시행시기를 마치고, 2010년부터는 지표 개정을 통해 제2차 평가인증이 추진되었으며, 2014년 3차 지표 개발 및 시범적용을 거쳐 2017년 11월부터는 유보통합지표를 적용한 제3차 평가인증이 진행되어 왔다.

2018년 12월 「영유아보육법」 제30조에 법적 근거가 마련된 이후, 본격적인 평가제 시행을 위해 「보육서비스 질 제고를 위한 의무평가제 시행방안」 연구용역을 실시하여 평가제 운영체계와 지표 개발을 추진하였다. 연구를 통해 마련된 운영체계 및 지표(안)에 대해 공청회, 간담회, 온라인 대국민 의견수렴 등 다양한 창구를 통해 의견을 수렴하였다. 이는 보육전문가, 보육교직원, 부모 등이 참여한 협의체를 통해 최종 논의되었으며, 이후 중앙보육정책위원회의 심의를 거쳐 평가제 시행을 위한 운영체계 및 지표가 최종 확정되었다.

구체적인 추진 경과는 다음과 같다.

- 보육사업 활성화 방안 수렴 · 발표(2002. 3.)
- 어린이집 평가인증제도 실시모형 개발 관련 연구용역 실시(2003. 4.~12.)
- 어린이집 평가인증제도 도입 근거 마련〔영유아보육법 제30조〕(2004. 1.)
- 어린이집 평가인증 시범운영 실시(2005)
- 제1차 어린이집 평가인증 시행(2006~2009)

• 제2차 어린이집 평가인증 추진을 위한 연구 및 공청회 진행(2009. 3.~12.)
• 제2차 어린이집 평가인증 시행(2010~2017. 10)
• 어린이집 평가인증 결과 공표 시행(2013. 9.)
• 3차 지표 개발 및 의견수렴(2014)
• 3차 지표 시범사업 시행(2014. 11.~2017. 10)
• 유치원 · 어린이집 평가체계 통합방안 발표(유보통합추진단)(2016. 6)
• 제3차 어린이집 평가인증 시행(통합지표 적용)(2017. 11~2019. 6)
• 어린이집 평가제 시행(2019. 6~)

3) 추진 목적

어린이집 평가제 시행 목적은 다음과 같다.

첫째, 상시적인 보육서비스 질 관리를 위해 주요 핵심지표를 중심으로 질 관리 표준을 제시하고 어린이집 스스로 질적 수준을 제고하도록 한다.

둘째, 전체 어린이집에 대한 주기적 평가를 통하여 보육서비스 품질관리 사각지대를 해소하고 전반적인 보육서비스 수준을 지속적으로 관리하여 국가의 책무성을 강화하고자 한다.

셋째, 궁극적으로 평가제를 통해 보육서비스의 질 향상을 제고함으로써 영유아의 안전과 건강, 조화로운 성장과 발달을 도모하고자 한다. 이를 위해 영유아의 인권과 놀 권리를 보장하고 영유아가 건강하고 행복하게 성장할 수 있는 안심 보육환경을 조성하며, 보육교직원이 영유아 보육에 집중할 수 있는 여건을 조성한다.

4) 평가제 주요 내용

(1) 주요 특징

평가제는 전체 어린이집을 대상으로 평가가 원활하게 진행되고 등급별로 질 관리가 지속되도록 설계되었다. 어린이집에는 평가의무가 부여되므로 「영유아보육법」 제44조 제4의 6호에 따라 평가를 거부, 방해 또는 기피하거나 거짓, 그 밖의 부정한 방법으로 평가를 받을 시 그에 따른 시정명령 및 행정처분을 받을 수 있다.

〈표 13-1〉 평가인증제 및 평가제 특징 비교

구분	평가인증제	평가제
평가대상	평가인증 신청 어린이집	전체 어린이집
평가 절차	어린이집 신청 → 기본사항 확인 → 자체점검 → 현장평가 → 종합평가(총 4개월)	평가대상 통보 → 기본사항 확인 및 자체점검 → 현장평가 → 종합평가(총 3개월)
	참여수수료 어린이집 납부	참여수수료 전액 국가 부담
	• 기본사항 : 필수항목 9개, 기본항목 • 필수항목 미준수는 참여 제외, • 기본항목 미준수는 차하위 등급 부여	• 기본사항: 사전점검사항 5개 위반이력 사항 • 사전점검사항 미준수는 D등급 부여 • 위반이력사항 발생 시 차하위 등급 부여
	• 소위원회와 종합평가위원회에서 심의, 등급 결정	• 소위원회와 종합평가위원회에서 심의, 등급 결정 • 필수지표 및 요소 미충족 시 A등급 불가
평가결과	4등급(A, B, C, D) D등급 불인정	4등급(A, B, C, D)
평가주기	(유효기간) 3년(A등급 1년 연장 가능)	A, B등급 3년 / C, D등급 2년
결과공표	• 평가 받은 어린이집의 결과 공시 • 평가인증 결과, 인증이력 등 공개	• 전체 어린이집의 결과 공시 • 평가결과, 평가이력 등 공개
사후관리 및 등급조정	• 인정 어린이집 사후관리 • 연차별 자체점검보고서 제출 • 확인점검(무작위, 월단위 시기 안내) • 확인방문(배우자 및 직계존비속 또는 1년 이상 재직교사로 대표자 변경, 주소 변경) • 법 위반 및 행정처분 발생 시 인증 취소	• 평가 후 관리 - 연차별 자체점검보고서 제출(A, B등급) - 사후방문지원(C, D등급 의무 실시) - 확인점검(평가 관련 민원발생, 법 위반 및 행정처분, 정보공시 부실어린이집 등에 대하여 불시점검) • 평가등급 조정 및 관리 - 법위반 및 행정처분 발생 시 최하위 등급 조정
결과활용	인증어린이집에 대한 행·재정적 지원	• 평가 등급별 행·재정적 지원 등 • 지도점검 연계(2회 연속 D등급 어린이집)

출처: 한국보육진흥원(2022). 2022 어린이집 평가 매뉴얼(어린이집용)

3. 평가제 운영

1) 운영체계

어린이집은 평가과정은 평가대상 어린이집의 선정 및 통보로 시작되며, 기본사항 확인, 자체점검보고서 제출, 현장평가 순으로 진행된다. 어린이집 평가 운영체계는 아래와 같다.

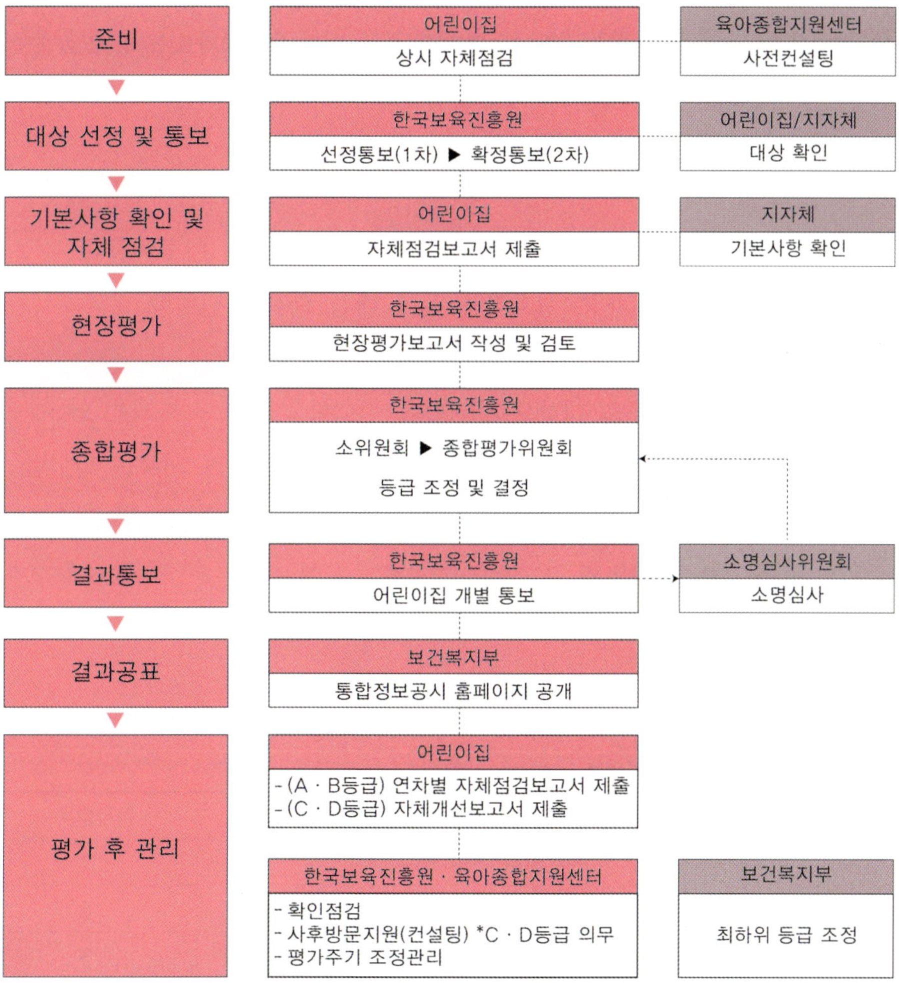

출처 : 한국보육진흥원(2022). 2022 어린이집 평가 매뉴얼(어린이집용).

[그림 13-1] 어린이집 평가 운영체계

2) 평가지표

평가지표는 제3차 평가인증에서 적용하였던 통합지표를 기반으로 하되, 어린이집 고유한 특성을 반영하고 2020년 시행되는 개정 누리과정 및 개정 표준보육과정의 맥락을 같이 하도록 세부내용을 반영하였다.

(1) 평가지표의 구성체계

① 구성체계

평가지표는 평가영역 > 평가지표 > 평가항목 > 평가내용(평가요소) 순으로 구성되었다.

② 평가방법

평가지표의 평가방법은 관찰, 면담, 기록 확인의 방법으로 이루어진다.

- 관찰: 보육환경, 보육과정, 상호작용 등에 대한 관찰을 진행함
  등원에서 하원까지 일과 동안 이루어짐
- 면담: 원장과 교사 등을 대상으로 면담을 진행함
  평가인증지표(항목 · 요소)에 관한 실행 여부 및 관련 내용을 확인함
- 기록: 평가인증지표(항목 · 요소)에서 실행 여부 및 내용 확인을 위해 요구되는 관련 기록을 확인함

(2) 평가지표의 구성

〈표 13-2〉 평가영역 및 평가항목 수

평가영역(항목수)	평가지표	평가항목수
1. 보육과정 및 상호작용(18)	1-1. 영유아 권리 존중(필수)	2
	1-2. 보육계획 수립 및 실행	6
	1-3. 놀이 및 활동 지원	3
	1-4. 영유아 간 상호작용 지원	4
	1-5. 보육과정 평가	3

평가영역(항목수)	평가지표	평가항목수
2. 보육환경 및 운영관리(14)	2-1. 실내 공간 구성 및 운영	4
	2-2. 실외 공간 구성 및 운영	3
	2-3. 기관 운영	4
	2-4. 가정 및 지역사회와의 연계	3
3. 건강 · 안전(15)	3-1. 실내 · 외 공간의 청결 및 안전	3
	3-2. 급 · 간식	3
	3-3. 건강 증진을 위한 교육 및 관리	3
	3-4. 등 · 하원의 안전	3
	3-5. 안전교육과 사고예방	3
4. 교직원(12)	4-1. 원장의 리더십	3
	4-2. 보육교직원의 근무환경	3
	4-3. 보육교직원의 처우와 복지	3
	4-4. 보육교직원의 전문성 제고	3

출처: 한국보육진흥원(2022), 2022 어린이집 평가 매뉴얼(어린이집용).

(3) 평가지표와 평가기준

① 보육과정 및 상호작용

보육과정 및 상호작용 영역은 총 5개의 지표로 구성되어 있다. 영유아의 권리 존중, 어린이집의 보육철학과 표준보육과정에 기초한 보육계획 수립 및 실행, 영유아의 놀이 및 활동에 대한 적절한 지원, 영유아 간 상호작용 지원, 보육과정 운영평가를 실시하고 있는지에 대해 평가한다.

〈표 13-3〉 보육과정 및 상호작용영역 세부내용

평가영역	평가지표	평가항목
1. 보육과정 및 상호작용(18)	1-1. 영유아 권리존중(2)	1. 교사는 영유아를 존중한다.
		2. 교사는 영유아를 차별 없이 대한다.
	지표등급	우수: ‘Y’가 2개, 보통: ‘Y’가 1개, 개선필요: ‘Y’가 0개
	1-2. 보육계획 수립	1. 표준보육과정을 바탕으로 어린이집의 철학을 반영한 보육계획을 수립한다.

평가영역	평가지표	평가항목
	및 실행 (6)	2. 영유아가 편안한 분위기에서 일상경험을 할 수 있도록 운영한다.
		3. 하루 일과에서 영유아의 자유놀이가 충분히 이루어지도록 한다.
		4. 바깥놀이 시간을 매일 충분히 배정하여 운영한다.
		5. 특별활동은 운영 지침에 따라 운영한다.
		6. 장애영유아를 위한 관련 서비스(치료지원 포함)를 일과 중에 통합적으로 제공한다.
	지표등급	(일반) 'Y'가 5개, 보통: 'Y'가 3~4개, 개선필요: 'Y'가 2개 이하 (장애) 'Y'가 6개, 보통: 'Y'가 3~5개, 개선필요: 'Y'가 2개 이하
	1-3. 놀이 및 활동 지원(3)	1. 교사는 놀이와 활동이 영유아의 자발적 선택에 의해 주도적으로 이루어지도록 격려한다.
		2. 교사는 영유아의 놀이 상황을 관찰하면서 놀이와 관련된 상호작용을 한다.
		3. 영유아의 다양한 놀이와 활동에 필요한 자료를 제공한다.
	지표등급	우수: 'Y'가 3개, 보통: 'Y'가 2개, 개선필요: 'Y'가 1개 이하
	1-4. 영유아간 상호작용 지원(4)	1. 교사는 영유아의 감정에 공감하고 스스로의 감정을 다룰 수 있도록 돕는다.
		2. 교사는 영유아가 일상에서 자신의 의견, 생각 등을 또래와 나눌 수 있도록 격려한다.
		3. 교사는 영유아가 적절한 약속과 규칙을 지키도록 격려한다.
		4. 교사는 영유아 간 다툼이나 문제가 발생할 경우 다양한 해결방식을 사용한다.
	지표등급	우수: 'Y'가 4개, 보통: 'Y'가 2~3개, 개선필요: 'Y'가 1개 이하
	1-5. 보육과정 평가(3)	1. 반별 보육일지에 하루 일과 및 놀이실행에 대해 평가한 내용이 있고, 필요한 경우 평가내용을 다음 보육계획에 반영한다.
		2. 개별 영유아의 일상생활, 실내·외 놀이 및 활동에 대한 관찰내용을 기록하고 영유아의 발달특성과 변화를 평가한다.
		3. 원장은 각 반별 보육과정 운영에 대한 평가를 통해 어린이집 전체 보육과정 운영을 파악하고 있다.
	지표등급	우수: 'Y'가 3개, 보통: 'Y'가 2개, 개선필요: 'Y'가 1개 이하
1영역 등급		(우수) '우수' 등급 지표가 4개 이상(필수 포함) (보통) '우수' 및 '개선필요' 등급에 해당하지 않는 경우 (개선필요) '개선필요' 등급 지표가 1개 이상

② 보육환경 및 운영관리

보육환경 및 운영관리 영역은 총 4개의 지표로 구성되어 있다. 실내 공간 구성 및 운영, 실외 공간 구성 및 운영, 기관 운영, 가정 및 지역사회와의 연계가 원활하게 이루어지고 있는지에 대해 평가한다.

〈표 13-4〉 보육환경 및 운영관리영역 세부내용

평가영역	평가지표	평가항목
2. 보육 환경 및 운영 관리(14)	2-1. 실내 공간 구성 및 운영(4)	1. 보육실 내 흥미영역 또는 놀이영역은 영유아의 연령 및 발달특성을 고려하여 영유아의 놀이와 연계하여 구성한다.
		2. 실내 시설 및 설비가 영유아의 발달 수준에 적합하다.
		3. 영유아의 요구를 충족하는 보육실 이외의 별도의 공간을 마련하고 있다.
		4. 비품과 활동자료를 보관하는 별도의 공간이 있고 체계적으로 정리하고 있다.
	지표등급	우수: 'Y'가 4개, 보통: 'Y'가 2~3개, 개선필요: 'Y'가 1개 이하
	2-2. 실외 공간 구성 및 운영(3)	1. 옥외놀이터 등을 구비하고 있다.
		2. 영유아 발달을 지원하는 다양한 놀이 및 활동자료가 준비되어 있다.
		3. 영유아의 발달에 적합한 다양한 바깥놀이 및 활동이 이루어진다.
	지표등급	우수: 'Y'가 3개, 보통: 'Y'가 2개, 개선필요: 'Y'가 1개 이하
	2-3. 기관 운영(4)	1. 모든 반을 편성 규정에 맞게 운영하고 있다.
		2. 어린이집 운영계획을 수립하여 부모에게 안내한다.
		3. 신규 보육교직원에게 오리엔테이션을 실시하고 있다.
		4. 신입 영유아 적응을 위한 지원을 하고 있다.
	지표등급	우수: 'Y'가 4개, 보통: 'Y'가 2~3개, 개선필요: 'Y'가 1개 이하
	2-4. 가정 및 지역 사회와의 연계(3)	1. 어린이집을 개방하여 다양한 부모참여와 교육이 이루어진다.
		2. 평소 가정과 다양한 방법으로 소통하고 정기적인 개별면담을 통해 가족을 지원한다.
		3. 지역사회와 연계한 다양한 활동을 실시하고 있다.
	지표등급	우수: 'Y'가 3개, 보통: 'Y'가 2개, 개선필요: 'Y'가 1개 이하
2영역 등급		(우수) '우수' 등급 지표가 3개 이상 (보통) '우수' 및 '개선필요' 영역에 해당하지 않는 경우 (개선필요) '개선필요' 등급 지표가 1개 이상

③ 건강 · 안전

건강 · 안전 영역은 총 5개의 평가지표로 구성되어 있다. 실내 · 외 공간의 청결 및 안전, 급 · 간식, 건강증진을 위한 교육 및 관리, 등 · 하원의 안전, 안전교육과 사고예방 등에 대해 평가한다.

〈표 13-5〉 건강 · 안전 영역 세부내용

평가영역	평가지표	평가항목
3. 건강 · 안전 (15)	3-1. 실내 공간 청결 및 안전(3)	1. 실내 · 외 공간을 청결하고 쾌적하게 관리한다.
		2. 실내 · 외 공간과 설비를 위험요인 없이 안전하게 관리한다.
		3. 실내 · 외 공간의 놀잇감과 활동자료와 위험한 물건을 안전하게 관리한다.
	지표등급	우수: 'Y'가 3개, 보통: 'Y'가 2개, 개선필요: 'Y'가 1개 이하
	3-2. 급간식 (3)	1. 영양의 균형을 고려한 급간식을 제공하고 있다.
		2. 식자재의 구입보관 및 조리공간을 위생적으로 관리하고 있다.
		3. 조리 및 배식과정을 청결하고 위생적으로 관리하고 있다.
	지표등급	우수: 'Y'가 3개, 보통: 'Y'가 2개, 개선필요: 'Y'가 1개 이하
	3-3. 건강증진을 위한 교육 및 관리(3)	1. 손 씻기, 양치질 등 청결한 위생습관을 실천한다.
		2. 교사는 영유아의 건강상태를 살펴보고 적절하게 지원한다.
		3. 영유아와 보육교직원의 건강증진을 위한 예방관리와 교육을 실시한다.
	지표등급	우수: 'Y'가 3개, 보통: 'Y'가 2개, 개선필요: 'Y'가 1개 이하
	3-4. 등하원의 안전(3)	1. 교사는 영유아의 출석을 확인하며 인계규정에 따라 귀가지도를 한다.
		2. 영유아는 등원부터 하원까지 성인의 보호하에 있다.
		3. 등하원용 차량을 운행할 경우 안전요건을 갖추어 관리한다.
	지표등급	우수: 'Y'가 3개, 보통: 'Y'가 2개, 개선필요: 'Y'가 1개 이하
	3-5. 안전 교육과 사고 예방(3)	1. 영유아를 대상으로 안전교육을 지속적으로 실시하고 있다.
		2. 보육교직원은 안전교육을 받고 영유아 학대 예방 지침을 준수한다.
		3. 안전설비를 비상시 효율적으로 사용할 수 있도록 관리하고 있다.
	지표등급	우수: 'Y'가 3개, 보통: 'Y'가 2개, 개선필요: 'Y'가 1개 이하
3영역 등급		(우수) '우수' 등급 지표가 4개 이상(필수 포함) (보통) '우수' 및 '개선필요' 영역에 해당하지 않는 경우 (개선필요) '개선필요' 등급 지표가 1개 이상

④ 교직원

교직원 영역은 총 4개의 평가지표로 구성되어 있다. 원장의 리더십, 보육교직원의 근무환경, 보육교직원의 처우와 복지, 보육교직원의 전문성 제고 등에 대해 평가한다.

〈표 13-6〉 교직원 영역 세부내용

평가영역	평가지표	평가항목
4. 교직원	4-1. 원장의 리더십(3)	1. 원장은 자신의 전문성 향상을 통해 어린이집 발전에 기여한다.
		2. 원장은 보육교직원을 존중한다.
		3. 원장은 건전한 조직문화 조성을 위해 노력한다.
	지표등급	우수: 'Y'가 3개 보통: 'Y'가 2개, 개선필요: 'Y'가 1개 이하
	4-2. 보육교직원의 근무환경(3)	1. 교사를 위한 별도 공간을 마련하고 있다.
		2. 교사를 위한 개인사물함과 업무지원 설비를 마련하고 있다.
		3. 성인용 화장실을 영유아용과 별도로 설치하여 사용하고 있다.
	지표등급	우수: 'Y'가 3개 보통: 'Y'가 2개, 개선필요: 'Y'가 1개 이하
	4-3. 보육교직원의 처우와 복지(3)	1. 보육교직원 복무와 보수에 관한 규정이 있으며, 이를 준수하고 있다.
		2. 교사의 직무스트레스를 예방하고 관리할 수 있는 서비스를 안내 및 제공한다.
		3. 보육교직원을 위한 복지제도를 운영하고 있다.
	지표등급	우수: 'Y'가 3개 보통: 'Y'가 2개, 개선필요: 'Y'가 1개 이하
	4-4. 보육교직원의 전문성 제고(3)	1. 보육교직원의 전문성 제고를 위한 다양한 교육 기회를 부여하고 있다.
		2. 교사의 상호작용에 대한 관찰과 지원을 실시하고 있다.
		3. 교사에 대한 근무평가를 실시하고 있다.
	지표등급	우수: 'Y'가 3개 보통: 'Y'가 2개, 개선필요: 'Y'가 1개 이하
4영역 등급		(우수) '우수' 등급 지표가 3개 이상 (보통) '우수' 및 '개선필요' 등급에 해당하지 않는 경우 (개선필요) '개선필요' 등급 지표가 1개 이상

부록

연령별 발달 특성 (보육프로그램 총론, 2008)

1. 0세아 발달특성

1) 0~6개월

(1) 신체발달

〈외형적 발달〉

- 출생 후 첫 6개월 동안 신체발달은 아주 급진적이다.
- 신체적 발달은 일정한 방향을 가지고 이루어지게 되는데 상부에서 하부로, 내부에서 외부로 발달하게 된다.
- 생후 6개월 동안 영아의 몸무게는 하루에 20~30g씩 증가하며 생후 5개월이 되면 몸무게는 출생 시의 2배가 된다.
- 키 역시 매우 빠르게 성장하는데, 평균적으로 매달 2.5cm씩 자란다.
- 머리의 성장도 빠르게 진행되어 처음 6개월 동안은 머리둘레가 다달이 증가한다. 6개월 된 영아의 머리둘레는 남아가 43.6cm, 여아가 42.5cm이다.
- 3~4개월에 이가 나기 시작한다.

〈감각의 발달〉

- 신생아는 미각이 시각보다 먼저 발달한다. 특히 단것을 선호한다.
- 후각은 미각과 마찬가지로 출생 시에 거의 완전하게 발달된다.
- 출생 시부터 소리를 들을 수 있다. 생후 20일경 어머니의 목소리와 낯선 사람의 목소리를 구별할 수 있다.
- 출생 시에 시력이 제한적이나 1개월경 움직이는 물체를 눈으로 잠시 동안 좇을 수 있다.
- 3개월경 전체 형태를 인식한다.
- 4개월경 천천히 움직이는 물체를 좇아서 쳐다볼 수 있고, 딸랑거리는 소리가 나는 물체를 쳐다보고 팔을 뻗친다.
- 영아는 움직이는 물체에 초점을 맞추고 쳐다보거나 어머니의 목소리 등 친숙한 소리에 관심을 기울임으로써 시각 및 청각적 변별능력을 나타낸다.

〈운동기능의 발달〉

가. 대근육 발달

- 태어나서 몸을 제대로 가누기 어려웠던 영아는 차츰 몸을 조절하기 시작하며 다양하게 새로운 시도를 할 수 있게 된다.
- 1개월경 엎드린 자세에서 턱을 들 수 있다.
- 2개월경 엎드린 자세에서 가슴을 펴고 어깨를 들 수 있다.
- 3개월경 머리나 가슴을 들기 위해 팔을 사용한다.
- 3~4개월경 혼자서 몸을 뒤집고, 뒤를 받쳐주면 앉는다.
- 5개월경 양팔을 가슴 밖으로 빼고, 배에서 등으로 뒤집기를 한다.
- 5~6개월에 보조 없이 앉아 있을 수 있다.
- 6개월경 아기 의자에 앉을 수 있다.
- 6개월경 사람이나 가구의 도움으로 설 수 있다.
- 6개월경 기는 동작을 통해 자기 힘으로 돌아다닐 수 있다.
- 겨드랑이 밑에 손을 넣어 잡아 두면 두 다리에 힘을 주어 몸무게를 지탱하고 통통 뛴다.

나. 소근육 발달

- 1개월경 장난감이 손에 닿으면 손을 꽉 쥔다.
- 1개월경 고리를 쥘 수 있다.
- 2개월경 누워서 팔을 쳐든다.
- 3개월경 느슨하게 손을 펴거나 오므린 채 있는다.
- 3~4개월경 손을 폈다가 주먹을 쥐고 대상을 보고 손을 뻗는다.
- 손에 닿는 물체를 입으로 가져간다.
- 6개월경 손 전체를 이용해 작은 크기(약 5cm 정도)의 블록 장난감을 집는다.

다. 일상생활

- 신생아들은 빨기 · 잡기 등의 반사식 행동양식을 나타낸다.
- 3개월 정도가 되면 수면, 수유, 깨어 있는 시간이 보다 규칙적이 된다.
- 6개월이 되면 낮에 깨어 있는 시간이 점점 많아진다.
- 6개월경 치아가 나기 시작하면서 짜증을 내기도 한다.

(2) 정서발달

- 3개월경 소리내어 웃기 시작한다.
- 3~6개월에 영아들은 무엇이 일어나려고 하는지 예측할 수 있고, 그렇지 않을 때에는 실망을 경험한다. 그들은 이것을 분노하거나 조바심치는 행동을 함으로써 표현한다. 미소짓고 목을 울리는 소리를 내면서 좋아한다.
- 4~5개월 사이에 영아는 주 양육자와 밀접한 심리적 유대감을 형성하게 된다.
- 얼굴, 목소리 그리고 거울에 나타나는 상에 대해 미소를 띠기 시작한다.
- 즐거운 감정이 나타난다.
- 갑작스러운 큰 소리에 대해 공포를 보인다.
- 껴안아 주면 편안함을 느낀다.
- 5개월경 감정이 세분화되기 시작한다.
- 6개월이 되면 새로운 사람에 대해 전보다 두려움을 나타낸다.

(3) 사회성발달

- 첫 달에 영아는 안정감에 대한 기본적인 욕구를 발달시키는데, 안정감과 신뢰감은 다른 사람과의 관계를 통해 발달한다.
- 1개월경 엄마의 얼굴을 빤히 쳐다보고 엄마의 말에 반응한다.
- 사람에 대해(특히, 얼굴과 목소리에) 특별한 관심을 갖는다.
- 1~3개월에 영아들은 자극을 받아들이기 시작하며, 흥미와 호기심을 나타내어 사람을 보면 즉시 미소 짓는다.
- 생후 3개월부터 주 양육자와의 애착이 이루어진다. 이 시기에 일정한 양육자가 일관되게 영아의 신체보호와 생리적 욕구 등을 충족시켜 주어야 정서적인 안정감은 물론 영아 스스로 가치 있는 사람으로 인식하게 되며 주변 환경에 대한 신뢰감이 형성될 수 있다.
- 4개월경 혼자 미소를 짓고 낯선 분위기를 눈치 채고 울거나 당황해 한다.
- 4개월경 거울에 비친 자기 모습과 다른 사람의 모습을 구별하며, 실물과 인형에게 각각 다르게 반응한다.
- 5개월경 영아는 자기에게 낯선 사람과 친숙한 사람을 분명히 구분하게 된다.
- 6개월경 커다란 거울 앞에서 거울에 비친 자신의 모습을 보며 톡톡 두드린다.
- 6개월경 영아는 다른 영아에게 미소를 짓거나 손으로 만지고, 옹알이를 하는 행동을 보인다.
- 주의 끌기와 사람과의 접촉을 추구하기 시작한다.
- 친숙한 사람들 간에 구분을 짓고 선호도가 생긴다.
- 6개월경에는 자신이 스스로나 타인에게 영향을 줄 수 있다는 것을 깨닫게 된다.

(4) 언어발달

- 울음으로 시작된 신생아의 의사 표현은 차츰 쿠잉과 옹알이와 같은 좀 더 적극적인 시도로 변화된다. 이러한 의사 표현의 시도는 이후로 언어발달의 기반을 이루는 것으로 매우 중요한 경험이 된다. 옹알이를 하면서 소리에 대한 변화를 배우고, 말소리와 그 의미를 연결시키지는 못하지만 점차 자신의 목적을 위해

언어를 사용할 수 있다는 것을 알게 된다.

- 1개월경 소리를 내기 시작한다.
- 1개월 반 정도에 목 울리는 소리를 낸다.
- 4개월경 크게 소리 내어 웃거나 괴성을 지른다.
- 4개월경 특별히 사람의 소리에 보다 분명한 반응을 나타낸다.
- 4개월경 영아는 혼자 소리로 옹알거리며 여러 가지 음성을 표현하는데 주로 모음이다.
- 5개월부터는 '음마, 마마, 나나' 등의 의미 있는 옹알이를 하며 자신의 귀로 들으면서 활동을 계속한다.
- 6개월경 영아는 '마, 다, 나'와 유사한 발성을 한다.
- 6개월경 '마마마'라는 자음과 모음이 합성된 여러 가지 단순한 소리를 반복하면서 옹알거린다.
- 6개월 된 영아는 소리나는 쪽으로 고개를 돌린다.

(5) 인지발달

- 눈과 귀, 손, 발, 입의 오감각을 통해 환경을 적극적으로 탐색하기 시작한다.
- 생후 3개월간 영아의 자기조절 능력이 향상되고, 3개월 이후에 환경을 탐색하는 외부와의 상호작용이 활발해진다.
- 자신의 행위로 인해 환경에 어떤 효과가 만들어지는 것을 즐긴다.
- 4개월 이후에 의도적으로 어떠한 행동을 시도하는 목적성을 갖게 된다.
- 흥미있는 결과를 기대하며 반복하여 행동하기를 즐긴다.
- 수단과 목적과의 관계에 대한 초보적인 지식을 갖게 된다.

2) 7~12개월

(1) 신체발달

〈외형적 발달〉

- 생후 1년이 되면 출생 시 몸무게의 3배로 늘어난다.
- 다리 길이보다는 주로 몸체의 길이가 길어져서 상체가 길고 하체가 짧은 독특한 체형을 이루게 된다.
- 12개월 된 여아는 머리둘레가 46cm 정도이며 생후 1년이면 머리의 크기는 거의 33% 정도 증가하게 된다.
- 12개월이 되면 뇌의 무게는 2.5배로 증가한다. 이러한 뇌의 성숙으로 인해 원시적 반사는 점차 목적 있는 운동으로 대체되며 새로운 반사가 나타나 운동발달에 영향을 주게 된다.
- 가슴은 점차 어른의 외형을 닮아 좌우 지름이 전후 지름보다 커진다. 12개월이 되면 가슴둘레는 머리둘레와 비슷하게 된다.
- 1년 동안 체중이 3배 정도 증가되는 데 비해 심장의 무게는 보통 2배 정도로 느리게 증가된다. 심장의 크기는 흉강의 크기에 비해서는 상당히 큰 편으로 가슴 넓이의 거의 55%를 차지한다.

〈감각의 발달〉

- 차츰 성인과 같이 물체에 눈의 초점을 맞출 수 있게 되며, 대상의 어느 한 지점을 응시하던 것에서 차츰 물체의 윤곽을 볼 수 있는 능력도 발달된다.
- 생후 1년이 되면 아주 작은 소리도 식별할 수 있는 능력이 생겨나며 소리의 높낮이, 음색 등을 구별할 수 있다.

〈운동기능의 발달〉

가. 대근육 발달

- 영아는 신체이동 능력이 증가하여 주변 환경을 보다 적극적으로 탐색하게 된다.
- 7개월경 손으로 바닥을 짚고 앉아 있을 수 있으며, 팔을 붙잡고 세워 주면 다리

를 깡충거린다.

- 8개월경이 되며 배밀이를 통해 몸을 이동시킬 수 있으며, 혼자 앉기 시작한다.
- 손과 무릎만 바닥에 댄 자세로 서 있는다.
- 8개월경 가구 앞에 세워두면 가구를 붙잡고 서 있는다.
- 9~10개월에는 손과 무릎을 이용하여 기어 다니거나 가구 등을 붙잡고 일어설 수 있게 된다.
- 10개월경 혼자 안전하게 앉아 있을 수 있다.
- 10개월경 두 손으로 가구를 잡고 그 주변을 걷는다.
- 가구를 붙잡고 서 있다가 혼자서 앉을 수 있다.
- 11개월경 균형을 잡도록 두 손을 어깨높이에서 잡아 주면 걷는다.
- 12개월경에는 혼자 일어설 수 있고, 어른이 붙잡아 주면 걸을 수 있게 된다.
- 사람을 부딪쳐 큰 소리내기, 넣어 보기, 깨물기, 던져보기, 열고 닫기, 밀거나 당기기, 쏟고 채우기, 질질 끌고 다니기 등을 시도한다.
- 물장구치는 목욕놀이를 좋아한다.
- 계단을 기어서 오른다.
- 신발을 신거나 기저귀를 차기 위해 발을 든다.
- 12개월경 어른과 공놀이를 할 수 있다.

〈소근육 발달〉

- 6~7개월에는 손바닥으로 물건을 쥐고 손목을 돌린다.
- 7개월경 팔을 뻗어 원하는 장난감을 잡는다.
- 7개월경 방울 달린 장난감을 쥐고 흔들면서 소리에 반응한다.
- 7개월경 장난감을 다른 손에 옮겨 잡을 수 있다.
- 7~8개월에는 손가락 움직임이 나타난다.
- 8개월경 양손 모두에 장난감을 잡고 있을 수 있다.
- 8개월이 지나면서 손을 뻗치는 행동과 잡기 능력을 조정하기 위해서 시각 활동을 강화시킨다.
- 손에 쥔 장난감을 바닥에 내리친다.

- 바구니 안에 들어 있는 장난감을 꺼낸다.
- 9개월경 한 손으로 물건을 조작하면서 동시에 다른 한 손으로 물건을 잡기 시작한다.
- 9~10개월경 장난감을 집어서 상자 안에 넣을 수 있으며, 종이에 그림을 그릴 수 있다.
- 손가락 끝으로 장난감을 잡을 수 있다.
- 손가락으로 사물을 콕콕 찌르기도 한다.
- 10개월경 직접 벨을 눌러 소리가 나게 할 수 있다.
- 10개월경 엄지와 집게손가락을 써서 물건을 잡을 수 있다.
- 10~12개월에는 손가락을 사용하여 물건을 잡을 수 있다.
- 유아용 숟가락을 쥐고 사용할 수 있다.
- 흘리기도 하지만 컵을 사용해 물이나 주스를 마실 수 있다.
- 혼자서 영아용 과자나 크래커를 먹을 수 있다.
- 장난감을 내려놓고 손을 뗄 수 있다.
- 생후 1년을 전후한 이 시기는 협응능력이 발달하기 시작하여 영아의 눈과 손, 손과 발 등 감각기관과 운동능력 간의 협응능력이 발달하게 된다.
- 서로 다른 과제에 각각의 손을 사용하기 시작한다.

〈일상생활〉

- 7개월 이후 영아는 점차 잠자는 시간이 줄어들고, 오전과 오후에 두 차례 낮잠을 잔다.
- 음식에 대한 신호가 나타나기 시작한다.
- 10개월경 자기의 우유병을 직접 잡을 수 있다.

(2) 정서발달

- 일정한 양육자가 일관되게 영아의 신체 보호와 생리적 욕구 등을 충족시켜 주면, 영아는 자신을 스스로 가치 있는 사람으로 인식하게 되고 주변 환경에 대한 신뢰감도 시작된다.

- 생후 1년간 형성된 신뢰감은 다음 단계의 성격, 자아개념, 사회적 발달에 있어서 중요한 기반이 된다.
- 영아는 자신의 감정을 차츰 구체적으로 표현하게 된다.
- 생후 7~8개월이 되면 낯을 가리고 낯선 사람에 대한 불안을 표시한다.
- 7~9개월경 더욱 분화된 정서들 즉, 즐거움, 공포, 분노, 놀라움을 나타낸다.
- 가끔씩 화를 내고 떼를 쓴다.
- 10~12개월 된 아기들은 다른 아이가 우는 것을 보면 같이 운다.
- 12개월경에 희로애락의 감정이 완성되며, 행복, 기쁨, 흥분, 불안, 두려움 등의 감정을 더욱 명확하게 표현한다.

(3) 사회성발달

- 장난감에 대한 선호가 생긴다.
- 사람이나 사물에 대하 소유를 주장한다.
- 다른 사람을 지켜보고 모방할 때도 있다.
- 주의를 끌고 사회적 효과를 끄는 데 관심이 있다.
- 간단한 사회적 놀이(예: 까꿍놀이)를 즐긴다.
- 또래와의 상호작용을 좋아하고 긍정적인 반응을 나타낸다.
- 7개월경 엄마나 애착 대상에게 반응을 불러일으키도록 신호를 보낸다.
- 7개월경 거울에 비친 자신의 모습을 보고 쓰다듬는다.
- 7~9개월경 영아들은 사회적인 놀이를 하며, 사람들로부터 반응을 얻으려고 노력한다. 다른 영아들을 만지고 그들에게 말하려고 하며, 그들로부터 반응을 얻기 위해서 부추긴다.
- 9~12개월경 영아들은 그들의 주된 양육자에게 집착하며, 낯선 사람을 두려워하고, 새로운 상황에서 억제된 행동을 한다.
- 10개월경 다른 영아에 대한 호기심과 관심이 더욱 증가된다.
- 또래를 도와주거나 위로해 주는 친환경적 행동을 나타낸다.
- 11개월경 손을 내밀어 장난감을 달라고 요구하면 손 위에 장난감을 놓는다.

(4) 언어발달

- 7개월경 기침 소리, 혀차는 소리 등을 모방한다.
- 7개월경 '아, 에' 등 모음의 소리를 낼 수 있다.
- '다, 바, 가, 카' 같은 단자음을 낸다.
- 8개월이 되면 의미 없이 '다다, 바바' 같은 소리를 낸다.
- 8개월이 되면 옹알이가 절정에 이른다.
- '안 돼'라는 어조에 반응한다.
- 9개월경 한 단어를 말할 수 있다.
- 한 단어로 자신의 의사를 표현하는 정도이지만 무수히 많은 언어적 시도와 연습을 통하여 언어를 사용하기 시작한다.
- 9~10개월경 의도적으로 다른 소리를 모방한다.
- 9~11개월이 되면 성인들이 말하듯이 중얼거리며, 엄마, 빠빠, 다다 등 의미 있는 말을 한다. 까꿍놀이, 빠이빠이, 짝짜꿍 놀이를 즐긴다.
- 10개월경 자신을 부르는 이름이나 별명을 알아듣는다.
- 10개월경 두 단어를 말할 수 있다.
- 11개월경 세 단어를 말할 수 있다.
- 간단한 언어 지시를 수행할 수 있다.
- 12개월경 네 단어를 말할 수 있다.
- 자신의 감정을 몸짓으로 보충한다.
- 타인의 얼굴표정, 음성, 몸짓에 의해 타인의 말을 이해하는 것이 먼저 발달하여 그의 말뜻을 짐작하는 능력이 생긴다.
- 언어로 지시하면 사물을 바라볼 수 있다.

(5) 인지발달

- 6~8개월경에 의도적으로 어떠한 행동을 시도하거나, 흥미있는 결과를 기대하며 반복하여 행동하기를 즐긴다. 즉 행동이 목표지향적이 된다.
- 7개월경 시각적인 호기심과 함께 공간적인 개념이 발달하기 시작한다.

- 수단과 목적과의 관계에 대한 초보적인 지식을 가지게 된다.
- 물체와 사람이 나타나고 사라지는 것에 흥미가 있다.
- 8~12개월경 목적을 달성하기 위해 수단을 사용할 수 있으며, 수단과 목표를 구분한 의도적 행동을 통해 문제해결을 시도하기도 한다.
- 대상영속성이 발달한다(대략 11개월에 시야에서 없어진 물체를 찾는다).
- 그릇과 그릇에 담긴 것과의 관계에 관심이 있으며, 벽장, 서랍, 용기에 담긴 것을 쏟아버리기를 좋아한다.
- 사라진 물체를 당기는 끈을 사용하여 찾아낸다.
- 물체를 탐색하는 데 흥미를 보이며 좋아한다.
- 물체를 움직이고 떨어뜨리는 데 흥미가 있다.
- 열고 닫기, 밀고 당기기 등 간단한 장치를 작동하는 것을 좋아하고 그 결과를 관찰한다.
- 사람, 물체, 게임, 장난감을 가지고 한 행동 등을 기억해 낸다.
- 지속성을 보이고 새로운 것에 관심이 있다.
- 자기 이름을 알아듣고 명명된 물체를 가리키거나 간단한 명령에 따르기 시작한다.
- 과거 사건을 기억하는 능력이 발달되며, 간단한 문제를 해결하는 능력이 생긴다.

2. 1세아 발달특성

1) 13~18개월

(1) 신체발달

〈외형적 발달〉

- 생후 1년이 지나면서 영아의 신체발달 속도가 많이 감소한다.
- 얼굴과 전체 신장의 비율은 신생아기의 1:4에서 1:5로 변화하게 된다.

- 신장은 1년 동안 총 10cm 정도 자라게 되며 신체적으로 몸이나 머리보다 다리의 길이가 더 길어진다.

〈운동기능의 발달〉

가. 대근육 발달

- 12개월이 되면 영아는 다른 사람의 도움 없이 혼자서 설 수 있게 된다.
- 13개월 정도 되면 혼자 걸을 수 있게 된다.
- 13~14개월 정도에 혼자 일어설 수 있다.
- 도움을 받아서 계단을 오르고 내릴 수 있다.
- 계단 오르기를 좋아하며, 실내의 작은 계단을 오를 수 있다.
- 질질 끌고 다니기, 뒤집어 비우기, 끌어당기기, 쌓기, 부수기, 비우고 채우기를 좋아한다.
- 15개월경 영아는 거의 넘어지지 않고 혼자 서고 걸을 수 있다.
- 물건을 잡기 위해 의자 위로 기어오르려고 한다.
- 16~17개월이 되면 영아는 뒤로 걸을 수 있을 정도로 걷기에 능숙해진다. 그러나 아직은 모서리를 따라서 걷거나 갑자기 정지하지 못한다.
- 18개월이 되면 공을 던질 수 있다.
- 18개월 영아는 아직까지 달리기에는 능숙하지 못하다.
- 18개월에는 계단에 설치된 난간을 잡고 계단을 오를 수 있게 된다.
- 한 손을 잡아 주면 계단을 내려온다.

나. 소근육 발달

- 12개월 영아는 조작은 능숙하지 못하고 보다 탐색적이다.
- 13개월경 책장을 넘기는 것을 도울 수 있다.
- 13개월경 나무토막 2개를 위로 쌓으려고 노력한다.
- 13개월경 연필로 낙서하는 것을 모방하려고 한다.
- 14개월경 나무토막 위에 또 다른 나무토막을 쌓으려고 한다.
- 15개월 영아는 컵 사용은 잘하지만 숟가락의 사용은 아직 미숙한 시기이다.

- 15개월에는 손가락 모두를 함께 사용하여 물건을 쥘 수 있다. 한 손에 2개의 나무토막을 쥘 수 있으며 2개 정도의 나무토막 쌓기가 가능하다.
- 크레용을 주면 자발적으로 낙서한다.
- 18개월 영아는 3~4개의 나무토막을 쌓을 수 있게 된다.
- 한 번에 2~3장의 책장을 넘긴다.
- 18개월경 혼자 낙서도 하고 붓을 쓰기도 한다.
- 18개월경 수직선을 그려주면 종이 위에 수직선을 그린다.

〈일상생활〉

- 음식에 선호가 나타난다.
- 18개월경 음식을 흘리기는 하지만 혼자 먹을 수 있다.
- 칫솔을 사용해 양치질을 할 수 있다.

(2) 정서발달

- 분노, 부끄러움, 공포까지도 완성하지만 아직은 그 표현방법이 세분화되지 못하여 대개 화를 내거나 짜증을 부리거나 우는 것으로 표현하는 경우가 많다.
- 13~14개월이 된 아이들은 우는 아기를 쓰다듬거나 안아준다.
- 18개월 된 아기는 부서진 장난감 대신에 새 장난감을 주기도 하고 손가락을 벤 사람에게 붕대를 감아주기도 한다.
- 1~2세 사이에 떼쓰기가 나타난다.
- 성인에게 애정을 표시한다.
- 부드러운 놀잇감, 인형을 더 좋아한다.
- 성취감을 통해 긍정적인 자존감을 발달시킨다.
- '싫어'라는 부정적이 태도를 자주 표현한다.

(3) 사회성발달

- 가장 애착을 갖는 사람을 안전의 근거로 이용하여 그들의 환경을 탐색한다. 환경을 지배하면서 자신감을 가지게 되고, 더욱 열심히 스스로를 주장한다.

- 대개 혼자 놀이를 한다.
- 자기중심적이고 자신의 견해로 세상을 본다.
- 13개월경 옷을 입힐 때 협조할 줄 안다.
- 다른 물건이나 사물과 자신을 구별한다.
- 아직 또래보다는 성인에게 더 의존한다.
- 18개월경 장난감에 줄을 매달아 주면 끌고 다니면서 논다.
- 18개월경 특정한 장난감에 애착을 가지고 껴안고 다닌다.
- 18개월경에는 술래잡기와 같은 상호작용을 하는 게임을 즐긴다.
- 음식을 다 먹고 나면 빈 그릇을 건네기도 한다.
- 걸레질이나 먼지털이와 같은 행동을 흉내 낸다.
- 영아는 스스로를 독립된 개체로 인식하며, 자아개념이 생기기 시작한다.
- 성인에게 자신의 일을 스스로 하고자 하는 강한 의지를 표현하게 된다.
- 나, 내 것 등의 언어를 많이 사용한다.
- 아직은 완전히 발달하지 못한 신체 · 인지적 특성 때문에 스스로 하려는 시도가 실패하는 경우가 많다. 이때 주변에서의 정서적 지원과 믿음을 통하여 영아는 차츰 성공을 경험하게 될 것이며 자율성을 발달시킬 수 있게 된다.

(4) 언어발달

- 13개월경 뜻 없는 소리를 혼자 재잘거리기 시작한다.
- 13개월경 장난감을 달라고 하면 가지고 있던 것을 준다.
- 14개월경 여덟 단어를 말할 수 있다.
- 다른 방에 있는 물건을 가져오라고 요구하면 가져올 수 있다.
- 15개월이 되면 열 단어 정도를 말할 수 있다.
- 18개월경 그림카드에서 흔한 물건 하나 정도는 맞출 수 있다.
- 18개월경 "인형을 엄마에게 다오", "인형을 책상 위에 놓아라" 등의 명령을 이행할 수 있다.
- 18개월경 "아빠, 안녕"과 같은 다른 뜻을 가진 두 단어를 결합시킨다.

- 알아들을 수 있는 단어를 좀 더 많이 사용하고 표현한다.
- 책과 책읽기는 영아에게 흥미로운 경험을 제공한다.
- 그림책을 보고 듣는 것과 동요를 좋아한다.

(5) 인지발달

- 12개월이 지나면서 영아의 인지는 급격히 발달하게 된다.
- 결과를 보기 위해서 의도적으로 그림의 행동을 변화시키는 것으로 호기심을 나타낸다.
- 문제를 해결하는 데 있어 새로운 행동을 시도하고 시행착오를 하게 된다.
- 자신이 보지 못한 움직임을 상상할 수 없기 때문에 숨기는 것을 보지 못하면 대상을 찾지 않는다.
- 움직이거나 움직일 수 있는 기계와 물체에 관심을 보이며 움직일 수 있는 놀잇감을 좋아한다.
- 물체와 다른 물체를 결합시킨다.
- 블록으로 간단한 구성물을 만들고, 놀잇감 쌓기 및 간단한 퍼즐을 한다.
- 호기심을 가지고 끊임없이 시행착오를 거듭하면서 탐색을 시도한다.
- 어떠한 것이 일어나는 원인을 인식하게 된다.
- 자신의 놀이를 발달시킨다.

2) 19~24개월

(1) 신체발달

〈외형적 발달〉

- 24개월에 몸무게는 출생 시의 4배가 된다.

〈감각발달〉

- 영아기를 지내는 동안 미각이나 후각, 촉각이 완전하게 발달한다.

〈운동기능의 발달〉

가. 대근육 발달

- 자세에서 좀 더 안전성을 갖게 된다.
- 서고, 앉고, 넘어지지 않고 똑바로 서 있을 수 있다.
- 20개월경 두 발 모아 뛰기를 할 수 있다.
- 21개월경 난간을 잡고서 계단을 오르내릴 수 있다.
- 걷거나 뛰면서 빨리 움직이고 두 발로 제자리에서 뛸 수 있고 영아용 자전거를 발로 밀면서 탈 수 있다.
- 24개월에 몸의 균형을 잡고 공을 앞으로 칠 수 있게 된다.
- 24개월이 되면 난간 없는 계단도 혼자 오를 수 있게 된다.
- 잘 달릴 수 있고 달리다가 멈출 수 있다.
- 스스로 옷을 벗을 수 있으나, 없을 때는 도움이 필요하다.
- 유모차 등을 밀거나 잘 조종할 수 있다.
- 바닥에서 두 발을 모으고 껑충 뛸 수 있다.

나. 소근육 발달

- 18개월이 지나면서 숟가락을 잘 다룰 수 있게 된다. 이러한 발달은 대체로 손과 눈의 협응력 발달과 밀접한 관계를 지닌다.
- 나무토막을 일렬로 늘어놓아 만든 기차를 미는 행동을 한다.
- 21개월경 포크와 숟가락을 사용할 수 있다.
- 21개월경 자신의 지퍼를 내릴 수 있다.
- 24개월이 되면 기차를 만들기 위해 3~4개 정도의 나무토막을 일렬로 늘어놓을 수 있고, 6~7개의 나무토막을 쌓을 수 있다.
- 신발 끈을 구멍에 낄 수 있다.
- 그림책을 한 장씩 넘길 수 있다.
- 도구를 사용해 장난감을 끌어 올 수 있다.
- 목표물을 향해 공을 던질 수 있다.
- 자신이 주로 사용하는 손이 결정된다.

다. 일상생활

- 배변 훈련에 흥미를 보인다.
- 화장실 변기를 사용하기 시작한다.

(2) 정서발달

- 질투는 18개월경부터 나타나며, 애정은 18~24개월 사이에 나타난다.
- 자신을 귀여워해 주기를 원하며, 인형, 장난감, 곰 같은 것들을 안고 귀여워하기 시작한다.
- 타인의 정서를 이해하기 시작한다.
- 낯선 사람에게 두려움을 나타낸다.
- 시기심을 느낀다.
- 부정적 반응(싫어)을 보인다.
- 관심 받기를 원한다.
- 자신에 대하여 긍정적인 감정과 부정적인 감정이 지속된다.
- 다른 사람의 반응을 해석하여 자존감을 형성한다.
- 환상에 대한 느낌이 점점 많아져 때때로 놀라기도 하며, 자신들의 공포에 대하여 표현하지 못하고 불안해한다.
- 강한 행동으로 자신의 정서를 표현한다.

(3) 사회성발달

- 인형에게 음식을 먹이거나 옷 입히는 시늉을 한다.
- 성인의 행동 모방, 특히 돌보아 주는 사람과 가사일 모방이 나타난다.
- 24개월 영아는 본인의 의지를 표현하고자 하는 시도로 주변의 모든 것을 반대하기도 한다. “아니오”, “내가 할래” 등의 말을 많이 사용하는 것은 이런 이유 때문이다.
- 자아개념이 계속 발달한다.
- 다른 사람과의 관계를 확장시킨다.

- 다른 사람의 감정을 인식하며 웃거나 편안해 하거나 우는 등 자신들의 행동과 관련시킨다.
- 다른 영아들과 함께 놀이를 하나 상호작용이 많지 않고 놀잇감이나 물건을 다른 사람과 나누기가 어렵다.

(4) 언어발달

- 영아의 어휘는 사물을 명명하면서 아주 급속히 증가한다.
- 21개월경이 되면 30단어 정도의 어휘 수준을 갖는다.
- 자신의 욕구를 표현하거나 다른 사람에게 요구할 때 언어를 사용하며, 알고 싶은 것에 대하여 질문을 하기도 한다.
- 주변 사물의 이름을 말할 수 있다.
- 그림 책 속의 행위를 정확하게 식별할 수 있으며, 행위에 대해 알아맞힌다.
- 모든 신체 부위를 지적할 수 있다.
- 생각이나 행동을 표현하기 위해 명사, 동사, 대명사를 사용하는데 주로 두세 단어로 된 문장을 쓴다.
- 24개월이 되면 영아는 서너 개의 단어로 된 문장을 구사한다.
- 24개월경 영아는 나, 너와 같은 대명사를 사용하기 시작하고 대소변, 음식, 음료수 등 자신에게 필요한 것에 대해 말로 표현한다. 또한 끊임없이 말하기를 즐긴다.

(5) 인지발달

- 영아는 차츰 적극적인 주체로 환경과 감각과 운동기능을 상호작용시킴으로써 자신의 신체를 자유롭게 조절하게 되고, 대상영속성 및 인과관계의 개념까지 이해하게 된다.
- 사고를 통하여 목표를 달성하기 위한 수단의 탐색도 가능해진다.
- 비슷한 물건을 분류하고 짝 맞추기를 한다.
- 인지적인 시행착오를 점점 더 많이 한다.

• 대상영속성 개념이 완전히 발달한다.
• 자신들이 다른 사람과 물체로부터 분리되어서 존재한다는 것을 안다.
• 과거 사건을 모방하고 내적 표상에 의해서 생각을 기억하고 후에 그것을 재생산 한다.

3. 2세아 발달특성

1) 신체발달

〈대근육 발달〉

• 평행선 따라 걷기, 반듯한 선 따라 걷기를 할 수 있다.
• 뛸 수도 있고 뒤로 걸을 수 있다.
• 얕은 평균대 위에서 불안정하지만 발을 바꾸어 걸을 수 있다.
• 한 발로 설 수 있다.
• 평행, 커브길 뛰기, 한 발로 뛰기를 할 수 있으며, 걷기보다 뛰기를 선호한다.
• 뛰다 갑자기 서기 등 속도 조절이 가능하다.
• 걷다 뛰어오르기를 할 수 있다.
• 물건 주위를 돌 수 있다.
• 도움 없이 물건이나 낮은 의자 위를 오르고 내릴 수 있다.
• 세발자전거 타기가 가능하다.
• 두 발로 제자리에서 점프하기를 한다.
• 넘어지지 않고 잘 달릴 수 있다.
• 정지해 있는 큰 공을 발로 칠 수 있다.
• 도움 받아 앞으로 구르기를 한다.
• 발 바꿔 층계 오르내리기를 한다.
• 도움 받아 혼자 옷 벗고 입기가 가능하다.

- 균형을 잃지 않고 물건을 집을 수 있다.
- 서고, 구부리고, 걷고, 달리고 점프할 수 있다.
- 빨리 뛰면서도 균형을 유지한다.
- 위, 아래로 뛰기, 사물 뛰어넘기, 앞으로 점프하기가 가능하다.

〈소근육 발달〉

- 숟가락을 효과적으로 사용할 수 있다.
- 빨대를 사용하여 우유를 마실 수 있다.
- 작은 우유갑에 든 우유를 우유잔에 부을 수 있다.
- 책장을 한 장씩 넘길 수 있다.
- 바퀴 달린 장난감을 끈으로 끌기를 좋아한다.
- 원과 색칠하기가 가능하다.
- 손가락으로 크레용을 잡는다.
- 큰 구슬을 꿸 수 있다.
- 문 손잡이나 핸들을 돌릴 수 있다.
- 나무토막을 6~7개 쌓을 수 있다.
- 나무토막을 기차 모양으로 늘어놓는다.
- 수직으로 내려 긋거나 동그라미를 그리는 시늉을 한다.
- 다른 사람을 따라서 종이를 반으로 접을 수 있다.
- 찰흙으로 공을 만들 수 있다.
- 양치질을 할 수 있다.
- 연필의 촉 가까이를 첫째와 둘째손가락으로 잡고 원을 그리거나 점을 찍거나 수직선을 비슷하게 그릴 수 있다.
- 1세~2세 반 사이는 무작위로 긁적거리는 시기로 팔 전체를 사용하여 점이나 선을 그리며, 점차 손목의 움직임이 증가하여 곡선이나 동그라미를 그린다.
- 2세 반부터 1년가량은 통제된 긁적거리기가 나타나는 시기로 크레용의 움직임이 일관성 있게 된다.
- 2세쯤에는 세로줄로 보고 따라 그릴 수 있고, 2세 반에는 가로줄을 따라 그을

수 있다.

- 물건을 쥘 수 있고, 조작할 수 있으며, 붙였다 떼었다 할 수 있다.
- 왼손 또는 오른손 중 한 손을 주로 사용한다.
- 단추를 채우고 지퍼 잠그는 것을 시도할 수 있다.

〈일상생활〉

- 숟가락과 포크 사용하는 법을 배우기 시작한다.
- 배변훈련에 대한 준비가 되어 있다(대소변 통제가 가능하다).
- 대부분의 영아가 36개월이면 배변훈련을 마친다.
- 손쉽게 입을 수 있는 옷을 입을 수 있다.

2) 정서발달

- 감정을 강하게 표현한다.
- 열정적으로 배운다.
- 감정에 대한 여러 가지 기술을 완성해 나간다.
- 자존 의식을 갖게 된다.
- 2세 말쯤이 되면 기쁨, 애정, 웃음, 공포, 분노, 질투, 울음 등 성인에게서 볼 수 있는 거의 모든 정서로 자신의 감정을 표현한다.
- 가끔씩 반항심을 갖고 좌절하거나 성질을 부린다.
- 자아에 대한 감정이 계속해서 발달한다.
- 도움의 필요성을 깨닫지만 보다 독립적이 되어 간다.
- 남을 기쁘게 하려고 애정을 보인다.
- 공격적이었다가 부끄러워하기도 한다.
- 반복적인 일상은 일관성과 안정감을 제공한다.
- 자신의 감정을 다른 사람이 알아주기를 원한다.
- 부정적 행동은 영아의 주장이나 독립성을 나타낸다.
- 자신과 자신의 발견에 대해 즐거워한다.

- 기술 획득은 유능감, 자아존중감, 자아 수용을 강화시킨다.
- 자기 세계에 대한 통제력을 느끼기 위해 공격성을 사용할 수 있다.

3) 사회성발달

- 소유하려는 행동을 나타낸다.
- 자기 자신의 기술을 인식하기 시작한다. 먹고 마시는 것이 자유롭고, 신을 신거나 모자를 쓰는 것 등이 자유로워진다.
- 탈중심적이 되어 자기통제능력이 향상된다. 고집이 약화되고 충동이 감소된다.
- 도덕적 행동에 대한 초보적인 개념이 형성되는 시기로 양심이 발달한다.
- 독립성을 보인다.
- 다른 사람의 관심을 얻으려고 한다. 어른들을 기쁘게 하기 위해 활동하고 그것을 확인하려 한다.
- 타인들에게 느낌을 나타내고, 타인들의 기분을 안다.
- 내 것과 너의 것의 차이를 인지한다.
- 다른 사람과의 접촉을 원한다. 항상 누군가와 함께 있거나 놀고 싶어 하고 누군가가 자기의 이야기를 들어 주기를 원한다.
- 양육자를 성가시게 하거나 양육자의 관심을 요구한다.
- 남을 도울 수 있다.
- 병행놀이, 협동놀이가 나타난다.
- 간단한 소꿉놀이를 시작한다.
- 남과 나누어 가질 수 있다.
- 순서 지키기를 할 수 있다.
- 가정의 역할과 책임을 배우기 시작한다.
- 다른 사람의 감정을 인식하고 위로를 표현하기도 한다.
- 남에 대한 관심을 보이기도 하며, 과제를 돕기도 한다.
- 다른 사람의 감정을 이해하기 시작한다.
- 똑같은 단어나 경험에 대해 타인이 다른 의미를 가진다는 것을 인식하지 못한다.

- 외양의 변화가 사물이나 사람의 변화를 의미한다고 해석한다.
- 성인을 자원으로 생각하여, 도움이 필요하다고 생각될 때에는 성인에게 도움을 구한다.
- 사람, 동물, 놀잇감에 대한 통제를 행사하며 타인에 대해 지시적이 된다.
- 타인의 요구를 깨닫고 과제를 도와주거나 요구에 반응할 수도 있다.
- 자아통제력이 증가한다.
- 지연 만족을 한다.

4) 언어발달

- 의사소통능력이 증가한다.
- 이야기를 들을 수 있다.
- 다른 사람의 대화에 흥미가 증가한다.
- 자기와 계속 이야기하기를 원하며 사람이나 물체의 이름에 대해 질문한다.
- 중얼거리며 소꿉놀이를 한다.
- 단어 수가 확대(약 1,000개 정도)된다. 사용하는 단어보다 더 많은 말을 알고 있다.
- 자기 이름, 물건의 이름, 친근한 동물, 꽃의 이름, 친근한 사람 호칭을 알고 부른다.
- 수를 말한다.
- 색 이름을 말한다.
- 질문하고, 질문에 답할 수 있다.
- 물어보면 이름을 말한다.
- 욕구, 느낌, 문제점 등을 표현하기 위하여 말을 사용한다.
- 적절한 제스처를 쓸 줄 알며, 단어, 문구, 문법 등을 알려고 혼자 중얼거린다.
- 무엇, 어디, 누구 등의 대명사, 의문사를 사용한다.
- 2~3개 단어나 3개 이상의 단어를 연결한 문장을 사용하기 시작하며, 전보식 언어가 발달한다.
- 단어 순서를 배운다.
- 시적 어구를 학습한다.

- 주어-동사, 동사-목적어를 사용한다.
- 전치사 등의 기능어를 생략한다.
- 그림을 보며 그림에 관한 단어를 말할 수 있다.
- 어휘가 급격하게 증가한다.
- 과잉 일반화가 나타난다.
- 과거형을 사용하게 된다.
- 어휘가 계속해서 증가한다.
- 복수형 단어를 점차 올바르게 사용한다.
- 시간에 대한 개념은 점차적으로 형성된다.
- 보다 완전한 문장을 말하고 연속된 문장으로 몇 가지 생각을 표현하기도 한다.
- 극놀이를 통해 사회적 맥락에 적절한 언어를 연습한다.
- 반복되는 이야기를 좋아한다.
- 그림책에서 물건을 집어 올리는 흉내를 낸다.
- 좋아하는 책을 선택한다.
- 일정한 형태의 낙서를 한다.
- 가로줄, 세로줄, 동그라미, +, 점 등을 따라 그릴 수 있다.
- 성인을 통해 의미 있는 쓰기를 경험한다.

5) 인지발달

- 2세 말경에 뇌 크기가 80%에 도달한다.
- 만 2세를 전후해서 시냅스와 뇌세포가 연결되는 과정이 가장 빠르게 일어난다.
- 같은 모양의 도형을 분류할 수 있다.
- 색깔에 따라 분류할 수 있다.
- 각각 다른 시간에 단어를 다르게 사용할 수 있다.
- 개인적인 의미로 단어를 사용할 수 있다.
- 한 종류의 유목에 이름을 붙일 수 있다.
- 하나의 속성에 초점을 맞추는 경향이 있다.

- 자기가 사용하는 말보다 더 많은 말을 알고 있다.
- 물체의 형태가 변하면 크기, 무게, 부피가 변한다고 생각한다.
- 상상력이 발달한다. 가상놀이가 나타난다.
- 없는 물건이나 상상한 내용을 나타내기 위하여 신호와 상징을 사용하기 시작한다.
- 자기 나이를 안다.
- 거울에서 자기가 확인한다.
- 원인과 효과를 따지기 시작한다.
- 다른 것을 요구한다.
- 크고 작은 것의 차이를 안다.
- '약간, 더, 작다, 큰, 없다' 등을 이해한다.
- '더 많은'을 이해한다.
- 10가지 수를 세기는 하나 10이 3보다 크다는 것을 이해하지는 못한다.
- '위, 아래, 옆, 밑, 너비' 등을 이해한다.
- '지금, 곧, 전, 후'를 이해한다.
- 정신적으로 사물과 행동을 분류할 수 있다.
- 자기가 속한 세계에 대한 지식을 구성하고 조직화한다.
- 사물을 분류하고, 양, 수, 공간과 시간에 대한 제한된 생각을 발전시키기 시작한다.
- 상징적 능력이 발달하여 정신적 표상이 증가된다.
- 대상영속성의 개념을 획득한다.
- 자연 모방을 나타낸다.
- 사람의 물리적 조작과 사고의 수정을 통해 자신만의 추론을 하게 된다.
- 호기심이 많고, 탐색적이며, 문제를 해결한다.
- 주변을 탐색하기 위해 관찰, 질문, 조작, 분류, 측정을 사용한다.
- 사물을 서열화할 수 있지만, 사물의 연속적인 관계를 이해하지 못한다.
- 관계에 대한 논리, 수학적 지식을 형성한다.
- 언어와 사회적 규칙과 가치에 대한 사회적 지식이 형성된다.
- 네 가지 지시사항을 이행할 수 있다.

4. 3세아 발달특성

1) 신체발달

〈대근육 발달〉

- 대근육 사용을 즐기며 몸의 균형이 증가된다.
- 경우에 따라 행동이 점차 거칠고 난폭해진다.
- 반듯한 선을 따라 걸을 수 있다.
- 발을 바꿔가며 계단 오르내리기를 할 수 있다.
- 혼자 옷을 벗을 수 있다.
- 얕은 평균대를 걸을 수 있다.
- 한 발 들고 서서 몇 초 동안 균형 잡기가 가능하다.
- 발끝으로 걸을 수 있다.
- 장애물을 피하여 진로 바꾸어 뛰기를 할 수 있다.
- 앞, 옆, 뒤로 걸을 수 있다.
- 세발자전거 타기가 가능하다.

〈소근육 발달〉

- 손과 발의 조정이 잘 이루어져 한 눈을 감고 물건을 재빨리 집을 수 있다.
- 간단한 모양을 쉽게 그릴 수 있다.
- 나무토막 9~10개를 쌓을 수 있다.
- 나무토막 3개로 다리 모양을 만들 수 있다.
- 십자가를 모방해 그린다.
- 연필을 잘 잡는다.
- 원을 그리며 글자를 보고 그릴 수 있다.
- 몸을 두 부분으로 나누어 머리와 몸을 그린다.
- 종이에 색칠을 한 후 '그림'이라고 부른다.

〈일상생활〉

- 신발을 신을 수 있다.
- 단추를 풀 수 있다.
- 음식을 흘리지 않고 혼자 잘 먹을 수 있다.

2) 정서발달

- 긴장이 증가되어 눈을 깜박거리고, 손톱을 물어뜯거나 코를 후비거나, 성기를 만지작거리기도 한다.
- 엄지손가락을 빨기도 하며 안면 근육이 떨리는 현상이 나타나기도 한다.
- 시각적인 것에 공포를 나타내어 개, 고양이 같은 것에 겁을 낸다.
- 분노가 일어나면 땅바닥을 뒹굴기도 한다.
- 질투가 심해진다.
- 자기 주장이 강해진다.
- 언어가 발달함에 따라 울음은 다소 감소하고, 말이나 웃음으로 기쁨을 표현한다.
- 1세 반쯤 시작된 저항심이 3세에 절정을 이룬다.

3) 사회성발달

- 상대방으로부터 호감 있는 반응과 주의집중을 얻고자 노력한다.
- 남을 위할 줄 알게 된다.
- 가지고 놀았던 장난감을 정돈하며 사람을 기억한다.
- 친구를 적극적으로 구하기 시작하나 놀이의 내용을 자기 뜻대로 하려고 하여 싸움이 많다.
- 친구들과 나누어 가질 줄도 알게 된다.
- 의무감과 책임감이 생기기 시작하면서 이로 인해 어린 시절로 되돌아가려는 퇴행 현상을 보여 성을 내거나 짓궂어지기도 한다.
- 많은 일들을 올바르게 적절히 수행한다.
- 성역할이 형성된다.

• 단순한 놀이 친구를 가진다.

4) 언어발달

• 성인과 같은 언어를 사용하게 되며 언어발달이 가속화된다.
• 애매한 단어들과 무의미한 음률을 좋아하며 과장적인 언어를 사용한다.
• 항상 정확한 메시지를 전달하려고 노력한다.
• 언어기술이 점차 향상되면서 변명을 하기도 한다.
• 창의적으로 단어와 개념을 조화시키는 일이 가능해진다.
• 언어적인 공격을 사용한다.
• 언어를 사용하여 어른들의 칭찬이나 주의를 끌고자 한다.
• 언어를 사용하여 상대방과 인사를 나누기도 하고 성역할을 수행하기도 한다.
• 의문사인 무엇, 어디, 누구를 반복한다.
• 폭발적으로 말이 많아지기도 한다.
• 자기의 성별과 이름을 말할 수 있다.
• '~들'이라는 말을 사용할 줄 안다.
• 그림책을 보며 이야기를 만들 수 있다.
• 복수형과 과거시제를 사용한다.
• '나, 너, 우리' 사이의 차이점을 안다.

5) 인지발달

• 지능의 대부분이 형성된다.
• 현재의 상황과 모순되는 사실은 믿지 않으려 한다.
• 사건을 내면화하고 사물 대신 말 같은 상징을 활용하여 사고하는 능력이 증가한다.
• 통찰력이 발달하여 직접적이고 사적인 문제에 관하여 질문이 많아진다.
• 상상놀이가 나타나며 상징물을 이용하여 나무토막을 컵이라고 하며 논다.
• 자기 나이를 안다.

- 크고 작은 것의 차이를 인지한다.
- 수나 양을 단위로서 보기보다는 지각적 총체로서 파악하기 때문에 길이나 양 어느 하나에만 주의를 집중한다.
- 정확한 수 개념을 파악하지 못한다.
- 모든 것에 이유가 있거나 목적이 있다고 생각하여 끊임없이 질문을 되풀이한다.
- 일의 순서를 이해할 수 있다.

5. 4세아 발달특성

1) 신체발달

〈대근육 발달〉

- 선 따라 걷기, 5초간 한 발로 서 있기, 한 발로 뛰기, 장애물을 피해가며 자전거 타기, 한 손으로 매달리기, 계단 오르내리기, 미끄럼 타기, 기어오르기 등 대근육의 기본적인 운동기능이 모두 가능하다.
- 멈춤, 출발, 회전을 조절할 수 있다.
- 도와주며 발을 교대로 바꾸면서 긴 계단을 내려온다.
- 흘리지 않고 물컵에 물을 받아 식탁에 놓을 수 있다.
- 친구와 공을 주고받을 수 있다.
- 음악에 맞춰 춤을 출 수 있다.
- 운동의 속도나 정확도가 증가한다.

〈소근육 발달〉

- 옷 입고 벗기, 벨트 풀기, 단추 끼우기, 지퍼 올리고 내리기, 양말 신고 벗기, 혼자 먹기 등 자조능력이 증가한다.
- 선 따라 가위질을 할 수 있다.
- 연필을 제대로 쥐고 십자가, 사각형, 세모 등을 그리며 간단한 단어를 쓸 수 있다.

- 사람을 머리, 다리, 팔, 몸으로 구분하여 그린다.
- 스푼 사용, 이 닦기, 손 씻기 등이 익숙해진다.
- 손놀림이 아주 능숙해져 무엇이든 들어서 보려 하고 꽤 섬세한 작업까지 가능해진다.
- 실을 끼워 바느질을 하고 실을 감을 수 있다.
- 식탁 차리기를 할 수 있다.

2) 정서발달

- 모든 감정이 분화되어 표정, 태도, 의사표현, 동작 등이 풍부해진다.
- 조금씩 감정 조절을 하면서, 자신이 성인을 통제할 수 있는지 확인하고자 한다.
- 자신감이 증가하여 허풍을 떨기도 하고 과장하기도 한다.
- 독립심이 길러지고 점차 주체성이 확립된다.
- 인내심이 적고 기다리지 못한다.
- 특별한 것에 대한 공포심이 증가한다.
- 자기주장이 강해진다.
- 과제에 의욕적이 되고 일의 성취에 기쁨을 느끼나 자신의 솜씨에 구애를 받는다.
- 창조성이 풍부해지고 자신의 생각으로 의욕적으로 활동한다.
- 사회적, 생리적, 감정적인 조절능력이 발달하여 스스로 신체 에너지를 조절할 뿐만 아니라, 화내는 대신 다른 방법으로 불만을 해소할 줄도 알게 되면서 도덕심을 배우기 시작한다.
- 기초적인 정서적 표현이 성숙해지고, 가정교육에 영향을 받는다.

3) 사회성발달

- 스스로 자기 일을 처리할 수 있게 된다.
- 다소 자제심이 많아지고 친구와의 관계도 깊어진다.
- 구체적인 지도가 가능하다.
- 보다 더 생산적인 상황에 몰입하여 무언가 만들어 내기 시작한다.
- 극놀이, 복잡한 놀이가 가능하다.

- 친구들과 다투기도 하지만 우정이 필요한 것을 알고 공동의 목적을 가지고 놀기 시작한다.
- 어린 동생들과 친하고 싶어 하고, 친구의 불행에 동정적이 된다.
- 상상놀이를 할 때 역할을 분담하고 조직적으로 놀이를 전개한다. 리더가 나타나기도 한다.
- 소꿉놀이, 모험적인 놀이를 선호한다.
- 상당한 시간 집단활동이 가능해진다.
- 남녀의 성 차이에 관심이 커진다.
- 경쟁심이 강화되면서 싸움의 원인이 되기도 한다.

4) 언어발달

- 불분명하고 천진스럽던 말들이 사라지고 억양이 정확해진다.
- 언어의 형태와 구조가 거의 완전해진다.
- 복문을 포함한 모든 문장을 사용한다.
- 목적 있는 대화가 가능하다.
- 요령 있고 적절한 형태의 질문, 정보를 얻기 위한 질문을 한다.
- 구문을 이해하고 자신의 의사를 말로 정확하게 표현한다.
- 사회적인 성숙을 언어로 표현한다.

5) 인지발달

- 차분히 이야기하고 세밀하게 설명할 수 있다.
- 가능한 것과 불가능한 것의 구분이 더 많아진다.
- 많은 단어를 사용하여 전반적으로 분명하게 이야기한다.
- 오늘, 내일, 어제(현재, 미래, 과거)의 개념을 이해한다.
- 원인과 결과를 때때로 혼동하면서 이치를 알고자 한다.
- 불완전한 지식 때문에 지적 행동은 대부분 직관적인 생각과 행동으로 제한된다.
- 한두 가지 기준에 따라 사물을 분류할 수 있다.

6. 5세아 발달 특성

1) 신체발달

〈대근육 발달〉

- 8~10초간 한 발로 서 있을 수 있다.
- 인라인 스케이트를 배울 수 있다.
- 경기에서 효과적으로 출발, 회전, 멈추기를 한다.
- 발을 교대로 바꾸면서 도움 없이 긴 계단을 내려온다.

〈소근육 발달〉

- 글쓰기와 그림 그리기가 점차 세련된다..
- 가위질이 능숙해지고 네모를 자른다.
- 종이를 접어 봉투에 넣을 수 있다.
- 사람의 얼굴, 머리, 몸, 팔, 다리를 그린다.
- 집의 지붕, 창문, 문, 굴뚝을 그린다.
- 그림을 그리고 조심성 있게 색칠한다.
- 사선을 능숙하게 그린다.

2) 정서발달

- 활력적이고 열심히 배우고자 한다.
- 호기심이 많고 새로운 시도에 쉽게 흥미를 느낀다.
- 블록 쌓기, 모으기 등 무언가를 만들어 내고자 하고 보다 더 생상적인 상황에 몰입한다.

3) 사회성발달

- 가정, 또래, 사회 속에서 사회적 제도를 배운다.
- 성역할을 배우고 문화적인 관습을 익히게 된다.
- 대인관계가 차츰 확대되어 가며 사교범위도 사회로까지 미치게 되는데 이로 인해 규칙준수에 대한 의미를 배우기 시작한다.
- 양심이 발달하여 나쁜 것을 피하고 좋다고 여겨지는 것에 접근하려 한다.
- 협동심 놀이가 증가되어 협동심과 책임감을 갖게 된다.
- 사회적 행동이 발달되어 집단생활에 적응하는 것을 배워 나간다.
- 동정심이 생겨 약한 친구를 보살피기도 한다.
- 한 놀이에 20분 이상 집중할 수 있다.
- 5세가 지나면서 학습 도구로서 놀이 기구의 중요성은 점점 적어지고 활동은 단순 활동에서 좀 더 지구력 있는 취미 활동으로 바뀐다.

4) 언어발달

- 발음체계가 완성된다.
- 풍부한 어휘를 사용한다.
- 친구들과 이야기를 나누고 수수께끼나 동화를 즐겨 듣는다.
- 점차 문법규칙이 숙달되며 구어를 완전히 습득한다.
- 구체적인 명사의 사용 의미를 설명하고 의미를 묻기도 한다.
- 문장을 정확하게 반복할 수 있게 된다.
- 읽기, 쓰기 학습이 가능해진다.
- 몇 개의 글자를 쓰기도 한다.
- 이어지는 글자를 맞춰 쓸 수 있게 되고, 요일을 말할 수 있다.
- 왼쪽과 오른쪽의 구별이 가능하다.
- 저속한 언어를 사용해 주위를 놀라게 하기도 한다.
- 자신의 이름을 쓴다.

5) 인지발달

- 10~12가지 색깔을 맞춘다.
- 정신적 이미지를 활용하여 사고하거나 조작적 사고력을 가지고 있지 않으므로 보존이 불가능하다.
- 점차 논리적이 되어간다.
- 불완전한 지식 때문에 지적 행동은 대부분 직관적인 생각과 행동으로 제한된다.
- 물건의 상대적인 크기를 잘 이해한다.
- 능력, 동기, 기억, 문화적 배경, 인지 스타일 등에 의하여 성취도 영향을 받는다.

참고문헌

강문희 · 문미옥 · 박경자 · 서영숙 · 우남희 · 이강이 · 이숙재 · 이순형 · 이영 · 이옥(2002). 21세기 유아교육. 서울: 학지사.

강문희 · 정정옥 · 이경희 · 윤애희 · 류진희(2000). 유아교육기관의 운영관리. 서울: 학지사.

강상희(2002). 발도르프 교육학의 기초 인지학 연구. 연세대학교 대학원 박사학위논문.

고지천(2005). 한국영유아보육정책의 이슈와 전망. 한국영유아보육학회 춘계학술대회 토론자료.

고후순(1995). 프뢰벨 유아교육 사상. 파주: 경성대학교 출판부.

곽노의(1999). 자유 발도르프 유아교육: 21세기 유아교육 모델로서. 파주: 밝은누리.

곽노의 · 권영례 · 권창길 · 이숙희 · 김진호 · 서영숙 · 박영충 · 장혜경 · 김경철 · 김규수 · 손혜숙 · 오종숙 · 이명환 · 김창복 · 유구종 · 황옥자 · 최민수 · 이대균(2000). 유아교육과정. 서울: 문음사.

곽노의 · 최민수 · 김규수 · 유구종 · 최연철(2003). 비교유아교육론. 경기: 양서원.

곽영우 · 권상혁 · 서정화 · 신동철 · 최성락 · 하상일 · 황일희(1997). 예비교원을 위한 교사론. 서울: 교육과학사.

교육부(2001). 유치원 교육과정 해설. 서울: 대한 교과서 주식회사.

권대도(2005). 보육학개론. 경기: 양서원.

김경희(2005). 영유아 보육시설의 운영 실태와 개선방안에 관한 연구. 단국대학교 대학원 석사학위논문.

김두번 · 김미경 · 김현희 · 최광희(2005). 영유아프로그램. 서울: 창지사.

김명순 · 이기숙 · 이옥(2005). 한국 유아교육 · 보육과정의 역사와 미래. 한국유아교육과 보육의 자리매김. 한국유아교육학회 학술대회 자료집. 한국유아교육학회.

김숙령(2000). 유아수학교육. 서울: 학지사.

김아영 · 백화정 · 정명숙(2007). 교육심리학. 파주: 학문사.

김연진 · 조건덕 · 유경량 · 김연진(2007). 보육과정. 경기: 태영출판사.

김영모 · 표갑수(1988). 선진국 아동보육제도와 보육프로그램. 한국복지정책연구소 출판부.

김영연(2002). 유아음악교육론. 서울: 학지사.

김영희 · 송명숙 · 최미숙(2004). 0-3세 영유아를 위한 프로그램의 이론과 실제. 경기: 양서원.

김옥련 · 박찬옥(1990). 유아교육개론. 서울: 교육과학사.

김익균(2001). 보육행정론. 경기: 양서원.

김인실(2001). 유아 음악교육의 이론과 실제. 서울: 형설출판사.

김정임(2003). 발도르프 유아교육원리에 대한 고찰. 교육과학연구, 34(2), 117-130.

김진선 · 석은조 · 오성숙 · 정정란 · 조맹숙(2009). 보육과정. 경기: 양서원.

김진영 · 김정원 · 전선옥(2000). 유아 · 부모 · 교사를 위한 부모 교육. 서울: 창지사.

김혜경(2001). 유아음악교육. 서울: 창지사.
김희진 · 김언아 · 홍희란(2005). 영아를 위한 프로그램의 이론과 실제. 서울: 창지사.
나혜영(2004). 취업모 고용지원정책에 관한 연구. 인하대학교 대학원 석사학위논문.
민혜진(2000). 프랑스와 스웨덴의 유아교육 및 보육에 관한 고찰. 동덕여자대학교 대학원 석사학위논문.
박승배(2007). 교육과정학의 이해. 서울: 학지사.
박은혜(2005). 보육교사론. 서울: 창지사.
박은혜 · 김명순 · 신동주 · 정미라(2003). 세계의 유아교육제도. 경기: 양서원.
배병준(1997). 보육정책의 이해. 경기: 양서원.
백혜리 · 노은호 · 황성원 · 조미환 · 박종옥 · 이순영 · 곽혜경 · 최호영(2007). 보육과정. 경기: 창지사.
보건복지가족부(2008). 보육프로그램 총론. 육아정책개발센터.
보건복지부(2001). 보육제도개선안. 한국보건사회연구원.
보건복지부(2020). 제4차 어린이집 표준보육과정 해설서.
보육시설평가인증사무국 http://kca.childcare.go.kr
보육시설평가인증사무국(2006). 보육시설평가인증지표.
사광옥(2005). 보육시설 평가인증제 실시방안 연구. 청주대학교 대학원 석사학위논문.
서영숙 · 김경혜(2005). 영유아보육론. 경기: 양서원.
서영숙 · 천혜정 · 윤매자(2006). 보육실습. 서울: 학지사.
서울시 보육 정보센터 http://children.seoul.go.kr
성영혜 · 김연진(1997). 아동복지. 파주: 동문사.
손애리 · 이병희 · 김상우 · 송병호 · 이필상 · 김문섭(2006). 치료교육교사를 위한 교육실습의 이론과 실제. 파주: 동문사.
안미순(2001). 한국의 영유아 보육사업에 관한 연구. 단국대학교 대학원 석사학위논문.
안영진(2005). 아동의 다양한 능력 개발을 위한 평가. 서울: 창지사.
양옥승(2000). 유아교육 · 어린이집 평가인증제 개발 연구. 아동학회지, 21(4), 117-196.
양옥승 · 김영옥 · 김현희 · 박경자 · 위영희 · 이옥 · 이차숙 · 정미라 · 지성애 · 홍혜경(1998). 세계의 보육제도. 경기: 양서원.
여성부(2005) 보육시설 평가인증을 위한 조력 프로그램 개발 연구.
여성부(2005). 2005 보육시설 평가인증 지침서.
여성부(2005). 개정 영유아보육법. 여성가족부.
영유아보육법 [(타)일부개정 2010. 6. 4 법률 제10339호]
영유아보육법 시행규칙[일부개정 2009. 7. 3. 제124호]
오미경(1995). 북한의 유아교육제도 분석. 덕성여자 대학교 대학원 석사학위논문.
오연주 · 한유미(2005). 스웨덴과 한국 보육교사의 직무 만족도와 전문성에 대한 인식

비교 연구. 미래유아교육학회지, 12(1), 99-122.

유소정(2005). 보육정책 활성화방안에 관한 연구. 건국대학교 석사학위논문.

유안진 · 김연진(1998). 부모교육. 파주: 동문사.

유희정(2002). 보육발전 기본계획 시안 개발. 한국여성개발원.

윤선영(2002). 발도르프 유아교육의 첫걸음. 경기: 문음사.

윤혜경(2003). 보육실습. 경기: 동문사.

이기숙(2001). 유아교육과정. 파주: 교문사.

이기숙 · 김정원 · 전선옥 · 이현숙(2008). 영유아교육과정. 경기: 공동체.

이기숙 · 장영희 · 정미라 · 엄정애(2007). 유아교육개론. 경기: 양서원.

이나영(2005). 보육시설유형에 따른 평가인증제에 관한 보육시설 종사자들의 인식. 동국대학교 대학원 석사학위논문.

이명조(2000). 21세기 유아교육의 전망. 2000년 미래 유아교육학회 국제학술대회. 미래유아교육학회.

이명조(2005). 영유아 발달과 교육. 경기: 양서원.

이명호(2003). 창의적 아동미술교육. 서울: 창지사.

이숙재 · 이봉선(2001). 영유아의 발달과 교육. 서울: 창지사.

이순형(2005). 보육학 개론. 서울: 학지사.

이연섭 · 강문희(2000). 유아의 언어교육. 서울: 창지사.

이연승 · 황삼옥(2007). 보육종사자의 관련변인에 따른 보육시설 평가인증지표에 대한 인식. 유아교육학논집, 11(1).

이원영 · 배소연(2000). 유아기 자녀를 둔 어머니들의 부모교육 내용에 대한 요구. 한국아동학회지. 21(2). 17-31.

이은해 · 최정운 · 김문정 (2007). 평가인증을 통한 보육시설 서비스 개선 효과분석 및 발전방안 연구. 여성가족부 보육재정팀.

이은화 · 배소연 · 조부경(1995). 보육교사론. 경기: 양서원.

이은화 · 김영옥(2000). 부모교육. 경기: 동문사.

이자현(2005). 프뢰벨 가베 놀이학습이 미 취학아동 미술교육에 미치는 영향에 관한 연구. 한양대학교 대학원. 석사학위논문.

이정은(2005). 미국과 영국의 아동색채 교육프로그램분석. 이화여자대학교 대학원 석사학위논문.

이차숙(2005). 유아언어교육의 이론과 실제. 서울: 학지사.

이현섭 · 조옥희 · 정정숙 · 박현숙 · 석은조(2006). 보육학개론. 서울: 학지사.

이희섭(2003). 영아보육의 질적 수준과 관련된 요인에 관한 연구. 한국여성교양학회지, 11, 125-144.

전남련 · 김재환 · 권경미(2009). 보육과정. 경기: 양서원.

조복희 · 강희경 · 김양은 · 한유미(2013). 한국 보육의 역사 및 관련법과 현황. 한국보육지원학회지, 9(5), 381-405.

조성연 · 이정희 · 김온기 · 황혜정 · 나유미 · 박진재 · 송혜린 · 임연진 · 나종혜 · 권연희(2005). 영유아보육론. 서울: 학지사.

조정숙 · 박찬옥(2002). 영 · 유아프로그램. 한국방송통신대학 출판부.

조정현(2006). 보육시설에서의 부모교육프로그램. 중앙대학교 대학원 석사학위논문.

주신이(2001). 우리나라 보육제도의 현황과 개선방안에 관한 연구. 숙명여자대학교 대학원 석사학위논문.

주정일(1990). 한국탁아사업의 어제, 오늘, 내일. 한국행동과학연구소.

주정일 · 이소희(1990). 아동복지. 파주: 교문사.

중앙보육정보센터 http://www.educare.or.kr

중앙보육정보센터(2009). 조력프로그램. 육아정책개발센터.

최미현 · 박명화 · 박성미 · 최양미 · 김애자 · 김정신(2000). 영유아 보육의 이해. 서울: 창지사.

최양미(1997). 프뢰벨과 몬테소리의 교육이론 비교연구. 유아교육연구, 17(1), 5-22.

최윤정(2005). 국가 수준 유치원 교육과정의 국제비교연구. 유아교육연구, 25(4), 5-31.

최종도(1973). 정부의 탁아사업시책. 어린이집협회.

한유진(2009). 시간연장 보육교사의 전문성 인식과 역할수행에 관한 연구. 덕성여자대학교 교육대학원 석사학위논문.

홍지연(2002). 영유아 교육 프로그램. 서울: 창지사.

황인숙(2006). 보육시설 평가인증제도에 관한 조사 연구. 동국대하교 대학원 석사학위논문.

한국보육진흥원(2022). 2022 어린이집 평가 매뉴얼.

Becker, W. C. (1971). *Parents are teachers: A child management program.* Champaign, Illinois: Research Press.

Feeney, F. (1983). *Teacher's thinking: A Study of practical knowledge.* New York: Nicholas.

Floden, R. E. (1980). *Does the triple play retire the side?:* Research methods and methods of teacher education. Philosophy of Education 1980: Proceedings of the Thirty-sixth Annual Meeting of the Education Society, 1981, 163-173.

Fuller, F. F. (1969). Concerns of teachers: A development of conceptualization. American Educational Research Journal, 6(2), 226-277.

Grotberg, E. (1993). Promoting resilience in children: A new approach. University of Alabama at Birmingham: Civitan International Research Center.

http://blog.naver.com/onlyonepixie.do

http://chrd.childcare.go.kr/ (보육인력 국가자격증)

Jalongo, M. P., & Isenberg, J. P. (2000). Exploring your role: A practitioner's introduction to early childhood education. New Jersey: Upper Saddle River. Prentice-Hall, Inc.

Katz, L. G. (1972). Developmental stages of preschool teachers. Elementary School Journal, 73, 50-54.

Katz, L. G. (1977). Teachers developmental stages. In L. G. Katz, Talks with teacher: Reflections on early childhood education(pp.7-13). Washington, DC: National Association for the Education of Young Children.

Katz, L. G. (1985). Research currents: Teachers as learner. Language Arts, 62(7), 778-782.

Katz, L. G. & Chard, S. C. (1996) The Contribution of Documentation to the Quality of Early Childhood Education, ERIC Digest, April.

Katz, L. G. & Chard, S. C. (1989) Engaging Childrens' Minds: The Project Approach, Ablex.

Litjens, I. & M, Taguma (2010). Revised literature overview for the 7th meeting of the network on early childhood education and care. Paris: OECD.

Miller, D. F. (2003). 아동생활지도. 조희숙, 공숙자, 김선옥(역). 서울: 창지사(원본발간일 2003)

Morrison, M, Dore. (1993) "Family preservation and poor families; when 'homebuilding' is not enough." families in society, 74, 545-556.

NAEYC (1998). Accredtiation Criteria & Procedures. Washington, D.C.: NAEYC.

NAEYC (2001). Accreditation. http://www.naeyc.org./accreditation.

NCAC (2001). RecommendedChangestotheQIAS. http://www.ncac.gov.au

NIEER (2007). "Preschool Curriculum Decision-Making: Dimentions to Consider", Policy Brief, NIEER, New Jersey.

Richard Byers (2004). 영국의 통합교육 교육과정 개발. 국제세미나 자료집.

Scaracho, O. N. (1988). A Study of the role of early childhood teachers. Early Child Development and Care, 38, 43-56.

Trohanis. P. L. (1985). Designing a plan inservice education. Topics in early childhood special education.

Vandell, D. L., Belsky, J,. burchinal, M., Steninberg, L., & Vandergrift, N.(2010). Do Effects of early child care extend to age 15 years?: results from the NICHD study of early child care and youth development. Child Development, 81, 735-756

Wason-Ellam, Linda(1986). Storytelling extends literary language. Highway One, 9(2), 33-39.

찾아보기

S

0

1

2

3

4

5

인명

저자소개

현정희
건국대학교 대학원 교육학과 유아교육전공 교육학 석사
건국대학교 대학원 교육학과 유아교육전공 교육학 박사
현, 김포대학교 아동보육과 교수

조건덕
건국대학교 교육대학원 교육학과 유아교육전공 교육학 석사
건국대학교 대학원 교육학과 교육행정 · 경영전공 교육학 박사
현, 동원대학교 평생교육원 주임교수

양선영
인하대학교 교육대학원 교육학과 아동교육전공 교육학 석사
명지대학교 대학원 아동학과 유아교육 · 보육전공 아동학 박사
현, 구립금호자이햇살어린이집 원장

보육과정

1판 1쇄 인쇄	2022년 3월 5일
1판 1쇄 발행	2022년 3월 10일
저자	현정희 · 조건덕 · 양선영
발행인	회장 박철용 · 대표 박세원
발행처	정민사
출판등록	1979년 1월 22일 No. 406-2004-000130호
주소	경기도 파주시 직지길 522 파주출판도시
전화	031-955-8030
팩스	031-955-8025
홈페이지	http://www.jmpub.co.kr
이메일	yswgroup@naver.com
ISBN	978-89-5809-613-9
정가	**20,000원**